体育强国目标下我国校园足球的发展机制与实施路径研究

周 雷 吴 强 著

内容提要

体育强国梦是中国梦的重要组成部分,振兴中国足球作为发展体育运动、建设体育强国的重要任务已提上了日程。本书将我国校园足球特色学校和高水平足球运动队建设高校作为研究对象,重点选择江、浙、沪等社会经济、文化、教育较为发达的省市的学校进行研究,从而提出在建设国家体育强国过程中适合中国特色校园足球发展所需要的新机制、新模式以及实施路径等。

图书在版编目(CIP)数据

体育强国目标下我国校园足球的发展机制与实施路径研究/ 周雷,吴强著. —上海:上海交通大学出版社,2022.9
ISBN 978-7-313-27291-1

Ⅰ.①体… Ⅱ.①周… ②吴… Ⅲ.①学校体育－足球运动－发展－研究－中国 Ⅳ.①G843.2

中国版本图书馆 CIP 数据核字(2022)第 155232 号

体育强国目标下我国校园足球的发展机制与实施路径研究
TIYU QIANGGUO MUBIAOXIA WOGUO XIAOYUAN ZUQIU DE FAZHAN JIZHI YU SHISHI LUJING YANJIU

著　者：周　雷　吴　强
出版发行：上海交通大学出版社　　　　　地　　址：上海市番禺路951号
邮政编码：200030　　　　　　　　　　　电　　话：021-64071208
印　　制：当纳利(上海)信息技术有限公司　经　　销：全国新华书店
开　　本：710 mm×1000 mm　1/16　　　印　　张：13.25
字　　数：230千字
版　　次：2022年9月第1版　　　　　　　印　　次：2022年9月第1次印刷
书　　号：ISBN 978-7-313-27291-1
定　　价：52.00元

版权所有　侵权必究
告读者：如发现本书有印装质量问题请与印刷厂质量科联系
联系电话：021-31011198

前　言

　　体育强国梦是中国梦的重要组成部分,党的十八大以来,以习近平同志为核心的党中央,把振兴中国足球作为发展体育运动、建设体育强国的重要任务提上了日程。以校园足球推动体育强国建设作为中国特色的顶层设计,截至2018年12月,教育部已累计命名了24 126所中小学为全国青少年校园足球特色学校,以及批准了152所全国高水平足球运动队建设高校,校园足球规模发展如此迅猛,是建立在中国耀眼经济发展成就基础上的。当今中国的世界第二经济总量、宏伟的政治强国梦想、全民健身理念和教育制度,已成为实现体育强国目标的三大支柱。校园足球的兴起源于增强学生体质,以带动全民健身,促进大众体育,增强国力。校园足球所倡导"从娃娃抓起"的大规模运动竞技人才培养模式,是国家竞技体育强盛的根本。推广和普及校园足球,以唤起全体在校学生的足球意识和参与行为,更是足球产业从业人员的潜在储备。校园足球从倡议到目前所形成的国家战略,对我国建设体育强国已初见成效,随着时间的推移,必将产生更深远的影响,特别在中国足球目前仍然处于低潮的大背景下,本研究课题既是热点问题,更是值得研究的重大现实问题。

　　本书将我国校园足球特色学校和高水平足球运动队建设高校作为研究对象,并重点选择江、浙、沪等社会经济、文化、教育较为发达省市的学校进行研究,通过文献研究法、访谈调查法、专题研究法、数理统计法、逻辑分析法等研究方法,收集整理并分析体育强国形成的理论,世界各体育强国开展校园足球以及足球对体育强国形成影响的资料,为确定研究方案、概念、相互关系及理论分析提供支撑,同时对相关专家包括教练、裁判员、体育和教育行政官员进行现场访谈,从中获取许多关于本研究课题相关信息材料和宝贵意见。课题组还就校园足球开展的相关问题进行了专题问卷调查,问卷主要采用电子邮件等形式进行发放和回收,通过数理统计分析后,对相关问题指标归类,并进行因素的影响评价。本研究在对我国校园足球发展规模及内在联系,以及现阶段青少年足球运动员培养瓶颈问题的分析中,均采用数理统计法,对相关数据运用了 Excel、SPSS 进行了统计处理,采用主成分分析、因子分析,得到了主因子得分 F,以建立模型效果。最后对典型案例进行分析,研究建设国家体育强国过程中,适合中国特色的校园足球发展所需要的新机制、新模式及实施路径等。

经研究得出如下结果。

(1) 发展足球运动是体育强国的硬核,要适当加大从国家政策层面对我国足球运动发展支持的机制。从体育大国向体育强国迈进,是中国梦的一部分。以国内外对体育强国的普遍认知,足球运动的发展水平最能代表国家大众体育、竞技体育、体育产业的发展水平,发达的足球运动能完美地把我国的奥运战略、全民健身战略及其体育产业发展战略有机结合起来,最终办成人民满意的中国体育,这是我国体育改革深化的落脚点和归宿,也是体育惠民最真实的体现。振兴中国足球是中国几代党和国家领导人的共识,更是全中国人民漫长的期盼。发达的足球运动是体育强国的硬核,足球运动发达国家首先以深厚的足球文化积淀为标志,而足球文化发达的国度,其体育运动带给了国民超高的幸福指数,而中国特色体育强国下的足球振兴就是建立在惠民基础之上的。

(2) 校园足球是中国足球运动走向辉煌的必由之路,因此完善校园足球发展机制的国家行为是重中之重。根据足球运动发达国家包括世界和亚洲(特别是与中国有同宗人文情怀的东亚各国)百年多来的经历,以及中国几十年来特别是近二十年来的经验和教训,充分认识到通过顶层设计,以目标为导向,抓好校园足球,既是中国学校体育深化改革促进青少年学生体质健康发展的有力抓手,更是全面振兴中国足球的根本。自 2015 年以来,校园足球发展的规模效应已初步显示了校园足球的异军突起,给中国足球带来了勃勃生机。

(3) 中国校园足球发展的短板与瓶颈,是制定和完善校园足球发展机制的突破口。中国校园足球发展的短板和瓶颈是客观存在的,也是动态的。我国校园足球从 2009 年起举国推进,而真正找到抓手的时间应该是 2015 年。足球场地和经费的缺乏随着校园足球的深入推进虽然依旧会长期存在,但校园足球全面人才培养的理念、各类足球行业人员队伍建设、校园足球文化建设等将会在一个时期一直成为短板和发展瓶颈,而短期内最应该重视的发展措施是怎么去积极保护孩子们爱运动的天性,并激励他们对踢足球保持持久的热忱。以短板和瓶颈作为问题导向,进行校园足球的供给侧结构性改革,方能使校园足球扎实推进。

(4) 动力机制是目标导向恒定、问题导向持续的保障,要保持校园足球发展方向不偏离,并始终以供给侧结构性改革,解决校园足球发展中的瓶颈问题,需要有一套行之有效的长效运营机制来保证。其中激发作为校园足球主体的青少年内在的参与动力,是整个校园足球运营的核心,即校园足球的动力机制建设是校园足球积极推进的核心,同时校园足球动力机制建设是动态的,又是与足球文化建设紧密相连的。

(5) 校园足球推进是体育强国目标达成的路径,以校园足球来推动体育强国建设战略。目前,中国足球以顶层设计的政策层面推进已做到极致,而本身中国足球实力的增强程度则变化不大,那么把校园足球开展作为以青少年为起点的全民健身和中国足球振兴,继而树立全民健身的理念和运动行为习惯养成,成为国民美好生活的有机组成部分。开展校园足球是解决中国足球顽瘴痼疾的良方,以最终达到体育惠民和足球振兴目的的校园足球积极推动,成为中国特色体育强国建设的国家战略。

经研究有如下建议。

(1) 深刻认识体育强国建设中足球运动发展的重要性。曾经的"奥运金牌战略",使中国足球运动边缘化,其根本原因在于开展足球运动投入大、见效低,目前虽然在发展足球运动重要性的认识上已基本达成了共识,但对中国足球振兴对体育强国建设的影响深远性则认识不足,甚至把中国足球改革发展的顶层设计错误认为是顶层认为,所以必须在这一正本清源的认识前提下,制定长期的对中国足球特别是中国校园足球进行加强投入的落地计划,这应该与足球运动在体育强国建设中的重要性权重相匹配。

(2) 校园足球的内涵式发展须走文化建设路线。校园足球发展初具规模,以供给侧结构性改革为标志的内涵式发展将成为校园足球发展的主流,通过动力机制为核心的运营机制体系,来保证校园足球发展的目标导向和问题导向。而动力机制影响的有效程度,又取决于校园足球文化建设的程度。文化建设需要时间,需要引导,更需要平台。校园足球文化须建立在以人为本的基础上和在对美好生活追求过程中逐步形成,无论是在自己踢球或者是在欣赏足球比赛中,还是在体验足球运动的乐趣当中。摆脱功利思想是校园足球文化建设的最显著标志,因为校园足球本身就是中国足球久久为功的产物。

(3) 重视校园足球发展之路的中国特色。实践证明,我国校园足球十年来特别是《中国足球改革发展总体方案》发布以来,已取得一定成绩,特别是中国特色的发展规模令人欣喜。根据足球运动发达国家的经验和教训,中国式的校园足球发展正是进行了顶层设计,使其发展方向明确,又避免了走弯路,这也是我国校园足球发展的宝贵财富。在此基础上,我们应本着道路自信、理论自信、制度自信、文化自信,与时俱进地发展校园足球,别人有的我们不一定做得到,而我们能做到的正是别人所羡慕的,所以因地制宜的创新式发展校园足球应成为常态。

(4) 有为政府和有效市场的协同机制发展校园足球。足球后备人才培养是一项投入大、见效慢、风险大的投资,起步阶段的市场化中国足球,需要政府的顶层设计和财政支持来保障我国这一浩大人才培养计划工程的有序实施。有为政府和有效市场的协同作用,是我国足球后备人才培养制度的保证。足球后备人才培养早中期的公益阶段,期待政府通过校园足球为主要平台来主导。足球后备人才的后期培养,则应通过以市场价值规律为主的资源配置来主导。通过对不同培养时期培养机制的侧重,必定会在我国丰富人力资源中挖掘出一个又一个璀璨夺目的世界级球星。

目 录

第一章 导论 ··· 1
  第一节 研究背景 ··· 1
  第二节 研究综述 ··· 5
  第三节 研究目的意义 ·· 24
  第四节 相关概念界定 ·· 26
  第五节 研究框架与内容 ··· 28
  第六节 研究对象与方法 ··· 31

第二章 校园足球对建设体育强国的深远影响 ······································ 34
  第一节 世界体育强国的特征 ·· 34
  第二节 中国体育大国考量及体育强国形成共识 ································· 37
  第三节 校园足球在体育强国形成中的基石作用 ································· 41

第三章 校园足球促进学生体质健康及引领学校体育改革 ··················· 45
  第一节 学生体质健康在人才培养中的作用 ·· 45
  第二节 促进学生体质健康的供给侧结构性改革 ································· 48
  第三节 校园足球在促进学生体质健康中的作用 ································· 53

第四章 以校园足球为抓手使足球运动成为我国战略性发展项目 ········· 59
  第一节 体育强国形成中的中国现代竞技体育 ···································· 59
  第二节 足球运动发展对我国体育强国形成的战略作用 ······················ 66
  第三节 中国足球长期萎靡不振剖析 ·· 69

第四节　校园足球在战略性运动发展中的使命 …………………… 76

第五章　中国特色校园足球发展 ……………………………………… 89
　　第一节　《中国足球改革发展总体方案》后的校园足球 ………… 89
　　第二节　中国足球运动员培养特色设计 ……………………………… 119
　　第三节　人性化的校园足球开展机制确立 …………………………… 153

第六章　体育强国目标下校园足球发展机制的创新及实施 ………… 162
　　第一节　校园足球发展机制是其战略目标实现的保证 ……………… 162
　　第二节　供给侧结构性改革为主导的校园足球运行机制及实施 …… 167
　　第三节　校园足球运行机制应以动力机制为核心 …………………… 174
　　第四节　因地制宜的机制使顶层设计完善 …………………………… 180

第七章　研究结论与建议 ……………………………………………… 186
　　第一节　研究结论 ……………………………………………………… 186
　　第二节　研究建议 ……………………………………………………… 187

第八章　研究创新、不足与展望 ……………………………………… 189
　　第一节　研究创新 ……………………………………………………… 189
　　第二节　不足与展望 …………………………………………………… 189

附　录 …………………………………………………………………… 191
　　附录一：专家访谈提纲 ………………………………………………… 191
　　附录二：校园足球开展相关问题教练员问卷 ………………………… 192
　　附录三：校园足球开展家长专题问卷 ………………………………… 194

参考文献 ………………………………………………………………… 196

第一章 导 论

第一节 研 究 背 景

一、问题提出

党的十八大以来,以习近平同志为核心的党中央把振兴中国足球作为发展体育运动、建设体育强国的重要任务提上了日程[①]。足球运动作为世界第一运动具有广泛的社会影响,深受广大群众喜爱。因此,发展和振兴足球,对提高国民身体素质、丰富业余文化生活、弘扬爱国主义和集体主义精神、培育体育文化、发展体育产业、实现体育强国梦具有重要意义,对我国的经济、社会、文化建设也具有非常积极的促进作用。

体育强国梦是中国梦的重要组成部分,以校园足球推动体育强国建设,作为中国特色的顶层设计,截至2018年12月,教育部已累计命名了24 126所中小学为全国青少年校园足球特色学校,以及批准了152所全国高水平足球运动队建设高校,校园足球规模发展如此迅猛,是建立在中国耀眼经济发展成就基础上的,当今中国的世界第二经济总量、宏伟的政治强国梦想、全民健身理念和教育制度,已成为实现体育强国目标的三大支柱。从政治、社会、经济视角来认识体育强国的内涵,大众体育、竞技体育、体育产业发展水平无疑是体育强国形成的主要指标[②]。校园足球的兴起源于增强学生体质,以带动全民健身,促进大众体育,增强国力。校园足球所倡导"从娃娃抓起"的大规模运动竞技人才培养模式,是国家竞技体育强盛的根本。推广和普及校园足球,以唤起全体在校学生的足球意识和参与行为,更是足球产业(占体育产业总值40%[③])从业人员的潜在储

[①] 国务院办公厅.中国足球发展发展总体方案[Z].2015-3-8.
[②] 《体育大国向体育强国迈进的理论与实践研究》课题组.体育强国战略研究[M].北京:人民体育出版社,2010.
[③] 石磊.中国足球经济启示录[N].中国经营报,2015-3-30(C①).

备。校园足球从倡议到目前所形成的国家战略,对我国建设体育强国已初见成效,随着时间的推移,必将产生更深远的影响,特别在中国足球目前仍然处于低潮的大背景下,本研究课题既是热点问题,更是值得研究的重大现实问题。

二、体育大国到体育强国的历史必然

(一)社会转型时期国家体育的鲜明政治性

举国体制是我国社会主义初级阶段竞技体育的根本制度,所形成的竞技体育就是"奥运争光战略",大众体育就是"全民健身战略"。在全面深化改革的社会转型时期,国家体育的内涵正如体育总局局长苟仲文2019年新年献词所提出的"加快推进体育强国建设,办人民满意的体育",办人民满意的体育已成为建设体育强国的逻辑推进,从国家意志来明确体育强国建设的实质。什么运动项目最使中国人感到痛心疾首,什么运动最事关中华民族尊严,无疑就是足球运动。当今转型时期,办好人民满意的中国足球,就是最大的体育政治。而从国际上看,一国足球运动水平的高低确实能影响到国与国之间的政治外交。乒乓外交对中国来说是一张值得炫耀的政治名片,如果说中国的乒乓外交让世界了解了中国,那么中国的足球外交则体现了中国积极走向世界的决心。转型时期的中国,足球运动发展水平要在外交上能体现出平等交流。伴随着中华民族实现伟大复兴的脚步,主动向外寻求发展空间,文化和体育对外主动交流和强势展现,优先、优势发展我国足球运动也就成为当今中国体育的头等大事,更是中国体育深化改革最重要的内容,并以2015年3月8日国务院办公厅颁布《中国足球改革发展总体方案》的政治形式确定了下来。

(二)经济体制改革深化的需要

中共十八大报告明确指出,坚持以提高经济发展质量和效益为中心,优化经济结构,积极扩大有效需求,着力推进转型升级,着力保障和改善民生;把片面追求经济总量的阶段转入追求经济发展质量阶段,提升中国在整个世界经济发展中的竞争力。当中共十九大把新时代我国社会主要矛盾定为人民日益增长的美好生活需要和不平衡不充分的发展之间的矛盾时,在经济发展中坚持以人民为中心的经济发展理念深入人心。伴随着《"健康中国2030"规划纲要》的出台,大大提高第三产业在整个产业中的比重,尤其提高体育产业在整个国民经济发展中的作用,已成为国家经济持续发展的突破口。而这个突破口的切入点是什么呢?那就是发展中国的足球运动。德勤会计师事务所调查发现,世界范围内足球产业年生产总值已达5 000亿美元,被称为"世界第17大经济体",而足球产业生产总值是整个体育产业总产值的40%左右①。美国体育产业生产总值占GDP的3%,根据2019年博鳌体育论坛所提供的数据表明,在美国、日本和一些欧洲国家,体育产业生产总值占GDP达到3%至4%,而我国虽然经过近十年的飞速发展,但体育产业生产总值也仅占GDP的1%。为此国家高层已有计划通过发展足球产业而带动整个体育产业,将足球产业打造成中国的支柱产业。推动体育产业成为经济转型升级的重要力量和国民经济的重要支柱型产业②,计划到2025年中国体育产业生产总值力争超5万亿元,届时足球产业规模将超过2万亿。

(三) 体育制度改革深入需要

2008年北京奥运会后,为响应党中央、国务院号召,推动我国由体育大国向体育强国迈进,借鉴国际上重要体育强国之经验,围绕大众体育、竞技体育、体育产业在内的综合实力竞争国家大力推行全民健身计划,重视竞技体育,以奥运会、足球世界杯为代表的国际性优质赛事受到史无前例的追捧,以足球运动为标志的体育职业化、商业化、市场化步伐迅速加快,相应的体育管理体制改革也逐渐深入,包括经费保障体制、训练体制及人才培养体制、竞赛体制、组织形式及领导方式等都出现了显著变化和改革。

(四) 学校体育改革深化需要

青少年身心健康、体魄强健、意志坚强、充满活力是一个国家综合国力和国际竞争力的基础③。在2018年9月全国教育大会上,习近平总书记指出"要树立健康第一的教育理念,开齐开足体育课,帮助学生在体育锻炼中享受乐趣、增强体质、健全人格、锤炼意志。"这是新时代学校体育改革的总方针,面临我国学生体质持续下降、体育竞技后备人才培养规模萎缩等诸多挑战,党和政府已把加强学校体育工作作为今后一个时期实施素质教育的重要突破口。抓住学校体育就是抓住了中国青少年体育,也就抓住了中国人的体育,从这个意义讲学校体育是大众体育和竞技体育的基础和结合,由于目前中国的学校体育教育还是有组织、强制干预的体育教育过程,所以校园也就理所当然地成了体育强国实现的国家行为主渠道。

三、校园足球是建设体育强国战略中的历史必然

校园足球不仅仅是对我国足球后备人才培养影响的理解,更应该从校园足

---

① 石磊.中国足球经济启示录[N].中国经营报,2015-3-30(C①).
② 国务院.关于加快发展体育产业促进体育消费的若干意见[Z].2014-10-20.
③ 钟秉枢.中国体育可持续发展的重要举措[J].北京体育大学学报,2011,34(4):1-4.

球对我国大众体育、竞技体育、体育产业的深远影响来理解建设体育强国战略中的历史必然。学校体育固然在人才培养的素质教育中起着非常重要的作用,面对目前主要以独生子女为主的青少年学生,除了害怕其进行具有风险性、挑战性、竞争性的活动外,还要预防他们沉迷于手机上网、玩电子游戏,避免学生近视率居高不下的情况发生。无疑足球运动是进行学校体育教育的优质资源,从年龄来区分,学校体育也是大众体育的一部分,更是大众体育的基础,其基础性在于运动技能的掌握和运动习惯的养成。"为祖国健康工作五十年,幸福生活一辈子"的理念只有通过学校有组织、有计划的体育教育才能获得,而这个获得性的平台就是运动技能学习的过程,具有合理运动方式、成熟运动规则的现代体育运动就是优质运动技能的资源。开展运动项目教学,提高学生专项运动能力,大力推行足球、篮球、排球等身体运动项目,积极推进田径、游泳、体操等基础运动项目,广泛开展乒乓球、羽毛球等优势运动项目[1],显而易见足球运动项目不仅作为单个有价值的项目开展,更是作为整个现代体育项目的引领而先行。当前在大力预防青少年近视的背景下,作为一项典型的户外运动,足球运动又多了一层更值得积极开展的意义。学校体育对竞技体育的深远影响在于竞技后备人才的培养,过去体委系统培养模式下出来的运动员,过早脱离基础教育,多年从事专业训练,普遍存在文化水平低[2]、心智素质整体不高的弊端;加之竞技体育成才率低这一原因,许多退役或中途被淘汰下来的运动员,很难在当今社会中去寻找自己的生存立足点。开展校园足球固然是为足球竞技后备人才的培养夯实基础,更在于为校园运动竞技后备人才培养做出典范,为今后的校园篮球、排球、网球、田径、游泳、羽毛球、乒乓球等主流运动竞技项目后备人才培养提供可借鉴的、较为成熟的培养模式。体育产业是伴随着近十年来我国经济体制深化改革后进入的实质性发展的新兴行业,而中国体育产业现在最大的发展瓶颈可能就是人才,英国有2.4%、美国有2.5%的从业人口在体育产业工作,而目前中国在体育产业中的从业人口还不到0.4%。所谓体育人才,并不局限于体育,还在于关联产业[3],即从事体育产业的人才不一定是在体育系统里专门培养,更多的则是通过学校普通体育教育而获得必要的体育运动基本知识、技能,他们中间将出现体育场馆的建筑师、新型运动器材制造的机械师、精密运动仪器开发的电子、计算机专家、体育

---

[1] 国务院办公厅.关于强化学校体育促进学生身心健康全面发展的意见[Z].2016 - 4 - 21.
[2] 钟秉枢,于立贤,潘迎旭.社会转型期我国竞技体育后备人才培养及其可持续发展[M].北京:北京体育大学,2003.
[3] 何文义,解密中国体育产业发展瓶颈[EB/OL].http://www.sohu.com/a/206899124,2017 - 11 - 27.

媒体工作者、体育赛事运作的管理和法律工作者等,其中足球产业在体育产业中的老大地位使校园足球也就理所当然地成为校园运动江湖中的"老大"。从营造足球文化的角度看,校园足球是未来足球产业消费群(观众)的培养沃土。如果说全民健身、中国足球改革、发展体育产业已成为实现体育强国过程中的国家战略,那么发展校园足球就是完成这些诸多国家战略所必须要抢占的制高点。

第二节　研究综述

一、体育强国形成

体育强国是人类社会发展到现代化后的产物,当今世界现代体育发展已进入高级阶段。国外关于体育强国及形成的研究要早于国内,如今国际公认的体育强国有英国、美国、德国、日本、俄罗斯等。体育强国在全民健身、全民参与体育及竞技体育方面都有较为成熟的制度和成功的经验。

(一)英国是现代体育发展的鼻祖和典范

英国从18世纪到19世纪中叶完成了人类社会体育由前工业社会向工业社会的转换[1],把人类体育进行了标准化,完成了传统体育向现代体育转型的质的飞跃,创新出了适合现代社会需要的体育形态。英国政府的体育政策始终服务于社会的发展,工业革命时期重点在于规范现代体育运动的发展;二次大战刚结束,则重点进行体育设施的建设服务于民;20世纪70年代后,则逐步把体育纳入国民的福利系统[2]中。英国学者伊恩·亨利(Ian Henry)认为英国体育治理是一个漫长的过程,英国作为现代体育运动的发源地,在国家体育公共事务管理方面为全世界作出了开创性的贡献,通过整体性治理(Holistic Governance)来调整英国的体育治理机制、治理结构和治理目标,在体育政策层面表现为从"组织推动"转换为"目标驱动",将步骤设计、组织实施以及绩效监督从政府中剥离出去,政府主要负责宏观战略规划与战略目标的确定,并将公共团体、社会团体和私营机构作为处理体育事务的关键治理主体。

(二)美国是当今世界最为典型的体育强国

美国把体育与政治、社会、经济、文化、教育高度融合。美国的文化源于欧

---

[1] Allen Guttman. Sports, The First Five Millennia, Univ[M]. Massachsett Press, 2004:68.
[2] Downward P, Rasciute S. The Relative Demands for Sport and Leisure in England[J]. European Sport Management Quaterly, 2010, 10(2):189.

洲,体育深受英国文化影响,但又有自身的特点。从早期自由发展,到 20 世纪 30 年代后美国体育便进入了成熟发展阶段,这一阶段是以社会主导和国家宏观调控相结合为主,相继出台了与美国体育专业对口的人才培养标准[1],以及发展大众体育的《健康公民计划 2020》等体育健康政策。其中保障运动员权益的《业余体育法》[2],是针对业余体育发展的政策和法规[3],使奥林匹克精神下的业余体育运动重现活力。美国在把以职业体育为标志的体育文化产业理念和运营推向极致的同时,也确保了美国体育从大到强的迅猛发展。

(三) 德国是服务于国家的体育

19 世纪初,德国体操风靡世界,把促进国民体质增强的身体训练通过体操运动与国民的组织纪律性培养、爱国主义教育有机结合在一起。作为体育强国,1990 年后统一的德国延续了原联邦德国以体育俱乐部为基础的社会主导型体育发展模式,2006 年后体育俱乐部制更为完善[4],促使国家的竞技体育、大众体育、学校体育协调发展[5],其融入一体的组织体制更使德国体育称雄于世界。同时,以注重青少年足球运动员文化学习的成熟足球运动员培养体系,使德国足球长期以来在国际足坛上傲视群雄[6]。

(四) 日本体育是欧化的国家体育

由于日本是二战的战败国,所以国家把发展经济作为立国的基本国策。为了使社会与经济的同步发展,日本十分重视体育和文化娱乐活动的建设。1964 年东京奥运会前,日本政府颁布了《体育振兴法》,为振兴日本体育明确了基本框架和发展战略,以终身体育、竞技体育、学校体育作为三大支柱,支撑着日本体育整体的结构体系。20 世纪 80 年代后,日本由于竞技体育水平持续下降,为此日本政府于 2000 年发布了《体育振兴基本计划》,使体育改革得到深化,特别是采取了全面的、有计划的培养高水平运动员的各项措施。2009 年又出台了《日本体育立国战略》,更是以国家战略来定位体育的发展,在体育协会与民间体育团体负责发展学校体育和大众体育的前提下,把发展竞技体

---

[1] Morgan, William J. Ethic in Sport[M]. Champaign:IL:Human Kinetics, 2007:416-417.

[2] Chalip L. The Framing of Policy:Explaining the Trans formation of American Sport[D]. Chicago:University of Chicago, 1988(3).

[3] Donna E S. Heal thy People 2000 Objectives for Improving Health[R]. Washington, D. C. U. Departmant of Health and Human Seriices, 2000:16-19.

[4] Reichelt F. Das System des Leistangssport inder DDR[M]. Marbury:Tectum Verlag. 2006:56-57.

[5] Probl R. Grundnissder Sportpadagogik[M]. Wiebelsheim:Limpert Verlag, 2006:56-57.

[6] Franklin. How soccer explains the world[M]. Published by arrangement with Harper Collins Publishers, USA, 2004.5.

育作为国家战略来定位,形成了举国体制的政府型体育管理体制。日本的中学、高校承担着国家提高国际运动竞技力的使命,如日本国家足球队三分之二的队员来自高校。

(五) 举国体制的俄罗斯体育

俄罗斯继承了苏联体育教育和竞技体育的中央集权体制,2001年总统普京指出"高水平竞技体育成绩从来都是一个民族和国家发展水平的指标之一"。由于竞技体育历来都是体育强国看重的指标,该指标使俄罗斯继续保持着世界主要体育强国的地位。俄罗斯体育随着国家政治局势的变化,在体制上几度变化。苏联刚解体时,俄罗斯曾尝试商业化的赛事运营方式,其结果使俄罗斯国家体育竞技水平明显下降,因此2002年10月普京签署总统令成立"总统体育委员会",确定了先于振兴经济来振兴体育的国家战略,并亲自任该委员会主席。2004年,国家体委被联邦体育与旅游署所取代,负责人由原"总统体育委员会"副主席担任。近年来,俄罗斯把青少年竞技体育分成教育机构和社区的竞技性娱乐活动两大体系来培养高水平竞技体育后备人才,使竞技体育与大众体育同时兼顾,共同发展。

二、典型足球强国的足球运动及校园足球的发展

课题组将2017、2018年这两年国际足球联合会(FIFA)年终排名进入前20名的国家定义为足球强国[1],又把现今世界足球流派分为欧洲力量派(英国、德国)、拉丁派(巴西、阿根廷)、欧洲拉丁派(法国、西班牙)[2]。除此之外,像日本等国家属于传统体育强国中足球运动及校园足球开展的楷模,正是因为足球运动的发展突出,使这些国家也在世界体育强国中占有一席之地。

(一) 现代足球运动的发源地英国

英国对世界足球运动发展的贡献不言而喻,世界上第一家足球俱乐部成立于英国,首创了已成体系并一直沿用至今的现代足球规则,同时成立了现代足球历史上第一个足球行业管理机构——英格兰足球协会,英国对足球的贡献将永远载入世界现代足球发展的史册[3]。谢菲尔德位于英格兰中心,是以钢铁工业而著名的城市,如今以拥有众多体育设施著称,是名副其实的体育之都。世界上

---

[1] 龚波,徐一博,董众鸣,颜中杰.世界足球区域格局及其文化背景探析[J].上海体育学院学报,2011,35(2):86-90.

[2] Franklin Foer. How Soccer Explains the world[M]. Published by Arrangement with Harper Collins Pablishers, USA, 2006.

[3] 周雷,董海宇.足球运动[M].杭州:浙江大学出版社,2017.

第一家足球俱乐部就诞生在这儿,虽然目前已成为一家业余性足球俱乐部,但这并不能动摇它为英国足球现代化发展奠定了基础所确立的历史地位。早在14世纪的英格兰,足球就有广泛的群众基础,每逢基督教的特定节日,男女老少齐上阵进行手脚并用的无序足球比赛。工业革命后,出于强身健体的目的,足球运动被引入了英国的公学,为限制比赛中事件的暴力发生,各公学建立了各自的足球规则。1848年各个大学的足球代表在剑桥大学制定了《剑桥规则》,这是世界上第一个用文字形式制定的足球规则。与此同时,除了《剑桥规则》外,英格兰各地俱乐部也制定了各自的足球规则,如《谢菲条例》(由谢菲尔德俱乐部制定)。由于规则不统一,对于崇尚公平竞赛的英国人来说,统一足球比赛规则势在必行。在吸取了各地足球规则的基础上,英国11个足球俱乐部代表于1863年10月26日在伦敦举行会议,会上修改了《剑桥规则》,制定了全国统一规则。这是世界上第一部较为统一的足球竞赛规则[1],其基本原则是只能用脚踢球,并禁止身体粗野冲撞。尽管这部规则只有14条,较为简单,但它奠定了现今足球比赛规则的基础。与此同时,在这次开创性会议上,成立了世界上第一个足球运动组织——英格兰足球协会。从此,在统一规则下,足总杯和联赛相继举行,足球规则也在比赛实践中得到更新和进化。

英国青少年足球运动员的培养体系是以英国高度的社会化体育资源为基础,充分利用社会供需强大的内在动力,调动英国内部各方面人力、财力和物力,由国家和地方共同支持、协调、管理社会财团和专业团体[2]。英国的青少年运动员无论足球运动水平高低都可在学校学习,较高水平足球运动员可以到专门的足球学院学习,并不提倡早期的专门化足球训练。英国有庞大的校园足球竞赛体系,青少年足球运动员可参加俱乐部、足球学院、学校系列组织的联赛,每年能得到30~40场次的比赛机会。英国有完善的校园足球教练员考核体系,大多数来自校园足球系统培养的运动员,在考取英足总教练员的资质后,就可执教英国校园足球或者更高水平的足球队[3]。英国校园足球还作为培养具有"古典教育价值观"现代人的重要手段,使学生逐渐具有勇敢、公正、忠诚等人文精神。早期英国校园足球的古典教育价值观和教育理念具有现实意义,有利于实现价值观教育和实用性教育二者之间的平衡[4]。

---

[1] 王崇喜.球类运动——足球[M].北京:高等教育出版社,2005.
[2] Walvin J. The only Game: Football in our times[M]. London: Pearon, 2001.
[3] 潘淼.基于中英比较视角的校园足球人才培养文明探析[J].沈阳体育学院学报,2016,35(5):109-114.
[4] 梁辉.19世纪英国校园足球兴衰与启示[J].体育文化导刊,2018,(05):109-114.

(二) 法国的高卢雄鸡足球

与英国相比,足球对于法国来说并不是一项无可替代的运动,高卢雄鸡代表着慷慨激昂的法式足球。法甲在很长一段时间里曾被认为是欧洲五大联赛中含金量最低的联赛,不过在欧洲杯、世界杯的赛事上,法国队有目共睹的战绩使其成为世界足球强国中最具冠军相的足球队,那么其长盛不衰的秘诀是什么呢?2012年赛季法国13家俱乐部的青训营向欧洲五大联赛输出了255名球员[①],为此,在2012年由媒体评出的欧洲俱乐部青训水平排名中里昂、雷恩、索肖进入前10名,且里昂位居巴塞罗那之后名列第二[②]。

显然法国足球人才培养的理念、模式、机制已得到国际认可[③],"五步训练法"是法国青少年足球训练实践的核心内容,包括对抗热身、协调性训练、指导训练、技术训练和比赛,并围绕一个训练主题展开[④]。法国青少年足球训练设计的理论基础是行为主义理论和构建主义理论[⑤],在实践中总结出主动性训练和指令性训练法,继而推出自我适应训练、战术决策训练和执行训练模式,使训练变得高效。法国足球协会下设法国青少年足球技术指导委员会组织开展全法的青少年足球活动,形成以青少年俱乐部为基础,职业俱乐部青训中心、职业俱乐部梯队、精英训练中心为核心的培养路径[⑥]。同时法国足协通过多年选拔与跟踪调查后[⑦],将全法U16选拔赛作为青少年球员成为职业球员的"关卡",即16岁后才选择是否成为一名职业选手。

法国体育学院是法国最高体育学府,集训练、科研、教学为一体,学院不仅培养运动员成为世界冠军,同时也注重培养运动员的转行职业,为运动员退役后找工作解除后顾之忧[⑧]。而法国足球冠军的摇篮是法国国家足球学院,此学院位于巴黎郊区西南50千米处的克莱枫丹小镇,占地56公顷。1988年6月时任法国总统密特朗为其竣工剪影,每年只面向全国招收学员22名,进行为期2年的

---

① 法国队哥伦比亚队遗憾出局年轻没有失败[EB/OL]. http://2014.sohu.com/20140705/n401837962.shtml.
② 青训"长尾效应":法国发生了什么? [EB/OL]. http://business.sohu.com/20140625/n401288251.shtml.
③ 浦义俊,戴福祥,江长东.法国足球历史演进及其文化特质分析[J].体育文化导刊,2016(2):106-110.
④ 李春阳.法国青少年足球训练实践与理念及其启示[J].体育学刊,2017,24(6):127-131.
⑤ LEMOIGNE J L. Les epistemologies constructivistes[M]. Paris: PUF, 1997: 23-28.
⑥ 邱林,王家宏,戴福祥.中法青少年足球培养体系比较研究[J].上海体育学院学报,2017,41(6):34-41.
⑦ Jean-philippe Toussaint. Football[M]. Paris: Les Editions de Minuit, 2015: 79-80.
⑧ 国家体育总局干部培训中心.高水平运动训练与管理研究[M].北京:北京体育大学出版社,2007.

封闭式训练①。这些学员分别是从法国 6 000 多所足球学校(国家正式的专业教育机构)、普通学校及法国职业俱乐部青训营②所推荐上来的 2 000 多名优秀选手中,进行心理测试、速度测试、技巧测试、进攻水平测试等后选拔出来的。在选拔学员的时候,要考虑他们 5 年或多年之后的竞技能力发展,也要考虑他们 5 年之后退出所面临的出路。学院的任务就是为法国足球培养最优秀的后备力量,培养那些希望进入法国顶级职业俱乐部的年轻人。1990 年以来,克莱枫丹已成为法国足球的"实验室",也可以说起到了法国足坛的"保姆"作用,是法国各个年龄段国家队的集训地。此中心有诸多优势,主要有以下 4 项服务:

(1) 草皮维护及草皮疾病的治理。中心一年 365 天都有工作人员轮流维护草坪。

(2) 医疗中心。中心配备专门足球理疗师,他们有专门的学校,毕业后还要继续培训,要经过五六年才能达到要求,主要是对运动员软组织损伤的处理。

(3) 技术分析中心。技术分析中心是法国国家队的坚强后盾,足球已发展成为一门复杂的学科,涵盖了医学、心理学、运动科学等各个门类。一般俱乐部不可能面面俱到,所以国家集中力量投资前沿探索,反哺中小俱乐部,这也反映了法国一贯倡导的职业足球少而精的发展思路,不需要迫使每个人都喜欢上足球,但必须为每个爱上足球的人提供最好的条件。

(4) 国家足球裁判员培训中心③。由于法国踢足球的人相对并不多,因此克莱枫丹正像法国足球的泉眼一样为法国足球提供潺潺流淌的清泉,这是法国发展足球运动的政策,由市场探索为上限,国家保证底线,正是国家和市场各司其职的发展模式,使法国足球始终保持在世界足球强国之列。

(三) 德国的日耳曼战车

日耳曼战车是所有球迷给予德国国家队的称号,人们对于这部战车最深刻的印象就是一套简单但致命的战术,以及一群身体强壮的糙汉子,然而在 2014 年的世界杯上,德国队的技术流却惊艳了世界。德国的鲁尔工业区是德国境内人口最多、经济最为发达的州,便利的水陆交通和丰富的煤炭资源在近代德国崛起过程中扮演着重要的角色。这个地区分别于 1904 年、1990 年诞生的沙尔克 04(俱乐部)和多特蒙德队(俱乐部),以足球运动为平台的进取心交流促进了该

---

① 梁维源.法国足球大本营——克莱枫丹[EB/OL]. http://www.sport.sina.com.cn.1999-10-18.
② 孙克诚,何志林,董众鸣.国外足球强国后备人才培养路径与启示[J].南京体育学院学报,2011,25(5):108-111.
③ 梁维源.法国足球大本营——克莱枫丹[EB/OL]. http://www.sport.sina.com.cn.1999-10-18.

区域的社会良性发展。20世纪中叶,随着石油和天然气的广泛使用,以煤矿工业为基础的鲁尔区迅速衰落,失业率居高不下,而此时的足球成了超越政治与宗教的最高信仰,是凝聚人心的强大力量。20世纪90年代,德国足球曾一度进入低谷,特别在2000年的欧洲杯上不可一世的日耳曼战车变得不堪一击,小组赛后就打道回府,人才缺乏仍是德国足球最根本的软肋。为此,德国足协规定每个业余俱乐部也要跟职业俱乐部一样有青训体制,从A级到G级每个年龄段一个不能少,同时从国家层面进行基地建设,截至2002年,德国拥有足球训练基地440个[①],而且德国俱乐部不收费或收费较少,以保证有天赋球员被发现和挖掘[②]。2012年德国足协官网显示,德国注册俱乐部共有25 650个,注册球员680万名,约12个人中就有一位注册球员,这是以国家意志来发展国家足球。同时,德国拥有成熟的科学训练体系和方法。从2002年起,德国足协要求德甲和德乙共36支球队须自设青训中心,否则会被取消联赛资格,所以只要年满7岁小男孩就可去顶级俱乐部试训并接受挑选,刚开始以培养兴趣和足球活动为主;9岁起,每月训练3次;12岁起,每周训练4次[③];15岁起,出色的球员会被保送到与俱乐部合作的足球精英学校,以确保球员在踢球的同时能接受完备的文化教育。虽然德国有着庞大的青少年足球基数,但最终仅有2%的人能有幸成为真正的职业球员。细致严谨的德国人根据年龄层次,设计了七级培训体制,运动能力和技巧战术都被列入了考察范围之中。如果说人才是未来的基石,那么科技就是发展的推动力,德国科隆体育大学科研人员会通过录像观察比赛,然后进行分析。一场90分钟的比赛,科研团队至少要用5个小时去研究,平均一个分析师会在一名球员身上发现200个以上的战术动作,而每个人的数据库中都储存了超过10万个技术细节。球场上的每个动作都转化为信息数据,分析师会根据球队和球员的不同情况给予专业的反馈意见,足球分析师已成为德国球队必配的岗位。现在所有德甲球队都走上了现代化足球道路,在竞争越来越激烈的足球场上,仅仅拥有高超的足球技术已远远不够,更需要有数据分析能针对性地去弥补短板。

(四)赏心悦目的斗牛士足球

19世纪末,英国人把足球引入到伊比利亚半岛,很快便引起了热情奔放的西班牙人极大兴趣,各地陆续成立了足球俱乐部,经过一个多世纪的发展,足球

---

① 颜中杰,何克林,李晓旭.足球强国后备人才培养路径研究[J].体育文化导刊,2007,8:26-28.
② 侯志涛,陈效科.中德青少年足球培养比较分析[J].体育文化导刊,2014,8:149-152.
③ 张中,颜中杰.中外职业足球俱乐部后备人才培养机制比较[J].体育学刊,2009,16(2):97.

已成为西班牙最好的名片,皇家马德里、巴塞罗那脱颖而出,吸引着世界各地的球迷慕名而来。巴萨(巴塞罗那俱乐部)不但是西班牙而且也是世界顶级俱乐部成功的典范,2010年以巴萨为班底的西班牙国家队问鼎了世界杯,他们采用了Tiki—Taka战术,这是场上队员间快速短传的拟声描述,是基于挡球技术的短传渗透打法,这种战术谁都看得懂,但却不是什么人都能打得出来的战术套路。自从约翰·克鲁伊夫执教巴萨以来,巴萨就建立了自己鲜明的足球理念,从球队到每名球员,甚至整个西甲都秉承了这样的理念,对其他队而言Tiki—Taka或许是足球比赛战术,但对于巴萨的青训球员来说却是秉承的足球哲学。

西班牙人对青少年儿童足球运动员的培养很重视,建造了设施齐全的青训营,1979年创办的拉玛西亚是巴萨的青训营,2011年搬入了市级宽敞的甘博体育城。四十年来,拉玛西亚走出了一代又一代的足球巨星,伊涅斯塔、梅西、皮克、法布雷加斯、雷纳、哈维,他们身上都刻印着拉玛西亚出品的标志,让我们走进巨星制造厂探其究竟。巴塞罗那的拉玛西亚学院,小学生基本上在午后的1点至1点半放学,吃完午饭后孩子家长就马上驱车前往位于市级的甘博体育城,当然学校也提供专车接送孩子们训练;下午3点后训练开始,但首先是3小时的文化课教学,授课教师是拉玛西亚从正规教育系统中聘用的,授课内容比普通学校更强化。17岁以下(高中生以下)的运动员都为业余运动员,拉玛西亚会从运动和育人角度去培养他们,把文化教育放在首位,强调人格塑造,遵循科学规律训练[1],让孩子接受最全面的教育和训练,让孩子能读好书、踢好球、有出路,这种培养模式在巴塞罗那俱乐部得到自上而下的沿袭和贯彻[2];晚上7点又开始足球训练,训练持续2个小时。目前有400多名8~17岁的小球员在拉玛西亚训练,按年龄分成16个训练梯队,随着年龄增长孩子会升级到更高的梯队,当然也伴随着淘汰。不到16岁属于非职业足球训练,超过16周岁便进入职业训练,在拉玛西亚非职业球员占了七成,此时过了16岁后是否成为职业足球运动员还过于遥远,除非是被球探从其他城市和国家抢来的种子选手,其他的孩子一般都走读,所以对于低年级的孩子而言,足球训练更像是课外兴趣班,不过这也不是说拉玛西亚就很好进。拉玛西亚非职业足球培训负责人在解释选人标准时指出,他们是要寻找有天赋异禀的球员,具备与众不同的特质,重点关注踢球的技巧和理解比赛的才能,然后才看是否具备合适的身体条件。阿根廷人梅西

---

[1] 张宏俊.西班牙"拉玛西牙"足球青训培养体系解析[J].浙江体育科学,2014,36(01):31-34.
[2] 彭训文.中国足球需要自己的"拉玛西牙"[N].人民日报海外版,2016-04-22(012).

就是成功的案例,2000年13岁的梅西被球探发现,于是便与梅西签了一份至2012年的工作合同,同时承担了对梅西所需的全部费用,梅西最终没有辜负期望,成为一代与马拉多纳齐名的球星。拉玛西亚U16、U17的主教练认为,有个性的球员是以战术为平台团结一致,战术的三原则就是控制、走位和压迫,这就掌握了足球理念论Tiki—Taka战术,追求主宰比赛的目标,无论防守和进攻都要尽量控制球,通过控球来控制比赛。拉玛西亚虽然是足球学校,但每天都会安排与训练等量的时间上文化课,这在全球的足球学校中也是不常见的,让足球学校的孩子兼顾训练和学业,日后无论是否成为职业足球运动员,都可以进入大学深造,以完成教育的闭环。巴萨的对外关系主管强调,足球运动员的职业生涯很短,到了三十几岁踢不动时,往后的日子还很长,所以必须要继续做点什么。人人想成为金字塔尖上的足球巨星,在塔尖便意味着残酷的竞争,能坚持到最后的却是凤毛麟角,即使职业球员退役后也要面对职业再规划所需的基本文化素养,为未来生存提供更多的可能。

(五)潘帕斯雄鹰的阿根廷足球

19世纪60年代,阿根廷就有了足球比赛,1867年5月阿根廷第一个足球俱乐部布宜诺斯艾利斯俱乐部成立,阿根廷足协成立于1893年[①]。在南美大陆上第一个足球俱乐部、足球联赛、足球协会都诞生在阿根廷,阿根廷是世界公认足球强国,其球员的意识和灵巧都属世界一流,观赏他们踢球总能给人一种震撼心灵的艺术享受,这跟阿根廷人的个性魅力和人格力量所形成的稳定的足球情绪是分不开的。阿根廷人大多为白人后裔,其足球风格既秉承了西班牙的浪漫激情,又处于混乱和毫无章法之中,但深谙足球的游戏规则。阿根廷足球与欧洲足球有着难以分割的血缘,但本质上又有区别,他们的球队和球员都有着特殊的风格和鲜明个性。广阔的草原以及阿根廷人奔放豪迈的性格很适合足球运动的开展,对于阿根廷孩子来说,足球场便是人生中第一个战场,只有习惯了在对抗、拼抢与伤痛中成长,才能走得更远。

与欧美从小开始有意识培养足球运动员不同,大多数来自街区的阿根廷男孩4~5岁时纯粹为了好玩而踢球,他们还没想过成为专业球员,最主要的是足球将他们培养成人。阿根廷人认为优秀足球运动员的成长从5岁就可以开始了,首先是技术,也就是玩球的技术;然后就是节奏,即场上带球和跑位的节奏,不动的运动员是没有前途的;另外就是攻击性,攻击性的代表就是阿根廷的风之

---

① 匡建二.阿根廷足球风云[M].南昌:百花洲文艺出版社,2000.

子——卡尼吉亚。足球运动从娃娃抓起,这是任何一个足球王国都必须遵循的规律,以阿根廷著名足球俱乐部拉努斯俱乐部(阿根廷现有足球俱乐部共42个)为典型案例来剖析阿根廷青少年儿童的足球普及程度。价值2 325万欧元的拉努斯竞技俱乐部,每年计划为一万个贫苦孩子提供数量可观的奖学金,让他们能在课余时间安心参加足球训练,这样一是为自己俱乐部建立雄厚的后备力量,二是为扩大俱乐部影响进行宣传,拥有更多的球迷[①]。好多职业俱乐部只关注一线队,把二线球队和后备力量当作负担,但拉努斯扭转了这种局面,对于资金有限的球队来说,购买外援往往力不从心,靠自己培养年轻球员才是正道,这不但使自己的俱乐部实力有保障,而且可以通过自己培养队员的转会产生经济效益,同时也产生了无形价值的资产。目前,拉努斯通过这个做法尝到了甜头,现在每年俱乐部都会录取三千多名青少年,后备人才源源不断。当然俱乐部也通过转入其他俱乐部有潜质的二线队员,经过自身培养可以明显提高其身价。由于在世界范围内特别是欧洲的五大联赛中,阿根廷年轻球员价廉物美,非常走俏,但是俱乐部为了经济利益却过度出售球员,使国内俱乐部所在球队的实力大大下降,为此阿根廷国内的联赛却成了二三流球员的角逐赛,大多数阿根廷人对此表示担忧,不过也有相当部分的业内人士认为这未必是件坏事。大批阿根廷球员赴海外踢球,这不仅会拓展他们的视野,又能提高球技,与此同时也可以为俱乐部赚钱,这样新生代的球员又有了保障,这是一个良性循环,对推动阿根廷的足球事业发展非常有帮助。当然阿根廷足球场上的足球流氓,以及对裁判的恐吓也闻名世界,这也许是阿根廷激情足球的副产品,也肯定是垃圾产品,必须加以清理。在阿根廷有4 000万人喜欢足球,根据民调显示,每10名阿根廷人中就有9个自称是球迷;在3至70岁间的男性当中,足球普及率达到98%。1986年世界杯,在队长迭戈·马拉多纳的带领下阿根廷队继1978年后又获得了冠军,马拉多纳因此也成了国家民族英雄。之后一年中,每18个新生男孩中就有一个叫迭戈的,显然马拉多纳在无形当中成为众人膜拜的图腾。和马拉多纳黄金一代一样,足球是他们奉献的表达方式,阿根廷人把激情尽可能地投入到足球中去,足球也给阿根廷人带来了无限机缘,这是个充满足球氛围的国度。

(六) 巴西的桑巴艺术足球

巴西国家队是唯一参加过所有21届世界杯决赛圈比赛的球队,长期位居国际足联公布排行榜的头名。如果说阿根廷人对足球是激情,那么巴西人对足球

---

① 匡建二.阿根廷足球风云[M].南昌:百花洲文艺出版社,2000.

就是狂热。"足球在海滩上踢、在街上踢、在球场里踢、在灵魂里踢",每逢足球大赛,巴西诗人卡洛斯·德鲁蒙德的诗频频被引用。巴西在每个人的心中播下了对足球热爱的种子,而这种热爱似乎可以植根于爱国之中,因为今天巴西的孩子们已经天生怀有对这项运动的热爱[①]。现代足球由英国人发明,但好像为巴西人而生,留学于英国的巴西人米勤于1894年5月成立了巴西第一个足球俱乐部圣保罗竞技俱乐部,随着俱乐部像雨后春笋般冒出来,巴西足球运动的普及范围迅速超越了圣保罗市。1902年,巴西全国各俱乐部的球队在圣保罗市举行首届巴西足球锦标赛[②]。透过圣保罗街头足球和里约热内卢沙滩足球的浪漫,剖析巴西足球运动的广泛普及和世界足球大赛上的成功,应该认为是在学校教师和俱乐部教练员的严格指导下,经过运动员训练和特殊技术培养完成的,奠定巴西足球在世界足坛上技术发展领先地位的决定因素有两个:一是所有优秀运动员都认同小场地足球比赛,二是俱乐部和足球学校的足球训练[③]。小场地足球比赛是巴西独特的训练方法,是在篮球场大小的场地里进行5对5的对抗练习,使用的球尺寸小一些但重量稍大,同时减少弹性,这样在小场地下练习,需要高集中注意力和跑位的灵活性。如果用普通球场小场地训练,则重点强调地面传球的准确性,避免长传,对年龄较大的孩子则重点发展短传配合和快速推进的进攻能力。历史上巴西伟大的足球运动员,如贝利、济科、卡洛斯、罗纳尔多等较多出身贫寒,街区是他们认识足球的地方,但磨炼技术肯定不在那里。富有足球天赋的球星,几乎都是来自每周训练20个小时以上的职业足球俱乐部和足球学校。长久不衰的巴西足球也许和沙滩足球有很大的关系,因为沙滩比赛是一项快乐的比赛,可以给人带来更多的欢乐气氛和美的享受。音乐和舞蹈是巴西人生活中的重要内容,应该说直接影响了巴西的足球,巴西球员的比赛节奏多数人认为就是源自巴西本土的桑巴舞音乐,桑巴舞是由里约热内卢早期非洲移民留下的文化遗产,许多俱乐部和足球学校就是在桑巴舞节律下教授和学习足球技术的。

在巴西,处于5岁至18岁的孩子就读于小学和中学,而巴西每所中小学都有自己的足球场,其中足球是学生的必修课,但普通学校内部及校际都不进行任何形式的足球比赛,巴西人认为中小学阶段提高学生的足球技术能力比提高战术能力更为重要。俱乐部青少年运动员的最低年龄是6岁,低年龄组的队员主要进行有球的技术练习及小场地比赛;12岁(初中)以后的队员,每周训练几个

---

① 多纳西门托.球王贝利自传[M].李阳,颜可维,译.北京:北京知识出版社,2006.
② 孙亦平.巴西足球风云[M].南昌:百花洲文艺出版社,2000.
③ 塞门·克里夫德.巴西式足球训练法[M].马冰,刘浩,唐峰,译.北京:人民体育出版社,2001.

小时,其中包括每周4~5小时的课堂讲解;一般对于15岁前年龄的球员学习基本技术是重点,战术和场上位置的训练则较少。因此,整个巴西出来的球员在防守和讲究战术上成了弱点,而在场上攻击对手、射门、传球、头顶球、运球的娴熟表现,恰恰赢得了艺术足球的美誉,这也成了巴西足球文化的符号和形象。正因如此,巴西人对足球有了一种独特的狂热和忠诚,懂得欣赏足球和享受运动过程,支持心目中的王者。

(七)最具国际化和市场化的意大利足球

现代足球于19世纪70年代由英国人传到了意大利的港口城市热那亚,19世纪80年代热那亚相继出现了几支球队,很快在全国出现了很多业余和半职业的球队。1898年3月意大利足球联合会正式成立,同年5月在都灵举行首届意大利足球锦标赛,发展至今意大利甲级赛已成为世界最精彩的足球联赛,号码"小世界杯"。意大利现有两大足球机构:一是意大利足球联合会,意大利奥林匹克委员会领导负责整个意大利足球运动;二是意大利足球联盟,负责职业足球俱乐部,应该说更有实权[①]。意大利足球市场的开放,使意大利成了"足球联合国",世界上各大洲的球星几乎都来此踢球、淘金和定居,世界上最新的打法和国际足联的试验改革也在此最先推行。这些国际化的现象,很大程度上得益于意大利语属于拉丁语系,使同属这一语系的西班牙、葡萄牙、法国、巴西、阿根廷等球星喜欢来此发展。意大利成为足球强国,与球迷的理解、支持和参与是分不开的。米兰《体育报》足球记者切萨雷说:"球迷是推动足球发展的力量源泉",正因如此,球迷使足球商业化有了深厚的基础,真正将足球做成了实体,形成了"哨声一响,黄金万两"的经济繁荣。国际化也使足球市场更火爆,促使球星身价不断提高。意大利在裁判职业化上为世界作出了表率:规定每月主裁约为工资2 000美元,巡边为700美元(还在提高);要求裁判年轻化,率先规定裁判年龄的上限为45岁;使裁判权威化,具体表现在对比赛判罚的终审判决,当然裁判要接受纪律委员会的批评和裁决;约法三章,对裁判和运动员都有严格的规章制度的约束,视情节和后果可以批评、通报、停赛、罚款、拘留、判刑。目前,足球比赛普遍采用的三分制首先就是在意大利1994—1995赛季上试行的,实行三分制后,意大利赛场出现了生龙活虎的场景,球迷的热情一浪高过一浪,最大的变化是各队都普遍采用攻势足球的打法,使足球比赛精彩纷呈。

良好的足球大环境,也吸引了意大利成千上万的青少年。与此同时,意大利

---

① 张慧德.意大利足球风云[M].北京:人民体育出版社,1995.

足球联合会和社会各界也非常重视对本国青少年足球运动员的培养,培养途径大致有以下三种。

1. 职业足球俱乐部培训班

意大利的甲、乙职业足球俱乐部,还有些业余球队,都有自己的青训营。意大利足球从低龄培训起就按职业足球要求来为孩子设定成长道路,这体现了训练的专业性和严谨性。过早确定孩子场上的位置和角色,对高度分工精确性有极大帮助,但可能会限制孩子的创造性和可塑性[1]。小学阶段除了正常文化课学习外,这些低龄球员还要接受足球理论、足球生理学、足球技术等方面的教育和训练,几年培训后,优秀选手则输送到俱乐部的青年队。

2. 各级足球联合会的短期培训班

意大利足球联合会和地方各级的足球组织,每年定期举办少年足球培训班,一般是在假期为10天或2星期的短训,目的是对青少年儿童进行足球启蒙教育,主要讲解基本知识,以提高学员的足球兴趣。

3. 普及足球的教育

在普通中、小学中,主要进行足球基本知识的讲解,辅导青少年儿童玩好球、踢好球,校外足球活动均由业余足球运动员给予正确的指导。

意大利足球联合训练部的科研人员对青少年儿童足球运动员的培养提出了最佳训练年龄理论:7~11岁是最佳协调、应变、判断能力的发展期;12~14岁是肌肉力量的发展期,但无论如何对15岁以下的年龄级别的青少年儿童不能进行过大强度、过于复杂的足球专业技能的培训[2]。足球在每个意大利人的生活中具有举足轻重的位置,成了一项超越政治、党派、信仰的运动项目,达到了废寝忘食的地步,真是"踢球成风,看球入迷"[3]。

(八)务实的日本足球

从国际上看,目前日本并不是足球强国,甚至20世纪90年代的足球水平并不比中国强,但近二十多年来,日本足球在整个亚洲足球范围内,显然已取得了整体上优势。至2018年的21届世界杯,日本国家队已连续6届闯入世界杯决赛圈,日本足球的崛起来自公认的三大法宝:日本足协、日本职业足球联赛(J联赛)、校园足球[4]。1988年成立的由政府官员参与的"日本足球联赛活动委员

---

[1] 里皮.思维的竞赛:里皮自述[M].李蕊,等,译.南京:译林出版社,2014.
[2] 里皮.思维的竞赛:里皮自述[M].李蕊,等,译.南京:译林出版社,2014.
[3] 张慧德.意大利足球风云[M].北京:人民体育出版社,1995.
[4] 郭振,乔风杰,李声民.日本大学足球发展历程及其启示[J].体育学刊,2017,24(1):121-127.

会",对日本足球现状及足球职业化的可行性做了细致分析。5年后首届日本J联赛开赛,足球J联赛学习美国将其进行了商业包装,为日本足球建立了一个很好的基础①。由于日本在巴西有大量的侨民的历史渊源,J联赛起步时期受世界级球星济科、莱因克等的影响,日本有几千个家庭自费送孩子去巴西培训②,以全球足球技术最强的巴西为楷模,结合世界足球发展趋势和遵循足球人才培养客观规律,日本制定了符合本国足球实际发展的人才培养理念,即强调足球技术、个性和团队配合③。日本政府制定了适合本国足球发展的青少年后备人才培养体系,主要分为社区俱乐部、学校俱乐部和职业俱乐部。

进入21世纪,为培养日本青少年足球精英,日本足协相继开办了4所足球学院④。足球后备人才培养以学校俱乐部为主体,并又自成庞大的体系。日本职业球员的足球"生涯"都是从校园开始的,优秀的球员本身就是校队(高中、大学)成员,有的球员甚至大学毕业后才从事职业足球运动⑤。日本校园足球有悠久的历史,早在1917年就在校园成立了社会团体"东京蹴球团"⑥,促进了日本全国高中足球锦标赛和大学生足球联赛的长期开展。近三十年来为达到"世界足球强国"的目标,日本足协制定了影响力较大的"三位一体"强化政策,即将青少年运动员、国家队运动员和教练员的培养按同样原则和方式进行,促使青少年足球运动员的培养和教练员的技战术水平同步提高⑦。日本校园足球竞赛和俱乐部青少年的足球竞赛是相匹配的,分为12岁、15岁、18岁三个年龄节点,各年龄阶段比赛均有全国性赛事⑧。日本足协为更好开展优秀足球人才的选拔和培养工作,十分注重足球管理人员、足球教练员、足球信息技术等的培训工作,重视足球国际人才的交流和足球情报的收集工作,这使学校足球竞赛体制构建以及青少年后备人才的选拔工作变得更加科学⑨。

日本足球教练员的队伍建设,在世界上也是有名的。目前日本教练员分为

---

① 曹卫华.职业化改革背景下中日足球发展水平差距审视[J].西安体育学院学报,2013,31(1):52-57.
② 里皮.思维的竞赛:里皮自述[M].李蕊,等,译.南京:译林出版社,2014.
③ 付海涛.日本校园足球竞赛体制分析其启示[J].体育文化导刊,2017,1:171-174.
④ 夏正清,周强.日本足球协会的青少年优秀人才培养计划研究[J].体育科技文献通报,2017,25(2):16-18.
⑤ 张冠楠.揭秘日本"校园足球"教育模式[N].光明日报,2016-06-12(008).
⑥ 丁辉.日本校园足球的发展演变及其历史路程[J].体育成人教育学刊,2017,33(2):70-73.
⑦ 张振学,李鸿昕.中、日两国青少年足球运动发展状况对比研究[J].河南教育学院学报(哲学社会科学版),2011,30(5):128-133.
⑧ 汪玮琳,王莉,康辉斌.中日青少年校园足球发展比较研究[J].西安体育学院学报,2014,31(6):690-693.
⑨ 程隆,张忠.日本足球青训的发展及其启示[J].体育文化导刊,2007(7):95-98.

S级、A级、B级、C级、D级,其中S和A级有资格执教职业队,B级有资格执教青年队,C级可指导少年队,D级可指导儿童足球[1]。日本足球的发展与进步举世瞩目,而日本足球近年来的"质变"与其特别重视青少年足球后备人才的培养有很大的关系,尤其是日本校园足球完善的竞赛体制是培养、选择青少年足球人才的主渠道[2]。日本足球的成功之道,也在于能学习其他足球强国的先进经验,特别是学习德国,把运动普及与教育结合在一起,并自成了一种典范;学习法国,建立国家足球学院,把足球运动做精、做强;学习巴西,去体验足球运动对人性内在激情的点燃,并享受足球。

三、中国足球及校园足球

1840年鸦片战争后,根据1842年签订的中英《南京条约》,清政府割让香港给英国。伴随着军事、政治、经济、文化的殖民侵略,足球文明也传入我国,侵入中国的欧洲人早在1843年就在上海成立了精英足球队开展现代足球运动,并于1879年举办了首场足球比赛[3]。据记载,天津北洋水师学堂从1881年开办起就把足球课列入正式课程;创办于1850年的上海徐汇公学(中学)也有足球活动,而上海最早的足球队则于1900年前诞生于吴淞商船学堂(办学时间较短)[4],上海圣约翰大学和南洋大学足球队先后于1901年建立,并自1902年起定期举行对抗赛。同时北京、广州、天津、南京、武昌等沿海、沿江的教会学校,在西方传教士影响下也兴起了现代足球运动,这些学校的毕业生走上社会后,也随之发展现代足球运动到全国各地[5]。足球在中国的传播基本呈现出由沿海到内地的路线图[6]。1923年以后,足球运动在中国得到了广泛开展,出现了女子足球运动,在全国运动会上也有足球比赛,其中值得骄傲的是中国足球队在1925—1934年第7~10届远东运动会的足球比赛中蝉联了冠军[7]。1945年抗战胜利后,足球运动在中国一些地区得到恢复,其中香港、上海、东北地区恢复较快[8]。

新中国建立后百废待兴,1951年在天津举行了第一届全国足球比赛,赛后

---

[1] 汪玮琳,王莉,康辉斌.中日青少年校园足球发展比较研究[J].西安体育学院学报,2014,31(6):690-693.
[2] 付海涛.日本校园足球竞赛体制分析其启示[J].体育文化导刊,2017,1:171-174.
[3] 比尔·莫瑞.郑世澍译.世界足球史话[M].北京:光明日报出版社,1998.
[4] 蒋湘青.中国近代足球运动史话(上)[J].文史精华,1998,3:54-58.
[5] 何志林.现代足球[M].北京:人民体育出版社,2000.
[6] 路云亭.文明的冲突:足球在中国的传播[M].上海:上海人民出版社,2016.
[7] 何志林.现代足球[M].北京:人民体育出版社,2000.
[8] 王崇喜.球类运动——足球[M].北京:高等教育出版社,2001.

选拔了 30 多名运动员组建了国家足球集训队,之后这批队员成为新中国足球运动开展的骨干力量[①]。1954 年选派首批国家青年队赴匈牙利(1954 年第 5 届世界杯亚军)学习,他们回国后促使我国足球运动水平大幅度提高。1955 年 1 月 3 日,中国足球协会成立,同年邀请苏联(1956 年苏联国家队为第 16 届奥运会足球冠军)专家,为国家培养了一批优秀足球运动科学理论研究人员。三年自然灾害后,足球运动水平得到迅速恢复,1964 年 2 月,我国召开了全国足球训练工作会议,会后国家体委颁布了《关于大力开展足球运动,迅速提高技术水平的决定》,其中四项措施的第一条就是广泛开展群众性足球运动,加强青少年的训练工作[②]。同年 6 月,共青团中央、教育部、国家体委联合发出《关于在男少年中开展小足球活动的通知》,中小学足球运动逐步活跃[③]。1979 年 6 月,国务院批准下发了国家体委《关于提高我国足球技术水平若干措施的请示》的文件,文件特别指出在青少年中大力普及足球运动、抓好足球运动的重点地区、组建国家青年足球队、加强国际交流、大力加强科研工作、举办国际足球邀请赛、兴建足球训练中心、加强足球运动推广宣传等[④]。1980 年 1 月,国家体委、团中央、教育部共同发布《关于在全国中、小学生中积极开展足球运动的联合通知》,提出把足球活动纳入学校体育工作计划和共青团、少先队体育活动中;重点开展足球活动学校要建立以班、年级或校级为单位的运动队;提高足球专项训练体育教师的业务水平[⑤],这为我国学校足球运动的普及起到了推动作用。从 80 年代开始,国家体委重点抓青少年的足球竞赛,建立了较为稳定的赛制。全国足球重点地区按 3 个年龄组分别进行少年冠军赛,分"萌芽杯(12 岁以下)""幼苗杯(14 岁以下)""希望杯(16 岁以下)"。1985 年中国青年队进入了第 4 届世界青年足球锦标赛的前 8;中国少年队在中国(北京、天津、大连、上海)举行的首届国际足联 16 岁以下"柯达杯"世界锦标赛上也进入了前 8,在这次"柯达杯"世界锦标赛的闭幕式上,时任总理向时任国际足联主任阿维兰热传达了改革总设计师邓小平的讲话:"中国足球运动要搞上去,要从娃娃和少年抓起……青少年抓起……"[⑥],鲜明地指出了我国足球运动水平提高的发展方向。

---

① 王崇喜.球类运动——足球[M].北京:高等教育出版社,2001.
② 何志林.现代足球[M].北京:人民体育出版社,2000.
③ 王崇喜.球类运动——足球[M].北京:高等教育出版社,2001.
④ 国务院.国家体委关于提高我国足球技术水平若干措施的请示[Z].1979-6-6.
⑤ 国家体委,教育部,共同团中央.关于在全国中小学生中积极开展足球活动的联合通知[Z].1980-1-17.
⑥ 王崇喜.球类运动——足球[M].北京:高等教育出版社,2001.

第一章 导 论

1992年1月,在国奥队第25届奥运会足球赛亚洲区赛失利的形势下,江泽民同志致电时任国家体委主任伍绍祖:"足球需要胜不骄,败不馁,中国足球要翻身,需要十年苦战见成效"。因此,中国足球改革势在必行。1992年6月,在北京红山口召开了全国足球工作会议,中国足协向大会提交了《中国足球运动改革总体议案》《关于强化足协实体化改革实施方案》《中国足球协会俱乐部章程》《关于建立和逐步完善足球俱乐部体制的实施方案》等一系列改革方案,改革主要内容是实现中国足协实体化,建立和完善足球俱乐部体制,开展职业联赛,实行人才流动和引进机制,实行运动员注册制和比赛许可证制[1]。建立足球俱乐部制度,旨在与国际足球接轨,但在中国足球推向职业化的同时,也埋下发展的隐患。中国足球虽然在2002年冲击世界杯成功,但还是被职业联赛的赌球、罢赛掩去光辉,直至2008年国字号球队四线全面溃败[2]。在职业联赛饱受诟病的情况下,更糟的是我国足球后备人才严重缺乏。据2008年统计,全国注册职业足球人数为6 972人,注册青少年球员只有13 524人,但在足球职业化时的1995年,这个数字高达65万。为此,国务院于2008年12月召开了专题足球工作会议,认为学校足球要成为中国足球复兴的突破口。2009年4月,国家体育总局和教育部联合下发了《关于开展全国青少年校园足球活动的通知》,这是新中国成立后体育、教育两部委首次就一个体育运动项目联合发文并推广。按照通知的实施方案,实行小学、初中、高中和大学的四级足球联赛,并把全国青少年校园足球工作定位为长期的工程[3]。2011年1月,时任中共中央政治局委员、国务委员刘延东同志到国家体育总局进行足球工作的调研座谈,会上强调要加强足球人才建设,以校园足球为突破口,加强青少年足球,培养青少年足球兴趣,促进青少年强身健体,发掘足球后备人才,牢固校园足球运动的根基,推动足球事业可持续发展。2013年2月,国家体育总局和教育部又共同下发了《关于加强全国青少年校园足球工作的意见》(体青字〔2013〕12号),至2014年在国家体育总局牵头下,我国校园足球从无到有,从小到大,取得了一定的成绩和经验,校园足球在全国全面展开,并初具规模。校园足球活动的影响不断加大[4],并制定了全国青少年校园足球发展规划(2009—2018),但也存在着不少问题,如对校园足球开展认

---

[1] 何志林.现代足球[M].北京:人民体育出版社,2000.
[2] 侯立.中国足球,请直行[M].济南:山东人民出版社,2009.
[3] 国家体委,教育部,共同团中央.关于在全国中小学生中积极开展足球活动的联合通知[Z].1980-1-17.
[4] 韦迪.8事件10数据回顾校园足球与5大问题值得反思[EB/OL].http://www.schoolfootball.cn/.2011-2-3.

识模糊、教育与体育职能部门对校园足球的分工和职责不清、师资薄弱、经费不足、场地设施落后、政策保障体制和评估体系还不健全、规范化训练和管理矛盾突出、竞赛体系和注册管理系统还不完善等①。2015年2月27日,由习近平总书记主持召开的中央全面深化改革领导小组第十次会议,第一议题就是审议通过了《中国足球改革发展总体方案》(简称《总体方案》),并于3月17日在《人民日报》第6版上全文刊登。这对中国足球来说是非同寻常的大事,中国足球改革已作为经济社会发展的重要战略任务,提高到党和国家的重要议事日程,这在中国足球发展史上是前所未有的,足见以习近平同志为核心的党中央高度重视足球运动,对整个中国经济社会发展、人民健康的积极影响从政治角度来认识。中国足球在国际上的表现与中国日益增长的综合国力和国际影响十分不相称,与人民群众的愿望也完全不符合。"从娃娃抓起"的道理浅显易懂,路人皆知,然而喊了三十多年,总不见起色,所以抓落实最为关键的还是首先抓好青少年足球,而核心问题是"有时间"和"有场地"去踢球②。

2019年7月,全国青少年校园足球工作领导小组办公室发布了《全国青少年校园足球工作报告(2015—2019)》,报告总结了2015年以来的工作,现已从全国38万所中小学中遴选认定校园足球特色学校24 126所,在全国布局建设"满天星"训练营47个,招收高水平足球队高校181所,制定了全国校园足球特色学校基本标准,面向全国近2 000万在校生每周开设1节足球课,组织课余训练和校内联赛。值得指出的是,2016—2018年的校园足球学校学生体质健康测试成绩的优良率和达标率均高于非校园足球项目特色学校;5年来研制了《全国青少年校园足球教学指南》和《学生足球运动技能等级评定标准》,拍摄制作了365集足球运动技能教学示范短片,建立了小学、初中、高中、大学的四级联赛;5年来共计参与人次达1 255万,2016—2018年已遴选出828名夏令营全国最佳足球阵容队员,其中130多人进入国内职业足球俱乐部,30多人赴国外知名足球俱乐部深造;5年来培训校园足球骨干师资、特色学校校长和体育教师累计达35万人,共新建改扩建校园足球场地32 432块,深化教体融合,完善体育部门、中国足协的联动机制,共推青训发展,打造足球运动员升学通道,促使人才顺利成长;5年来全国校足办先后与西班牙、法国、意大利、德国、阿根廷、巴西等国体育部门和足协合作,共有300多名学生赴国

---

① 李卫东,张廷安,陈九生.全国青少年校园足球活动开展情况调查与分析[J].上海体育学院学报,2011,35(5):22-26.

② 朱铁志.振兴足球要做点实事[EB/OL].http://www.qstheory.cn/wp.2015-3-27.

外训练和比赛,聘请 500 多名外籍足球教练来华任教,已选送 1 700 多名国内教练员赴法国、英国进行 3 个月的培训①。

四、综合评述

综合以上国内外相关研究的学术动态,主要分为以下三个方面。

(一) 体育强国形成的研究

多数对体育强国目标实现的分析在政策层面上,以及一些对体育强国形成过程中伴随着政治、社会、经济发展的相关研究。体育强国内涵从大众体育、竞技体育、体育产业来剖析,着重对竞技体育进行研究,以竞技体育为基础来研究大众体育,并以竞技体育的市场化、职业化来研究体育产业,但更多的是从现代体育运动项目入手,特别是主流运动项目田径、游泳、三大球,这些项目既是奥运会主要项目,又是观赏性较高的项目,尤以足球运动项目最为典型,即研究体育强国中的足球运动模式较多,但把足球运动作为影响体育强国形成的研究很少,更少有校园足球对其影响的研究。随着我国校园足球的蓬勃开展,以及校园足球对我国足球运动的影响,对足球运动对体育强国形成的社会、政治、文化影响,以及全球化的足球运动经济贸易研究会加强。

(二) 典型体育强国的足球运动研究

现有对体育强国足球运动的学术研究,大多是其足球运动发展模式,特别是运动员成长规律和职业足球运动的运作研究。而把足球运动作为体育治国内涵,并上升为国家软实力增强的社会性和文化性研究显然不多,足球运动在体育强国中必然会占有一席之地,但同样是体育强国,俄罗斯、美国的足球运动不及巴西、阿根廷、意大利、德国。这些现象需要透过本质来做进一步分析,有利于找到适合各自国情的足球道路。由于足球运动本身的魅力及足球产业巨大的商业价值,经济全球化背景下足球运动超越国家的特点,使足球运动成为各国体育运动发展需要优先选择的研究前沿,涉及足球运动员的国际性交流(转会)、职业足球俱乐部的商业经营和资本运作等。

(三) 校园足球的研究

对校园足球的研究主要侧重于各国足球运动员后备人才培养体系及特点,结合学校普通教育和体育教育,重点对足球运动训练规律研究,但指出文化学习

---

① 全国青少年校园足球工作领导小组办公室.全国青少年校园足球工作报告(2015—2019)[R].2019-7-25.

与训练的矛盾后,就如何保证青少年足球运动员的文化学习,以及对全体青少年足球运动普及所涉及运动场地、基层训练和比赛的运作、教练员和裁判员资格认证经营等研究较为薄弱。把校园足球作为增强学生体质的平台是校园足球开展的初衷,深入全民足球运动意识来认识校园足球久久为功的持续开展,以及从夯实足球人才根基的重要性来研究校园足球是十分必要的。

综上所述国内外相关的研究成果,为校园足球对我国体育强国目标实现的深度影响研究提供了良好基础,对本课题研究有一定的参考价值。现有研究成果中,多半停留在对世界足球强国的历史研究,以足协成立、俱乐部成立为主线,涉及商业运作和青少年足球后备力量培养制度等特点的研究,旨在对中国足球特别是校园足球发展有所借鉴,而关于整个中国足球的文化生态研究不够,针对性和深层次问题解决、路径分析研究还不到位。关于校园足球对国家足球振兴作用,以及超越竞技体育对我国全民健身及体育产业影响和促进的基础性作用研究都较少,把足球运动作为我国学校体育发展,甚至实现体育强国目标的战略性运动项目(指对学校体育教育和田径、三大球运动为代表的基础体育运动发展的引领)来研究的文献则更少见。由于此世界"第一运动"对人的体质健康增强和国家强盛彰显的战略性、先导性地位,因此选择体育强国目标下我国校园足球的发展机制与实施路径研究这一命题,是当前具有重要应用价值的一个前沿性课题。

第三节　研究目的意义

一、研究目的

校园足球作为实现体育强国目标,促进我国青少年体质健康和夯实中国足球后备人才的基础,目前已经初具规模。校园足球自 2009 年国家体育总局、教育部联合下发《关于开展全国青少年校园足球活动的通知》(简称《通知》)后,一路走来不可避免遇到了一些固有的发展瓶颈。除了初期的运动场地和经费等条件保障外,更重要的是对足球人才广义培养理解的深入。本课题旨在对中国足球文化的兴起和校园足球环境的优化入手,通过对顶层设计的解读以及对不断宏观调整的结果走向进行分析,为我国校园足球可持续发展所要解决的深层次问题找出有效方法,同时为我国学校体育改革特别是运动项目的推广提供借鉴,从而对我国体育强国的形成产生深远影响。

二、研究意义

2015年2月,由习近平总书记主持的中央全面深化改革领导小组会议通过了《中国足球改革发展总体方案》,把以促进我国青少年体质健康为宗旨的校园足球开展提高到了建设体育强国、促进经济社会发展、实现中华民族伟大复兴的高度,形成了实现中国梦的国家战略。厘清形成国家战略的脉络,是深刻理解国家战略的前提,也是在充分领会国家战略的基础上,使国家战略付诸实施。以促进青少年体质健康为宗旨,校园足球已成为抓手,引领中国学校体育的改革。中国足球的振兴和发展使校园足球被赋予了历史重任,顶层设计的校园足球最具中国特色,中国特色的校园足球推进范围已超出学校和足球项目本身,乃至体育事业与行业,及其我国社会、政治、经济深化改革不可缺少的重要部分,因此,不断地研究飞速发展中的校园足球问题,及时为实践指导提出新机制、新路径便有了重要的研究意义。

三、研究价值

(一)学术价值

相对已有研究,本课题从实现体育强国目标过程中受足球运动的影响,尤其是从校园足球的基础性环节出发,以及大众体育、竞技体育、体育产业三个维度来阐述校园足球对我国体育强国形成的影响,并深入研究校园足球的发展机制与实施路径。因此,本课题研究将弥补现有方面研究的不足并具有一定的理论创新。

把校园足球承载着增强学生体质健康的任务,上升到提高全民体质健康的使命,突出校园足球的基础性在于对其他现代体育运动在校园乃至全社会的引领发展作用。

研究我国体育强国目标实现过程中的规律问题,而不仅是标准问题,因为标准问题远比形成规律更为复杂,特别是校园足球对我国体育强国目标实现的深度影响,都是较为新颖的命题,目前还未见到相同或类似的研究成果。

(二)应用价值

校园足球是促进学生体质健康的有效途径。把增强学生体质健康作为做好校园足球工作的指导思想,带动校园其他运动项目开展,有效促进学生体质健康。研究校园足球开展成功的典型案例,能对我国全面开展校园足球提供示范和借鉴,进而推动我国实现体育强国目标的进程。本课题还可为体育总局制定国家足球系统工程规划,以及教育部加快校园足球普及制定政策提供参考和支撑,因而具有一定的实践应用价值和现实意义。

四、研究创新点

(一) 校园足球更深于竞技足球对体育强国形成的影响

增强学生体质所倡导的阳光体育活动是校园足球的直接推手,校园足球也是国家竞技足球运动和商业足球人才培养的根基。竞技运动包括教练、裁判员、科技人员等竞技方面的专业人才,除了职业足球运动员的商业运转所需的专业人员外,还有各种运动场馆建设、运动设备及仪器研究和制造、赛事运营所需的管理、技术的专业人才。另一方面,对于国民体育的普及和国民体育运动的参与性以及终身体育的认同,都充分说明校园足球比竞技足球更能影响和推动体育强国目标的实现。

(二) 以适合中国国情和吸收足球强国发展精华的方针探索校园足球发展的规律

校园足球发展到今天所出现的问题,应该从历史、文化、种族、地缘多个方面来剖析,这样对于解决问题也有极大的帮助,而不局限于概念上的认识,用脱离实际的问题解决途径,必然达不到最终解决问题的理想效果。

(三) 不断发展的校园足球需要持续的创新机制

对于快速发展中的校园足球,要推动体育强国的建设,需要不断用创新机制,并保障校园足球开展良性运行。同时随着经济、社会、文化的改革深入,对具体实施的路径要进行不断地完善性研究,以更好地将校园足球的创新发展模式进行推广应用,来优先发展足球运动战略,只有这样才能尽快实现我国体育强国目标。

第四节 相关概念界定

一、体育强国

1985年熊斗寅在分析我国建设成为世界体育强国时刊文指出,体育强国相对于体育发达国家,运动竞技水平应该是最显著的指标,但同时更应该理解为体育强国是一个相对的概念[①],因为强是相对于弱而言,并且强与弱会随时

---

① 熊斗寅.世界体育强国浅析[J].四川体育科学学报,1985(4):1-5.

相互转变,所以体育强国也是个动态概念。进一步对体育强国重要指导竞技水平的考量,在含金量最高的奥运会上,虽然我国运动员三十年来取得了大丰收,但对每块金牌背后的"纯色"分析,使我们不得不承认,金牌大国不等于体育强国[①]。北京奥运会后,我国对体育强国内涵的理解已经从奥运竞技为宗旨,转为竞技体育与群众体育协调发展以及综合多维的体育强国概念[②]。那么体育强国应该怎么来界定呢?如果从普遍的认知,以及从建设体育强国实践的操作层面来看,可以从定性和定量的评价体系两方面来综合界定,即体育强国包括硬实力(竞技体育、大众体育、体育科技、体育产业、体育教育)和软实力(体育文化实力、政府管理制度、执政能力)[③]。所以,体育强国的概念是一个相对的、动态的、综合的界定,同时作为指导体育强国形成的应用研究,还要具有可操作性,即具有体育强国评价的作用。当然,具体的指标各有侧重,但竞技体育、大众体育、体育产业是主要指标,也是众多指标能够在这三个指标上的综合表现。

二、校园足球

我国一直以来把普通中、小学和大学的青少年足球运动开展统称为学校足球,即使在旧中国,大学校园里所开展的足球运动也未有校园足球的概念。自2009年4月由国家体育总局和教育部联合下发《关于开展全国青少年校园足球活动的通知》(以下简称《通知》)[④]后,校园足球的概念以此作为依据而被采用,大致有三种的理解:第一种是指青少年足球运动,第二种是指全国亿万学生阳光体育运动的深入开展,第三种是指校园里开展的足球活动。而在《通知》下发前,经体育总局和教育部多次沟通研究后,由当时设在中国足协的学校足球办公室牵头,并采纳时任办公室主任薛立的意见,确定了"校园足球"的概念,其本质跟原先惯用的"学校足球"并无两样,只不过字面上的变化使学校的足球运动开展更显生动活泼,符合新时代中国学校体育的精神风貌。目前普遍认为校园足球是指以接受学历教育为主的各级各类在校生开展的促进青少年身心健康,培养全面发展的足球后备人才为主要目的足球活动[⑤]。正如在《通知》中明确了开展校园足球是为了进一步推动全国亿万学生阳光体育运动的深入开展,全面提

---

① 陈齐,于涓.论金牌大国不等于体育强国[J].山西师大体育学院学报,2008,23(1):1-3.
② 陈玉忠.体育强国概念的缘起、演进与未来走向[J].天津体育学院学报,2010,25(2):142-146.
③ 王智慧.体育强国的评价体系与实现路径研究[D].北京:北京体育大学,2014,6:120.
④ 国家体育总局,教育部.关于开展全国青少年校园足球活动的通知[Z].2009-4-14.
⑤ 梁伟.校园足球可持续发展的系统分析与评价研究[D].上海:上海体育学院,2015,6:45.

高广大青少年学生的体质和体能水平,普及足球基本知识和技能,培养团结拼搏的精神[①]。校园足球的具体内容包括足球教学、课内外足球活动、足球课余训练、校内外的足球竞(联)赛。校园足球按英文的理解为"school football",也符合国际的通行叫法。

从世界范围看,大凡开始接触的足球活动小学(9~12岁)阶段,都可以理解为足球运动的启蒙教育阶段,这个阶段应该属于纯粹的校园足球,即把踢足球当作一项身体需要的体育活动,而非运动训练。小学之后即12岁左右,则可选择进入足球后备人才培养的专门训练基地,如阿贾克斯青训营(荷兰)、里斯本青训营(葡萄牙)、曼城青训营(英国)、拜仁青训营(德国)、河床青训营(阿根廷)等青少年足球训练营,还有专门的足球学校,如拉玛西亚足球学校(西班牙)、恒大足球学校(中国)。青少年训练营完全依附于职业足球俱乐部,为特定的俱乐部提供足球后备力量,而专门的足球学校为职业足球人才市场提供后备力量。世界著名足球学校虽然大多数也依托职业足球俱乐部,但往往面向世界。除了以上两种形式外的青少年足球依然称为校园足球,即与小学阶段衔接形成中学、大学阶段的校园足球。显然,校园足球的参与面理论上涉及每个在校的大、中、小学生。世界足球运动发达国家,除了成熟的青少年训练营和专门的足球学校体系外,还有发达的校园足球,毕竟校园足球的基数占到足球运动参与人数的绝大多数。为此,不乏相当数量的国家级水平足球运动员从校园足球中直接产生,如日本国家足球队。纵观世界足球运动强国,青少年足球运动遍及在校园的各个角落,如德国、英国、巴西、阿根廷等。

第五节 研究框架与内容

一、研究设计

本课题研究的总目标为:在归纳和分析世界体育强国以及足球强国的先进经验和教训后,将以国家顶层设计为特征的中国校园足球作为平台,结合中国现有校园足球开展的状况及效果,从理论上构建中国校园足球可持续促进我国实现体育强国的支持理念,并能指导实践。具体表现在三个方面:一是通过对校园足球发展特点剖析,研究其对我国竞技体育、大众体育、体育产业发展的基础

---

① 国家体育总局,教育部.关于开展全国青少年校园足球活动的通知[Z].2009-4-14.

性作用;二是揭示足球运动作为战略性运动项目,从三个方面突出其对我国实现体育强国目标影响的价值所在;以校园足球促进学生体质健康的新一轮学校体育改革为契机,探索我国校园足球的发展机制与实施路径。

二、研究框架

为实现本课题的研究目标,特制定如下研究框架(见图1-1):

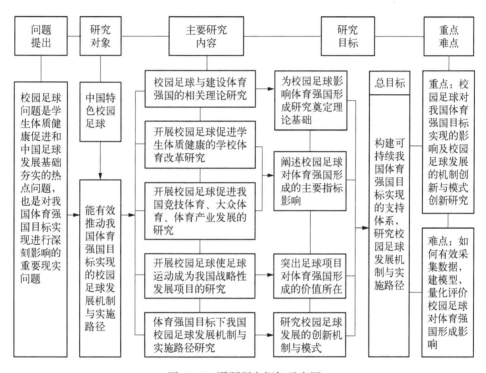

图1-1 课题研究框架示意图

三、研究的技术路线

本研究遵循"文献研究—理论分析框架构建和检验—数据收集整理和统计分析—典型校园足球布局城市、学校进行案例研究—应用和发展研究"的思路,最终完成研究报告和获得相关研究成果上报。

四、研究内容

本课题具体内容主要包括以下几个方面。

(一)校园足球与建设体育强国的相关理论研究

首先对校园足球、体育强国等相关概念进行界定,以有利于明晰研究的内涵和外延。然后对国内外有关校园足球和体育强国,及形成规律进行理论研究,特别是校园足球对一国足球运动乃至体育强国形成影响的研究。重点对我国校园足球开展与我国实现体育强国目标的关系,以及对我国实现体育强国目标的作用及影响因素等研究。

(二)开展校园足球促进学生体质健康的学校体育改革研究

通过新中国成立以来学生体质健康状况分析,同时认识学生体质增强对人才培养的重要性,从学校体育改革中认识促进学生体质健康的途径,在对校园足球特色学校开展调研后,分析校园足球特色学校学生体质健康的主要指标。在认识校园足球促进学生体质健康的价值基础上,探索深化学校体育改革,发挥校园足球的引领作用,带动校园其他基础性和强影响力的体育项目开展,以提高学生体质健康水平。

(三)以校园足球为抓手使足球运动成为我国战略性运动项目而发展

从足球运动是大众健康促进良好选择出发,分析其健身休闲、娱乐、观赏价值;从国民最为关注的运动项目消费层面上,分析足球运动职业化及商业运作成为我国体育产业发展的亮点;通过对中国足球长期萎靡不振的剖析,以校园足球作为基础,在优先发展足球运动项目的战略中,阐明校园足球在战略性运动项目发展中的使命,从而揭示校园足球对体育强国形成产生深度影响的价值。

(四)我国校园足球发展机制调查

通过对《中国足球改革发展总体方案》出台后的中国校园足球发展分析,找出我国校园足球的特质及开展的瓶颈,进而研究校园足球发展机制,推动体育强国建设战略。创新校园足球的发展机制,深入研究保障校园足球良性运行的长效发展新机制,如政府引导机制、经费与场地资源配置机制、师资队伍建设机制、人才选拔机制、督导与评估机制、法律保障机制等,创新驱动。

(五)体育强国目标下的校园足球发展机制创新与实施

通过对新时代校园足球新使命、新征程分析,使体育强国目标达到与校园足球发展机制统一。通过对调查的校园足球特色学校开展的特点类型进行分析研究,借鉴国外开展校园足球的先进经验,归纳出成功开展校园足球的典型案例及不同创新模式类型,并指出校园足球在体育强国形成中的基本标志,完成体育强国下中国校园足球及学校体育实施路径,即开展校园足球的创新模式→推广与应用→发展足球的优先战略→推动早日建成体育强国。

第六节 研究对象与方法

一、研究对象

选择现有经教育部命名的全国 24 126 所校园足球特色学校和 152 所(截至 2018 年 12 月底)设有高水平足球运动队建设高校,重点选择江、浙、沪等社会经济、文化、教育较为发达的省份进行调查,进一步深入研究能有效推动我国体育强国目标实现的校园足球发展机制与实施路径。

二、研究方法

(一) 文献研究法

通过浙江工业大学图书馆、超星数字图书馆、中国知网、万方数据库、人民网和新华网等网站,进行互联网的文献资料收集和整理。有关体育强国、校园足球的研究文献颇多,尤其是 2008 年 9 月北京奥运会后,以及 2009 年 4 月提出"开展全国青少年校园足球活动"之后,十年来出现了一大批相关的研究成果。以检索 CNKI 数据库为例,分别以"校园足球"和"体育强国"为检索主题,2008 年 9 月 1 日到 2018 年 9 月 1 日这段时间内分别有 2 367 和 2 487 条成果收录,而把"校园足球"和"体育强国"同时为检索主题,也是在这个时间段,却只有 29 条检索结果,这说明把这两者结合在一起研究的并不多,而围绕本研究直接有关的核心成果则非常少,且这一课题的成果也大都集中在国内的研究领域,国外的研究成果则几乎没查到。为此,本研究以社会学、经济学、体育学、教育学等相关专业理论为依据,通过国内外相关文献的检索,收集整理并分析体育强国形成的理论、世界各体育强国开展校园足球以及足球对体育强国形成影响的资料,为确定研究方案、概念、相互关系及理论分析提供支撑。

(二) 访谈调查法

根据本课题的研究内容需要,作者专门利用校园足球比赛和校园足球相关的研讨会(见表 1-1),对相关专家包括教练、裁判员、教育和体育行政官员进行了现场访谈,代表人物分别有:张路(著名足球评论员)、张廷安(北京体育大学教授)、刘丹(国家体育总局体科所研究员)、何志林(上海体育学院教授)、蔡向阳(福建师范大学教授)、周新华(华东师范大学教授)、赵俊生(教育部学生体协足球项目主管副主任)、李建章(浙江省教育厅体卫处处长)、陈富贵(上海市足协秘书长)、王建民(江苏省教育厅校园足球办执行主任)、殷俊海(内蒙古自治区体职体卫处书记)、胡义军(中国足球运动学院副院长兼青训技术总监)、王政(浙江大学兼职足球教练,天津权健梯队教练)。从中获取许多与本研究课题相关的信息材料和宝贵意见,特别是一些背景材料和专家的个人观点,对本研究团队开拓思维很有帮助。

表 1-1 主要走访调研一览

序号	名称(会议、赛事)	时 间	地 点
1	浙江省高校足球教练培训暨中外校园足球训练交流会	2016.6	浙江省横店影视职业学院(浙江义乌)
2	全国青少年校园足球发展研讨会	2017.6	南昌工学院(江西南昌)
3	国际足球科学大会	2017.7	宁波大学(浙江宁波)
4	足球运动科学训练国际论坛	2018.7	北京体育大学中国足球运动学院国家体育总局秦皇岛训练基地
5	2016年中国大学生体育协会足球分会年会	2016.12	杭州萧山
6	2015足球文化与产业论坛暨浙江省校园足球发展研讨会	2015.5	宁波大学(浙江宁波)
7	2018年中国大学生5人制足球联赛(东南赛区)	2018.12	福建师范大学(福建福州)
8	2018/2019全国大学生女子五人制足球赛	2019.1	大连体育中心
9	2016/2017全国大学生足球比赛(东南赛区)	2017.3	北京师范大学珠海校区
10	2018/2019全国校园足球(大学女子校园组)比赛	2019.5	常州工学院(江苏常州)
11	2018/2019全国大学生足球比赛(东南赛区)	2019.3	北京师范大学珠海校区
12	2017/2018全国大学生足球比赛(东南赛区)	2018.4	北京师范大学珠海校区

(三)问卷调查法

本课题在实证研究过程中,就校园足球开展的相关问题进行了专题问卷调查(见附录问卷),内容涉及保障条件、学生运动员训练和学习的管理、校园足球的赛事管理。问卷采用 5 点量表法,分别针对大学教师(足球教练员)和中小学教师(足球教练员)进行问卷调查。同时,还对中小学生的家长进行踢足球动机的专题问卷调查,问卷同样采用 5 点量表法。问卷主要采用电子邮箱等互联网技术进行发放和回收,通过数理统计分析后,对相关问题指标归类,并进行因素的影响评价。

(四)专题研究法

在检索相关文献和调查访谈所掌握第一手资料的基础上,通过对我国校园足球的特质及价值分析,对我国国民体育和足球振兴的基础——校园足球,促进学生体质健康的学校体育改革,开展校园足球对促进我国竞技体育、大众体育、体育产业发展,以及使足球成为我国战略性发展项目等问题展开专题研究。

(五)数理统计法

本课题在对我国校园足球发展规模及内在联系,以及现阶段青少年足球运动员培养瓶颈问题的分析中,均采用数理统计法,对相关数据运用 Excel、SPSS 进行了统计处理,主要采用主成分分析法、因子分析法,并得到主因子得分 F,以建立模型。

(六)逻辑分析法

通过对获得的文献资料、调查材料进行整理,运用归纳、分类等逻辑方法,对典型案例进行分析,研究建设国家体育强国过程中,适合中国特色的校园足球发展所需要的新机制、新模式及实施路径等。

第二章　校园足球对建设体育强国的深远影响

第一节　世界体育强国的特征

一、发达国家的大众体育开展及国民体质研究

国民体质增强是建立在发达的大众体育基础上的,而对体育强国的大众体育发展评判有具体的指标。邱雪提出体育场馆拥有数量、体育人口数量、体育人口占总人数的百分比、体育消费水平等[1],其核心指标则是体育人口,而体育人口的界定为每周运动(心率在120~140次/人)3次,每次持续20分钟的中等运动强度(心率在120~140次/分)[2]。体育人口增加是建立在一定的经济发展水平上的,即生活水平提高使国民有一定的体育消费能力和余暇时间,同时要有政府的政策支持,指导和引导国民积极开展体育活动,增强体质健康,通过体质强国提高全民族的体质健康水平。提高全民体质健康水平是体育强国的中心价值,因此国民体质健康测试既反映了大众体育走向成熟,又反映了政府对国民体质增强指导的完善。美国和日本是重视大众体育的典范,因此也是国民体质监测的开拓者。美国民间早在1880—1900年就有了广泛流行的体力测试法,但是直到1954年Krus的测试报告问世后,使美国政府开始重视国民的体质了,成立了青年体质总统委员会[3],并于1958年起进行全国性的体质普查。1980年美国公布了"有关增强体质与预防疾病的国家标准",1988年推行了新的《最佳健康计划》,1990年则又提出了"2000年健康人"的十年规划,倡导国民锻炼身体,以

---

[1] 《体育大国向体育强国迈进的理论与实践研究》课题组.体育强国战略研究[M].北京:人民体育出版社,2010.
[2] 中国群众体育现状调查课题组.中国群众体育现状调查与研究[M].北京:北京体育大学出版社,1998.
[3] 李芬,杨土保,贺达仁.中、日、美体质研究体系的发展与批判性思维[J].医学与哲学,2009,3(5):20-21.

提高国民体质健康水平。目前美国普遍使用的健康体质测试包括四项内容,即心肺功能、肌肉力量与耐力、身体柔韧性、身体成分。通过运动在这4个方面形成身体的良好状态,也就提供和保证了人体安全从事肌肉活动的能力[1][2]。日本早在明治12年(1879年)就对本国部分学生进行身体活动能力的调查;1939年日本为实现对外扩张,进行了大规模的国民体质测试。虽然二次大战失败,但日本又分别于1949年、1952年、1953年、1954年、1957年、1959年对8~18岁青少年进行体力(体质)测定[3]。20世纪60年代以来日本不但在体力测试的年龄范围及规模达到全民化,而且对于测试内容也不断优化[4][5]。FB Ortega等对欧共体国家的国民体质测试进行了比较和分析[6]。对国民体质测试和指标研究的程度,直接反映国民参与大众体育的程度,以及国家行为所反映的对体育强国形成的意愿。通过对国民的体质测试和研究,直接为国家对国民的生活及环境进行干预研究,以提高国民的生活质量。美国、日本及欧共体都十分重视大众体育以提高国民的体质水平,其本质就是提高本国人力资源的身体质量。

二、竞技运动高度发展

竞技运动发达是体育强国最显著的标志。根据邱雪提出的竞技体育发达指标,是指包括总分和奖牌数在内的奥运会(夏、冬季)综合水平,足球、篮球、排球(三大球)和田径、游泳的竞技水平(在世界大赛上的名次),竞技体育整体科技能力[7]。自1896年首届夏季奥运会和1924年首届冬奥会以来,伴随着三大球和田径、游泳的世界大赛,世界体育强国都在这些赛事上有上乘表现。这些运动项目所反映的正是人的心肺功能、肌肉力量与耐力、身体柔韧性的综合表现,以及综合表现所反映的能力,这个能力特别反映在三大球上。从另一个角度,我们可以认为竞技运动是各国在世界大赛上顶尖国民体质的大比拼,要赢得这个大比拼,

---

[1] Xiao fen Deng, Stephen S. Determinants of teacher implementation of youth fitness tests in school-based physical education programs[J]. Physical Education and Sport, 2009, 14(2): 209-225.

[2] Cathy S. M, Loran D. E. Tracking Adiposity and Health-Related Physical Fitness Test Performances From Early Childhood Throngh Elementary School[J]. Pediatric Exercise Science, 2010, 22: 231-244.

[3] 于可红,母顺碧.中国、美国、日本体质研究比较[J].体育科学,2004,24(7):51-54.

[4] 曲群,张学政.增强我国青少年体质的对策研究[J].辽宁体育科技,2010,32(6):10-12.

[5] 蔡睿,王欢,李红娟,等.中、日国民体质联合调查报告[J].体育科学,2008,28(12):3-12.

[6] FB Ortega, EG Artero, JR Rui2, et al. Reliability of health-related physical fitness tests in Eurppean adolescents. The HELENA Study[J]. International journal of obesity, 2008: 1-9.

[7] 《体育大国向体育强国迈进的理论与实践研究》课题组.体育强国战略研究[M].北京:人民体育出版社,2010.

必须要有整体的较高国民体质为基础。竞技体育需要有高超的技巧，但作为成名的优秀运动员，必须有可靠的优质国民体质资源。当然从培养竞技后备人才来看，特别是指青少年的健康体质水平要高。除此之外，在世界大赛上的竞技水平发挥，必须有国家的意志，一盘散沙的国家即使有曾经的辉煌也难逃世界大赛上败北的厄运。比如伊拉克作为亚洲传统体育竞技强国，但近二十几年的战争，导致其国际大赛的运动水平发挥很不稳定，包括足球比赛。从文献资料中发现，英国、法国、德国、意大利、巴西、阿根廷等一些公认足球强国，在篮球、排球、田径、游泳上也是强项。虽然美国、俄罗斯的足球水平没有像前面提到公认足球强国那么强，但也是各大洲的强队，在世界杯赛上也是常客。就拿亚洲的足球强队日本、韩国、伊朗、澳大利亚等来说，也是主流运动项目的强者。所以，足球运动项目以点带面可以综合反映一国整体的运动竞技水平，特别是主流项目的竞技运动水平。

三、体育产业与商业发展完善

体育产业与商业的发展程度代表着体育强国发展的完善程度，因为商业化必须建立在职业化基础之上，而职业化又必然要在高度发达的可观赏性竞技项目基础上产生，也就是说体育产业的商业化要满足两个先决条件：一是主流运动项目的水平要高，二是国民参与程度要高。首先我们不得不承认足球运动项目是最能吸引观众的运动项目，世界杯是承办国争夺最激烈的世界大赛，如果说足球运动是第一运动，那么世界杯就是世界第一大赛了，因此世界杯也成为世界第一大聚宝赛。号称小世界杯的意大利甲级联赛，就是目前世界上商业运转最成功的足球赛，当然足球商业运作的教父还是英国。意大利足球商业的收入大多来自门票，而英国人在足球赛事冠名、比赛广告、电视转播权出售、赞助商方面则更为有商业头脑，特别是2001年英国天空电视台用11亿英镑的天价买断了英超联赛3年的电视转播权，开创了足球大赛的高价购买转播权的先河。美国的体育商业在世界上较为发达，其产值达5 000亿，占国民总产值的3%（2015年统计）。美国体育产业是汽车产业的2倍，影视产业的7倍，就美国而言，篮球项目是商业化程度最高的体育项目，足球项目其次。正所谓项目产业的优劣决定着产业发展的根本，从国际足联官网上可以查到，足球产业占整个体育产业比重的40%，这也就说明了优先发展足球产业是发展体育产业的良策。

四、国家综合效应的强大

从体育强国概念及评价出发，体育强国并不是一个单一的指标，而且其概念和评价还是动态的,这不得不表明体育强国是国家经济、政治、军事、外交、社会、教育、文化发展到综合国力接近强国或成为世界强国时才可能显示的,从彰显国力来讲是一种需要,从国力的内涵来看,无论是国民体质及其民族精神,还是国民素质,都是国力的重要组成部分。因此,体育强国是强国梦下的命题,纵观历史上的英国、法国、德国、俄罗斯(苏联)、美国、日本等都是在强国形成或形成中,通过体育强国的达成来强壮自身民族的体质,在体质强壮中达到民族的自信。作为持续地以人为本的国家体育发展,体育产业化是必然,其实质是通过市场价值规律来生产出大众最需要的体育产品。人的需要是市场扩大的最强动力,围绕居民强身健体、娱乐和竞技表演欣赏等需要,涉及体育中介、体育培训、体育媒体、体育服装、体育器材、体育场馆和赛事运营等在内的金融、教育等不同产业全方位的发展[1],使体育强国的建设融合在国家经济的发展当中。在人满足基本的强身健体需要后,会从丰富的体育文化中找到自身民族的价值,而恰恰最能体现民族强盛的运动载体无疑是足球运动。美国和俄罗斯分别承办了1994年和2018年世界杯,在带来丰厚经济效益回报的同时,更是通过对足球比赛的热衷及本国球员的上场表现来显示本国民众的奋勇进取精神。所以,不以国民体质为基础的体育是外强中干的体育,不以发达体育产业为支撑的体育是劳民伤财的体育,不讲以足球运动为代表的主流运动项目竞技体育是缺乏民族血性的体育,而有目的、有组织、有步骤地把这三者结合在一起协同发展,正是体育强国形成的过程,更是强国达成的前奏。

第二节　中国体育大国考量及体育强国形成共识

一、考量中国式的体育大国特征

体育大国和体育强国之分,只是体育在不同社会历史发展阶段选择的价值取向和判断不同而已[2]。对照邱雪提出的体育强国概念,中国在大众体育、竞技体育、体育产业方面都在快速发展当中,反映在全民健身上推行的《"健康中国2030"规划纲要》上,这是对1995年颁布实施的《全民健身计划纲要》的最新全民

---

[1] 吴学峰.体育强国背景下体育产业融合研究[J].广州体育学院学报,2018,38(5):30-33.
[2] 布特,花勇民."体育强国"的价值选择论[J].山东体育学院学报,2011(11):1-4.

健身升级版。中国14亿人口的健康将面临工业化、城镇化、老龄化、生态环境、生活方式、各种新疾病变化所带来的新挑战,在迎接挑战的同时,还要与欧美国家全民医疗和全民健身体系下的健康理念和制度、措施尽快缩小已有的较大差距,而且还要使庞大的14亿民众都得到全面小康要求下的健康。在竞技体育方面,我国的奥运金牌已跻身世界强者之列。但由于中国足球运动的表现,中国永远不会被认可为竞技体育强国,只能以竞技体育大国而自居。改革开放的中国经济高速发展,虽然目前中国的排球、乒乓球等职业联赛风生水起,但由于足球不像这几个运动项目在国际大赛的辉煌表现,使足球产业发展仍举步维艰。虽然2016年中国足球产业总规模已达1 259亿人民币,但完全凭资本来荣耀我国的职业足球,最后因为缺乏本国的实业足球,从而将足球硬生生做成了投机足球。新中国成立以来,特别是改革开放至今,我国体育战线取得了辉煌的成就,但足球依旧是我们的弱项。因此,我们已有的辉煌成就了我们的体育大国,足球之殇使我们的体育强国还在路上。

二、体育强国对国家发展的重要作用

"国运兴则体育兴"[①]。2017年2月24日,习近平总书记在考察五棵松体育中心时明确提出"体育强则中国强"的论断,目前观点也渐入国人的心坎,体育强国已不仅是体育人的任务,更是国家强大过程中所需要的担当;体育强国不仅仅是世界强国的重要表象,更是国家内在强大的基础。从国民素质提高和国家经济发展而言,进入新时代,面对我国庞大的14亿人口,除了继续倡导全民健身理念下提高国民体质健康外,还要面对慢性疾病医疗的高支出、人口老龄化、人民对美好生活的向往,三个问题的解决已超出我国体育本身发展的需要,而是我国以人民为中心发展的需要。我国面对慢性疾病人数的飞速扩大和本身医疗成本的提高,在"健康中国2030"的大背景下,正推动和实施预防医学和体医相融合,其本质就是以大健康的概念把体育也纳入其中,切实用体育手段对全体国民进行主动的健康干预,不但是原来康复意义上的体育手段干预,更是非疾病状态下的健康干预。这样的主动干预不但可大大降低医疗成本,更对整个慢性病的控制和治愈起到良好的效果,美国、日本等欧洲发达国家早在一个世纪前就以体育为手段,主动提高国民的体质。体育也是美好生活的重要组成部分,这是"健康

---

① 刘青,王洪坤,孙淑慧,等.国家发展视野中的大国体育崛起[J].成都体育学院学报,2018,44(3):1-6.

中国2030"对于新时代中国人民美好生活的重要保障。在2017年联合国发布的《世界幸福指数报告》中,排名前10的北欧五国(挪威、丹麦、冰岛、芬兰、瑞典)①,全民、全社会的运动参与水平全球最高。不要说他们独树一帜的冰雪项目,就是足球运动发展在世界也是名列前茅,在欧洲杯和世界杯上都有上乘的表现。丹麦曾于1992年赢得欧洲杯冠军,实现了安徒生童话。特别要提一下冰岛,2016年追平葡萄牙、匈牙利,虽然只进入欧洲杯八强,但他们却创造了世界级足球神话。冰岛总人口332 529人,除去女性165 290人以及18岁以下和35岁以上的男性122 839人,再除去看守火山、捕鲸、放羊和体育场上的球迷,剩下23人组成国家队。根据2016年统计,冰岛每100个适龄男青年就有一个足球教练,有2.15万注册的球员,相当于总人口的6.5%,几乎是全民足球。冰岛这个国家目前对足球的热度依然不减,足球能作为冰岛国民抗击恶劣环境、预防心理抑郁的良药。在发展国民经济方面,举办国际性大型运动会,可以成为一国重要的经济增长点,如2008年北京奥运会加速了北京及相关赛事场地的体育基础设施建设、城市基础设施建设、体育投融资模式创新、体育市场开放与开发。随着2014年10月《国务院关于加快体育产业促进体育消费的若干意见》(国发〔2014〕46号)出台,满足人民解决多样化体育需求、保障和改善民生、扩大内需、增加就业、培育新的经济增长点、弘扬民族精神、增强国家凝聚力和文化竞争力②,已是我国体育产业发展的任务,重视体育经济功能,以扩大国民的内需来拉动经济。扩大内需已是当前我国新的经济结构和运行机制,十三五期间我国国民经济和社会发展的主旋律就是稳增长、促改革、调结构、惠民生、防风险。

三、体育强国共识形成

体育强国共识形成基于两个问题:一是什么是体育强国?二是中国是体育大国还是体育强国?新中国成立以来,特别是改革开放的40年来,单从体育事业从业人员规模以及在奥运会及一些小、巧、灵运动项目的国际性比赛上所取得的竞技比赛名次来看,中国毫无疑问是体育大国。但围绕大众体育、竞技体育、体育产业协调全面发展,保障公民体育权益的全民健身,追求奥运会和足球世界杯为代表的优质赛事比赛名次,使体育职业化、市场化程度不断提高,也是被认为体育强国建设的重要部分。目前达成的共识是我国是体育大国,还不是体育

---

① 联合国.2017年世界幸福指数报告[EB/OL].http://www.useit.com.cn/thread-1486.3-1-1.html.2017-03-22.
② 国务院.国务院关于加快发展体育产业促进体育消费的若干意见[Z].2014-10-20.

强国,但体育大国已为体育强国实现奠定了雄厚的基础。推进体育大国向体育强国迈进,是党中央、国务院基于社会主义初级阶段的基本国情,结合我国体育的发展实践,借鉴国际体育发展的经验,为适应新时代要求而提出的[①]。中国特色体育强国的核心思想,在党的十九大报告中概括为体育事业发展根本宗旨是以人民为中心,体育事业发展的目的在于建设健康中国[②]。所以,体育强国从20世纪80年代中期提出,期间通过内涵的诠释不断深化和趋同,以及对外延的丰富,使体育强国的界定更明晰,评价体系更趋完善,同时又别具匠心又具有中国特色。

要克服体育强国认识上片面的竞技论和国家论。竞技论就是"金牌决定论",国家论就是"唯体育政治挂帅"。我国奥运战略在改革开放之初为我国了解世界、振奋民族精神确实发挥了重要的作用,但随着与国际接轨所形成的体育价值观和体育发展规律及对相应的国际体育治理体系认同,对唯体育政治观进行反思和再认识,所谓"友谊第一,比赛第二",必须以公平竞争为前提,"奥运金牌"需考虑其"成色",即追求人民满意的"成色"。从2008年北京奥运会后的争议高潮,到十九大后确定以人民为中心的体育强国理念,至此对体育强国所形成的强国体育理念、方向、目标尘埃落定,接下去就是要把体育强国梦与民族复兴的中国梦紧紧连在一起,立足国情和民情,进一步巩固和完善社会主义体育管理制度和运行机制,为体育强国和小康社会全面建成服务,实现中华民族的伟大复兴。

四、体育强国形成的瓶颈分析

体育强国所要实现的并不是体育本身发展的庞大或者所谓的强大,而是对国家强大所做的应有贡献,根据这个思路来改革发展我国体育事业,是找出和分析体育强国形成瓶颈的基本方法。仍旧回到公认的体育强国内涵的三大组成部分,即大众体育、竞技体育和体育产业,也是从这三个方面来分析。我国大众体育普及程度不高、地区发展不平衡,特别是体育场地及其设施不足,严重制约了全民健身工程的实施。据第六次全国体育场地普查报告数据显示,目前我国人均体育场地面积为1.46平方米,距离国家全民健身战略目标人均2平方米还有不小的差距[③]。其他的还有全民健身的意识有待于进一步提高,作为现代体育

---

① 《体育大国向体育强国迈进的理论与实践研究》课题组.体育强国战略研究[M].北京:人民体育出版社,2010.
② 李冰,房英杰,关富余.新时代中国特色社会主义体育强国内涵与健康中国建设路径研究[J].当代体育科技,2019,9(15):148-149.
③ 人民网.第六次全国体育场地普查数据发布[R/OL].http://sports.people.com.cn/n/2014/1226/.2014-12-26.

发展的依托——体育社团(俱乐部)数量还很少,从事健身指导、辅导的运动专业人员缺乏,公共的全民健身活动中心还处于刚起步阶段[①]。在竞技体育方面,主要是转变围绕奥运战略的竞技运动发展思路,应以强影响力、能提升大国形象和综合实力的运动项目水平提高为主,如三大球(足球、篮球、排球)、田径、游泳、冰雪项目等。我国目前体育产业的发展无论在规模上,还是所形成的经济问题对国民整体的影响都还非常有限,据2017年统计,我国体育产业产值为GDP的0.94%,相比欧美发达国家,体育产值普遍都占GDP的3%左右。分析我国体育产业结构,体育主营的赛事运营、体育经纪、场馆运营、体育娱乐等体育服务业占比过小,相对体育用品、体育器械、体育地产等辅业规模较大,体育服务业只占体育产业的20%,而欧美体育发达国家这个比例为60%。因此,了解目前我国体育中的软肋,有利于尽快主动摆脱困境,加快中国特色的体育强国建设。

第三节　校园足球在体育强国形成中的基石作用

一、现代校园体育是体育强国形成的基础

学校体育是体育强国的根基[②]。20世纪80年代,我国正处于改革开放的初期,虽然对体育强国概念没有像今天这么明晰和深刻,但对于国家体育对国家经济社会、政治、文化发展所起的重要作用,还是有目共睹的,特别是当时介于东西方的东欧国家体育,还是我国体育工作者最认为值得学习的模式,通过对这些国家的学校体育教学、师资培养、体育场馆设施建设、管理制度和运营机制、体育科学研究、竞技运动员科学训练的考查,得出国家体育的根基在于学校,比当时"学校体育是国民体育的基础"更进一步,因为根基除了基础的意思外,还有源源不断的含义,跟整个国民体育是有机结合在一起的。新时代的学校体育在继续为国家建设培养接班人的同时,以人为本,发展学生的个性也是新时代学校体育发展的指导思想,因此校园足球、校园篮球等系列所形成的校园体育,在学校体育教学课外活动、课余训练基本工作环节不变的情况下,都在学校体育工作指导思

[①] 高宇飞,袁建国,关定升.体育强国战略中大众体育指标体系构建研究[J].成都体育学院学报,2017,43(4):59-65.
[②] 高峰.建设体育强国背景下体育经济重要地位及其发展策略[J].广州体育学院学报,2019,39(2):13-16.

想上进行了创新,即校园体育开展要符合学生自身成长规律,有利于身体健康和心理健康,有利于爱国主义、集体主义教育,有利于团结拼搏、奋勇向上精神的形成。所以,校园体育也体现了一种育人的环境和育人的文化,这跟欧美发达国家学校体育开展的理念趋向一致,是把个体的自我发展跟集体、团队和国家的发展连在一起,以崇尚体育运动为平台,落实育人的过程。同时校园体育不但在于学校体育人才培养的本源功能,而且还在于其溢出功能。身体是人一切奋斗的本钱,青少年在校园内通过强健体魄,长大后成为心智体健全的建设祖国栋梁之材。同样老生常谈的"从娃娃抓起",是各国竞技体育发展的同工异曲之路。校园体育在新时代中国特色竞技体育发展上,跟以往我国体育学校、业余体育学校的后备力量竞技人才的培养,无论在培养理念上,还是在培养模式、机制上,都发生了很大的变化。依赖于竞技体育发展的职业体育、商业体育,对校园体育的依附也同样不言而喻。新时代系列化的校园体育所强调的技能化、负荷化,也是培养终生体育技能及形成终生体育习惯的价值所在,所以只有建立在以人为本基础上的校园体育,才能衍生出实实在在的全民健身。

二、校园足球代表着新时代的校园体育

我国党和政府历来重视学校体育,而学校体育的核心工作就是提高学生的体质健康。因此,从改革开放初期的1985年起,由教育部、国家体育总局、国家卫健委、国家民委、科研部、财政部等几个部委(局)共同组织的5年一次的全国学生体质健康调研,旨在把握我国学生体质健康状况,为促进学生体质健康提高而服务。然而自2005年的调研结果表明,青少年速度、爆发力、力量、耐力等身体素质持续下降,肥胖检出率继续上升,视力不良检出率居高不下,且有所上升。这个调研结果使全国上下极为关注,中央政治局也专门就此进行了专题讨论,作为主导学生体质健康调研的教育部、国家体育总局、共青团中央在结果出来的第一时间,于2006年12月联合下发了通知,提出了在全国各级各类学校中广泛深入开展全国亿万学生阳光体育运动。紧接着2007年5月,在《中共中央、国务院关于加强青少年体育增强青少年体质的意见》中,明确提出了广泛开展全国亿万学生阳光体育运动。经专家论证,认为解决学生体质健康问题必须要有手段和方法跟进,而阳光体育运动是破解这一问题的有效途径。根据学生平时在校期间的学习、生活情况,最突出的问题就是缺少"户外运动",所以开展阳光体育运动,明确要求广大青少年学生走向操场、走进大自然、走到阳光下,积极参加体育锻炼,倡导"每天坚持锻炼一小时"。因此,以"阳光体育,快乐足球"为理念的学

校足球活动,吸引了广大同学走向足球场,走向绿茵场,积极参与足球运动。学校足球运动丰富了阳光体育运动的内容,也成了校园体育最主要的发展模式,同时阳光体育的蓬勃开展给学校足球的推进带来了生机。

2008年北京奥运会后,中国竞技体育达到了空前发展,接踵而至的问题就是怎样建设体育强国。以人为本,提倡将强国体育构建在惠民体育基础上[①],所以市场化程度高、健身价值高的运动项目应成为优先发展的项目。而优先发展的三大球及部分田径项目训练,则适合于晚期化的专门训练[②],而足球项目的早期化基础训练,理应在基础教育阶段中实施,校园也自然成为青少年早期足球训练和接受基础教育的场所。为此,2009年6月国家体育总局和教育部启动了全国青少年校园足球活动,不同于以往的学校足球运动开展,它遵循了足球后备人才培养规律,把学校作为依托,以增强学生体质、培养青少年拼搏进取和团结协作精神为宗旨,普及与提高相结合,形成"体教结合"的新型青少年运动后备人才培养体系,从而使"以运动技术为载体"与"最终达到健康促进目的"[③]完美结合。季浏指出培养学生体育核心素养是体育课程的出发点和落脚点,学生体育核心素养引领体育课程目标、课程内容、教学方式、学习评价等,而学生体育核心素养的形成必须建立在体育教学中创设复杂的情境、学练结构化的知识和技能、保证适宜的运动负荷、进行多样化的体能练习上[④]。所以,从课程改革为中心的学校体育改革来看,足球运动项目最能体现学生体育核心素养形成的四个要素。校园足球的推广,从学校体育深化改革的角度看,使学生体育核心素养提高有了抓手,同时为其他健身性、趣味性、竞争性强的集体项目在校园推广中起到引领作用,从这个意义上讲,校园足球代表着新时代我国校园体育的发展方向。

三、校园足球是新时代体育强国形成的抓手

校园足球是基于学校体育课"无运动量、无战术、无比赛",以及青少年体质健康调研结果堪忧,特别是青少年近视率居高不下的情况下,科学地提出开展全国青少年以校园足球为突破口的户外运动。校园足球既是传统课内外一体的优质体育项目,也是开展社区、家庭、学校耦合联动进行大众体育开展的优质人性

---

① 杨桦.转变体育发展方式由"赶超型"走向"可持续发展型"[J].北京体育大学学报,2013,36(1):1-9.
② 钟秉枢.论中国竞技体育发展战略的转型[J].体育科学,2013,33(1):10-11.
③ 毛振明.论"国家中长期改革与发展工作方针"中的学校体育任务(下)[J].南京体育学院学报,2011,2:1-4.
④ 季浏.我国《普通高中体育与健康课程标准(2017年版)》解读[J].体育科学,2018,38(2):1-18.

化纽带,使大众体育从健体时代进入到人们日常文化生活需求时代,也成为新时代国民追求美好生活的有型抓手。"少年强则国家强",这是新时代渴望实现中国梦而专门被挂在嘴上的座右铭,那么怎么强? 2008 年北京奥运会之后,国家在战略上对我国体育强国建设在理论上和具体实施路径上,进行了深刻反思和讨论。也在这个大背景下,2009 年 4 月国家体育总局、教育部联合发布了《关于开展全国青少年校园足球活动的通知》(以下简称《通知》),这是从另一个层面体现校园足球作为体育强国形成的抓手,与 2008 年无与伦比的北京奥运会相衬托。我们影响大且职业化程度高的三大球运动项目,特别是足球运动项目的窘境,已严重影响到大国的形象,所以做好青少年的后备力量培养工作,是任何国家任何竞技运动项目所要达到培养顶峰的必由之路,当然用什么方式来走这条必由之路则另当别论,而如今中国所有国字号足球队在世界大赛上的糟糕表现,就是因为在 1994 年的足球职业化之后,急功近利的浮躁心理作怪,没有人再愿意去走这条周期长且风险高的必由之路。所以 2009 年的《通知》出台,至少在认识上已达成共识,认为发展强国体育最主要的运动项目足球,必须从校园足球入手抓起。2015 年 2 月《中国足球改革发展总体方案》(以下简称《总体方案》)出台,标志着校园足球从此在中国足球全面振兴的国家战略背景下持续发展。自 2009 年 4 月首先提出开展校园足球,通过 5 年的实践,当《总体方案》再次重提校园足球时,提出了改革推进校园足球发展的五项内容,即发展足球育人功能、推进校园足球的普及、促进文化学习与足球技能共同发展、促进青少年足球人才规模化成长、扩充师资队伍。在已有的实践中得到的经验总结,是进一步发展校园足球的指导。2015 年 7 月,教育部、国家发展改革委、财政部、新闻出版广电总局、体育总局、共青团共同发布了教育部等 6 部门《关于加快发展青少年校园足球的实施意见》(教体艺〔2015〕6 号)(以下简称《实施意见》),这是结合《总体方案》要求和 2009 年以来校园足球开展的实践总结,进一步对校园足球开展提出了总体要求、重点任务、保障措施和组织领导。组织领导是这次《实施意见》颁布的亮点,即校园足球主管责任落实在教育职能部门而非体育职能部门,其意义在于足球后备人才培养的理念是人的全面培养。校园足球的兴起源于增强学生体质,带动全民健身,促进大众体育,以增强国力;校园足球所倡导的"从娃娃抓起"的大规模运动竞技人才培养模式,是国家竞技体育强盛的根基;校园足球的推广和普及,这是全体学生足球意识和行为的参与,更是足球产业从业人员的潜在储备,所以校园足球是新时代我国体育强国形成的有力抓手。

第三章 校园足球促进学生体质健康及引领学校体育改革

第一节 学生体质健康在人才培养中的作用

一、学生体质健康是人才培养的关键

学校是有计划培养人才的地方,其计划在于有目的使学生健康地成长,而健康成长是以学校的体育教育来保障的,不言而喻学校体育的本质就是对学生的健康教育。围绕学生的体质健康,体育教学通过运动项目的基本技术、技能、知识和传授,使学生拥有进行体质健康提高的手段和方法。按照人的生长规律,处在新陈代谢旺盛的青少年,其身体素质和身体机能都还处于发展的敏感期,如果错过这个发展的敏感期,会造成学生终身的身体素质和身体机能的低水平运转。所以以体育课为中心的课内外身体练习,使学生的体质得到充分自然地生长发育,通过科学的练习方法把肌肉、骨骼得到应有锻炼,在形态上使男生有型、女生有线,在形象上表现为走如风、站如松、坐如钟,体现青少年朝气蓬勃、进取向上的精神风貌。在身体运动器官充分运动的同时,也使内脏重要器官得到正常发育,全身性的神经系统、循环系统、免疫系统也得到协调发育,并表现在外部身体基本活动能力的走、跑、跳、投等得到相应增强,身体素质的速度、灵敏、协调、柔韧、力量、耐力等得到有效提高,使身体各项机能稳步强化。

在学生体质健康提高的身体运动过程中,可以使神经系统处于兴奋和抑制不断地交替状态,加快了大脑皮层中枢神经系统的发育,可大大提高大脑及中枢神经系统的反应速度、灵活程度和调节能力,这样能在体育活动中增强自身的记忆、判断、分析和推理能力,为学生的智力开发提供物质基础。再者,学生体育锻炼过程中,加快了全身的血液流动,以吸入更多的氧气,使大脑有充裕的氧气和营养物质,保证大脑的正常工作,并能提高脑部的工作效率。通过体育活动,可以使学生处于一种较为放松的精神状态,使身心得到充分的休闲和恢复,达到大

脑积极性休息的效果。从这个意见上讲,强壮的体魄、充沛的精力是发展学生智育的基础和保障。中国特色的人才培养讲究以德为先,而学校促进学生体质健康的体育活动无疑是一个立德树人的优质平台,在以足球为代表的集体对抗性运动中,可以培养自身的组织纪律,形成团结协作的集体主义精神,又可以在身体直接对抗过程中不断地接受挑战,磨砺自己勇往直前、坚韧不拔的意志品质,同时在激烈对抗比赛中,做到遵循游戏规则和尊重对手,培养公平竞争、按规矩办事的风格,对学生道德品质的完善有积极的促进作用。体育活动也是对学生进行美的最好教育,男生强健的体形,女生优美的体态,运动中所表现出来的娴熟、动感的各种身体动作,展现出协调的人体美和动感的青春美,从而为学生带来了精神的愉悦和对美的向往,通过运动场、比赛场培养同学们对真、善、美的辨别力和鉴赏力。

二、学生体质健康促进是全面素质教育的重要组成部分

2007年5月,中共中央国务院下发《中共中央国务院关于加强青少年体育增强青少年体质的意见》(中发〔2007〕7号)(以下简称中央7号文件),这是经中央政治局会议讨论研究后所发的文件,属于最高国家意志和国家政府行为,因为是针对人才培养的要求,因此毫无疑问就成为国家人才培养的最高战略。中央7号文件是基于1995年、2000年、2005年全国学生体质健康总体持续下降的调研结果而下发的。2016年4月,国务院办公厅又下发《国务院办公厅关于强化学校体育促进学生身心健康全面发展的意见》(国办发〔2016〕27号),这个文件是基于2010年和2014年全国学生体质健康总体持平结果而下发的,其用意是对学生的体质健康仍要继续花大力气去抓,更要注重方式、方法,同时从学生身心健康全面发展的角度对新时代我国人才培养提出了更能落地的要求。加强青少年体育、增强青少年体质,对于全面落实科学发展观,深入贯彻党的教育方针,大力推进素质教育,培养中国特色社会主义事业合格建设者和接班人具有重要意义[①]。中央7号文件所提出的意见是中国特色社会主义人才培养的顶层设计,这个设计是针对中国当前人才培养中出现的最亟待解决的根本问题,进行统揽全局的部署。这个部署是制度型的,也是方法型和操作型的。站在顶天立地的角度来解读,顶天就是从国家战略来认识学生体质健康促进是贯彻党的全面

---

① 中共中央国务院.中共中央国务院关于加强青少年体育增强青少年体质的意见[Z](中发〔2007〕7号).2007-5-7.

教育方针,即德智体美劳全面发展,从百年大计教育为本出发,学校教育是放在国家优先发展战略上的。改革开放后的高考制度恢复,正是我国改革开放40年后成果总结最重要的经验之一,而且从人才培养的绩效看,对中国改革贡献最大的人才是"老三届",他们用他们的聪明才智和勤劳,成就了今天的中国,而这些智慧和奋斗精神则是要建立在良好的身心健康之上。正是这一人才培养的规律,使中国式的教育也要不忘初心回归本源,而不是一味地追求偏科的教育和拔苗助长式教育。在这个学校教育指导思想下,学校体育也要本着面向全体学生进行新时代的体质健康教育,使学校体育教育做到有"身体负荷、有战术、有比赛",这是从立地的可操作性来规定学校体育以课程为中心的改革推进。"生产劳动同智育和体育相结合,它不仅是提高社会生产的一种方法,而且是造就全面发展人才的唯一方法"[①],这是马克思、恩格斯对人的全面发展所提出的理论,其提出背景是资本主义生产方式下人才培养的片面发展,所以简单地讲,人才培养的全面发展实质在于智力和体力统一,脑力劳动与体力劳动的结合。学生体质健康促进过程就是在具体操作上进行"人才培养"的实践及价值生成和推广的过程,也就是说增强学生体质就是培养"全面发展的人"的过程,也就是以增强学生体质健康为核心,对学校体育"育人"实践的具体展开,也是当前学校教育中课程思政的一部分。

三、对体质健康促进在人才培养中地位的再认识

增强学生体质健康不但是我国学校体育的首要任务,也是学校人才培养的第一任务,这不但体现在政府重视下的学校教育,更要让广大教育工作者乃至全社会认识到这个人才培养规律。把学生体质健康放在首位源于西方近代教育思想,第一个提出这一观点的是18世纪英国政治家、哲学家、教育家——约翰·洛克,被誉为欧洲现代体育的启蒙者,同时也是最具代表性体育育人人才培养观点的提倡者,提出"健康之精神寓于健康之身体,是对人世幸福简单而充分的描绘,凡是体质健康的人就没必要再有别的奢望了。体质和精神有一个方面不健康的人,即使得到种种,也是徒然"[②]。中国的现代学校教育伴随着清末洋务运动的兴起出现,通过一定的适应和演变,从开始军事专科性质的学堂建立,到推行国民教育系列的《饮定学堂章程》(1902年),学校体育教育以广播、兵式体操形式

---

① 中共中央著作编译局.马克思恩格斯全集(第23卷)[M].北京:人民出版社,1972.
② 洛克.教育漫话[M].北京:教育科学出版社,1999.

为主,以举国主义思想指导学生强壮身体保卫国家。进入民国,学校教育逐步进入真正的现代化教育。现代化教育是以现代体育来支撑其人才培养的体质健康,而现代体育则以欧美为主导的现代体育运动为支撑,这些运动的开展讲究科学性,如运动技术掌握既要符合运动生物力学的规律,又要符合一定的规定(运动规则)以使运动过程合理化。提倡学校体育开展以现代主流体育运动项目为主的体质健康促进,是科学人才培养的前提。无论从民国到新中国成立,还是从建国初期到改革开放至今,学校体育从国家层面来讲都是非常被重视的,但对学生体质健康增强的重要性程度的认识,以及用什么方式来增强,几经沉浮。学生体质健康促进目标的政治性和手段的科学性,始终处于认识—实践—再认识—再实践当中。对学生体质健康目标的政治性认识从保家卫国,身体是革命本钱,为祖国健康工作50年,一直到目前所倡导的为民族健康昌盛,落实到每个学生体质健康增强的惠民指导思想上,这惠民的指导思想也体现在国民体质健康的增强上。学生体质健康增强手段的科学性,从吃苦耐劳的大运动负荷,讲究基础性身体体能提高,运动过程竞技化、趣味化(快乐体育),一直到目前所倡导的基于有负荷、有战术、有比赛于一体的现代体育运动,来增强学生体质健康,集中体现在以校园足球为代表的主流体育运动项目的校园内开展。类似于以校园足球为平台的学生体质健康促进,才能真正使学生在体质健康促进中表现出其人才培养中的育人和益智作用的最大化,当然健身价值无疑也是最大化的。

第二节 促进学生体质健康的供给侧结构性改革

一、学生体质健康不佳的剖析

学生体质健康不但直接决定人才培养的质量,更关乎着中华民族旺盛的生命力。为此,国家从1979年起进行定期的全国性学生体质健康调研,目的在于把握全国学生体质健康状况并进行对策研究,首先就是了解全国学生体质健康的动态信息。由于国家及全社会的关注和重视,三十年来定期五年的调研都能得以进行,并及时发布信息。虽然我国学生体质健康状况每次的调研结果都会用总体得到改善来描述,但实际反映体质健康内涵指标却不容乐观,即身体素质、肥胖率、近视率指标则每况愈下。2000年全国学生体质健康调研结果显示,学生耐力、柔韧性素质、肺活量在1995年比1985年下降基础上又下降了肥胖率及近视眼患病率上升①;2005年全国学生体质健康调研结果显示,学生的耐力、速度、爆发力、力量素质呈进一步下降趋势,学生的超重与肥胖检出率也在增加,视力不良检出率居高不下②;2010年全国学生体质健康调研结果显示,中小学生(7~18周岁)的身体素质指标爆发力、力量、耐力等,与2005年相比有所提高,而大学生(19~22周岁)爆发力、力量、耐力等身体素质进一步下降,总体的肥胖检出率和视力不良检出率继续上升,并出现低龄化倾向③;2014年全国学生体质健康调研结果表明,中小学生的速度、柔韧、力量、耐力等身体素质呈现稳中向好趋势,大学生身体素质呈现下降趋势,但肥胖检出率仍持续上升,更糟的是视力不良检出率仍旧居高不下,而且继续呈现低龄化的倾向④。在全国学生体质健康调研结果公布的数据中,学生身体素质采用下降或提高表示,肥胖和近视采用检出率,这样以时间的纵向比较反映学生体质健康状况,而不是用绝对的合格率标准来反映,所以很能从客观上说明学生体质健康动态的现状。三十年来的历次官方结果表明,中国青少年的身体素质持续衰退,肥胖率和近视率居高不下,而且近视率呈低龄化蔓延的严酷现实。值得欣慰的是小学生身体素质有所提高,但这是2014年统计方式的变化所导致的结果,如果与大学生合在一起作为总体样本分析小学生身体素质还是在下降,换句话小学生身体素质有所提高的原因是以中学生(13~18岁)身体素质有所下降和大学生(18~22岁)身体素质下降更为显著为前提的,更何况学生的近视率非常高,大学生的近视率达86.386%,具体见表3-1。1995年到2000年全国整体近视率有所下降,只是高中略有上升,可以解释为因为高考学业压力大所致。而后在15年里近视率全面上升,其中小学生、初中生分别增长了25.8和26.18个百分点,高中和大学分别增长了12和13个百分点。高中、大学的高近视率是以小学、初中的高近视率而锁定,因此小学和初中的近视高发率是整体高近视率的关键。究其原因,学生近视与生长发育、体质状况间存在一定的内在联系,外在因素主要是学习压力大、用眼过度、电子产品滥用、缺乏体力活动⑤⑥。首都医科大学社会医学教授崔小波指出,在政府职能部门及相关专家指导下做了大量的工作,其中包括提高照明

---

① 赵建英.2000年全国学生体质健康调研结果公布[J].中国学校体育,2001,6:4-6.
② 全国学生体质健康调研组.2005年全国学生体质与健康调研结果[J].中国学校体育,2006,6:6-8.
③ 全国学生体质健康调研组.2010年全国学生体质与健康调研结果[J].中国学校卫生,2011,32(9):1024-1026.
④ 国家体育总局.2014年全国学生体质健康调研结果[J].中国学校卫生,2015(12):4.
⑤ 樊泽民,刘立京.全面加强儿童青少年近视防控和视力健康管理[J].中国学校卫生,2018,39(8):1121-1123.
⑥ 季成叶.中国学生视力不良和疑似近视流行的动态分析[J].中国学生卫生,2008,29(8):677-680.

度、提高书本亮度,但近视率反而更高了,最后发现学生的运动而且是户外运动恰恰最能够预防近视的发生。

表3-1 1995—2014年全国学生近视率汇总表(%)

年份	7~12岁(小学)	13~15岁(初中)	16~18(高中)	19~22(大学)
1995	22.78	55.22	70.34	76.74
2000	20.23	48.18	71.29	73.01
2005	31.67	58.07	76.02	82.68
2010	40.89	67.33	79.20	84.72
2014	45.71	74.36	83.28	86.36

二、学生体质健康促进需求中的供给

供给学派是20世纪70年代美国兴起的一个经济学派,强调在经济发展中的供给作用,认为生产的增长取决于劳动力和资本等生产要素的供给和有效的利用。我们所熟知的拉动经济的三驾马车是投资、出口、消费,这是从需求侧角度提出来的。如果从供给侧角度来推动经济,就是通过供给侧各要素的有效供给及相互间结构的合理性改革,即鼓励企业创新,淘汰落后的产能,减轻企业负担等,实质就是通过顶层设计,以问题作为导向,从生产的供给端入手,创造新供给,满足新需求,打造经济发展新的动力。供给侧结构性改革有其内在发展逻辑和理论内涵,与需求侧管理共同构成经济发展的"一体两面",实现经济的发展由注重强调市场需求"有没有",向注重供给"好不好"方面转变,以推进供给侧结构性改革来引领经济发展"新常态"[①]。学生体质健康促进的需求,从定期的全国学生体质健康调研结果中可见其迫切性,但顶层通过一系列行政文件的发布及行政强干预,引起全社会的高度关注,依然没有使这种需求得到缓解,反而愈演愈烈,所以我们应该从供给侧中去推动学生体质健康的促进。学生体质健康促进的供给侧,通俗讲就是能提供的促进方法和手段,起到方式和手段诸要素的整体协调作用。学生体质健康状况下降的原因是:学习压力大,导致用眼过度、没

---

① 冯志峰.供给侧结构性改革的理论逻辑与实践路径[J].经济问题,2016(2):12-17.

有足够时间睡眠;电子产品泛滥,导致长时间盯电子屏幕而损害视力;缺乏身体运动和锻炼,特别是缺乏户外的有负荷运动,导致身体素质全面下降。那么,能提供足够的时间和方式让眼睛得到休息,有足够的措施杜绝学生长时间注视电子屏幕,有足够的运动平台提供学生运动等,这就是学生体质健康促进的供给侧。近视眼发病率跟遗传有很大关系,但根据历年来的学生体质健康调研结果分析,当前我国学生的近视高发率主要是后天造成的。那么改善学生视力可供给的方法和手段是什么呢?因为遏制学生近视率高发的重要性毋庸置疑,问题关键是有效的供给。目前能够提供的措施包括:普及眼保健操并严格执行,控制电子产品的使用,同时尽快建立儿童青少年近视防控工作体制,融健康教育、监测预警、综合干预、跟踪管理于一体的长效机制。如果说避免长时间近距离用眼是被动防治的话,那么主动防治的最好供给就是积极进行户外活动。大量研究表明,户外活动可以有效减少和延缓中小学生近视的发生[1][2][3]。至于学生身体素质提高的有效供给当然是体育活动,而且必须是有身体负荷(维持心率120次/分以上并至少持续十五分钟时间的运动)的体育活动。把体育纳入中考范畴,是中小学生身体素质有所提升的最好佐证。因此,对学生体质健康促进的有效供给是有负荷的户外运动,那么学校及全社会乃至顶层设计的国家政策,应该把有负荷的户外运动提供给学生,作为学生体质健康促进的供给侧结构性改革。这样的供给侧结构性改革就是落实有较强负荷户外运动的有效推行。

三、促进学生体质健康促进的优质资源

2014年7月,时任教育部部长袁贵仁在"提升学生体质健康水平"主题讲话中,从供给侧方面提出五点内容:一是强化体育课和课外锻炼;二是提升学校体育保障;三是开展体质健康测试;四是加强体育专项督导评估;五是突出重点项目建设,力争校园足球取得重大突破[4],同时希望把校园足球工作的成功做法逐步扩大到篮球和排球三大球等集体体育项目中去。袁贵仁从宏观上对新时代学校体育工作的供给侧结构性改革指出了方向,并且把校园足球开展放在优先发

---

[1] DIRANI M, TONG L, GAZZARD G, et al. Outdoor activity and myopia in Singapore teenage children[J]. Br J Ophthalmol, 2009, 93(8): 997-1000.

[2] Wu PC, TSAICL, HU CH, et al. Effects of alltdoor activities on myopia among rural school child in Taiwan[J]. Ophthalmic Epidemiol, 2010, 17(5): 338-342.

[3] ROSE KA, MORGAN IG, IP J, et al. 83 Outdoor activity reduces the prevalence of myopia in children[J]. Ophthalmology, 2008, 115(8): 1279-1285.

[4] 袁贵仁.扎实抓好学校体育工作 提升学生体质健康水平[N].中国教育报,2014-7-30(001).

展的供给侧上,也就是足球项目是学生体质健康促进的优质资源,是集户外、有运动负荷、强对抗性、技能型、集体性于一体的运动项目,对于学生体质健康全面提升有明显的作用。在开展校园足球中,也能有意识、有组织地使学校的运动场地和设施、体育师资等建设整体推动。足球运动也能整体丰富校园体育文化,以校园足球作为平台把学生吸引到户外的宽广天地中,接受大自然的沐浴。在推进校园足球中,由于对足球场地、足球师资、足球运动开展运转经费、足球教学时数、校内课外足球比赛的规定,使积极开展校园足球的学校有了有力的抓手。大力发展学校体育工作和增强学生体质健康的供给侧,促使学生走上绿茵场,从事全身大肌肉群的足球运动,足球运动的特点也促使学生学习和掌握一定的技术、战术,去参与允许身体主动碰撞的强对抗足球比赛,而这个比赛是在有严密规则下需要有团队配合才能有效进行的竞争,因此足球运动项目在健身的同时,也培养了学生团结协助、遵循公平竞争的优秀品质,这也是三大球集体运动项目的共性。研究表明,校园足球特色学校的学生体质健康状况相对较佳,通过对体质健康测试和体育课相关项目测试分析认为,开展校园足球学校学生的身高、体重、肺活量、立定跳远、耐力跑、50米跑的数据明显占优[1][2][3],特别是身体形态发育水平普遍好于普通学校[4]。参加校园足球运动也会使学生在创造性、认知、抱负、人际适应等心理因素增强[5]。对高中生的专项调查表明,校园足球对高中生网络成瘾改善具有良好的效果[6]。所以开展校园足球促使学生参与足球运动,能优化学生的呼吸机能,强化其骨骼,健壮其肌肉,使身体机能和心理素质总体得到协调提高,有利于在快速的生长发育期里得到协调发展。足球运动是在校学生喜欢的一项运动,通过调查发现,校园足球特色学校的学生对足球运动的参与兴趣明显高于普通学校[7][8],这是应该值得庆幸的事。首先足球运动参与人多,直接反映有负荷的户外运动参与人多,对学生体质健康促进的受益面广;其

---

[1] 梁艳锋,李强.开展校园足球对增强高州市学生体质健康的研究[J].体育师友,2018,41(2):76-78.
[2] 尹玉华.校园足球对小学生身心素质发展的影响研究[D].成都:成都体育学院,2016.
[3] 肖飞.校园足球特色学校与非特色学校高中生网络成瘾和体质现状的比较[D].大连:辽宁师范大学,2018.
[4] 阿力木江·依米提.新疆校园足球特色学校7~18岁学生身体形态现状分析[J].新疆师范大学学报(自然科学版),2017,36(3):76-81.
[5] 肖飞.校园足球特色学校与非特色学校高中生网络成瘾和体质现状的比较[D].大连:辽宁师范大学,2018.
[6] 肖飞.校园足球特色学校与非特色学校高中生网络成瘾和体质现状的比较[D].大连:辽宁师范大学,2018.
[7] 阿力木江·依米提.新疆校园足球特色学校7~18岁学生身体形态现状分析[J].新疆师范大学学报(自然科学版),2017,36(3):76-81.
[8] 朱增文.足球特色学校学生体质状况的研究探讨[J].当代体育科技,2019,9(20):22-23.

次说明校园足球的积极推进能明显提高学生对足球运动的兴趣,而这个兴趣会进一步提高足球运动的参与人群,这给我们的启示是对健身价值高的运动项目要培育,也值得培育。通过对校园足球特色学校的调查结果表明,校园足球的大力推进,是新时代我国学校体育的供给侧结构性改革重点,因为其确实能对学生体质健康增强带来明显的效果。

第三节 校园足球在促进学生体质健康中的作用

一、提高学生生理机能和心理素质

(一) 足球运动提高学生生理机能的价值

足球运动对学生生理机能的提高,主要体现在对学生心血管系统、呼吸系统、运动系统、能量供应系统的影响上。参加足球运动的青少年学生,由于要进行较长时间的冲刺跑、耐力跑,在各种对抗状态下做传接球、控制球、射门、跑位等动作,心脏会反复受到高负荷的刺激,心室就会增大,心肌壁变厚,心肌的运动性肥大说明心脏能有更大的"每心搏出量",使更多血液在心腔收缩前冲进心室里面,同时在收缩时心肌更加有力地将血液压向全身。因此经常参加足球运动后会引起心脏工作状况和血容量等中心性因素的变化,导致其最大摄氧量的提高。同学们在足球场上经过激烈运动后,必然会呼吸急促,呼吸系统反应明显加强,此时对氧需求急剧加大,以获得更多能量。通过加快呼吸频率和提高呼吸深度(潮气量增加),以提高每分通气量。如果安静时,通气量为5升/分,那么足球运动后,一般会达到100升/分。从理论上讲,呼吸系统中的肺通气量潜力很大,很易提高。结合心血管系统和人体其他系统的气体交换和气体运输则是瓶颈,每分通气量和每分摄氧量的比值为呼吸当量,安静状态下,正常人的值为20~28,而当同学进行高强度的足球运动时,呼吸当量会达到30~35。同学参加足球运动会使全身肌肉都得到全面的收缩并做功,在完成转身、变速奔跑、踢球、抢断等动作时,腹肌、股回头肌、股二头肌、小腿三头肌群要产生很大的收缩力。为完成各种控球和踢球动作并维持身体平衡,须保持踝关节、膝关节、髋关节成一定的角度,都需要持久且强烈地保持收缩(包括髋屈肌和足底、足背屈肌在内)状态,因此足球运动对同学肌肉用力收缩的意义,不仅体现在锻炼大肌肉群的绝对用力强度上,也体现在锻炼下肢肌肉群的精细用力上,通过这样用力会使肌肉群的用力经济性得到提高,也就是同学的起动速度、反应速度、平衡能力都会同步得到明显提高。有研究表明,膝关节伸肌动力性肌肉力量和正脚背踢球技术娴熟程度有高度的相关性,这是一个通过踢球可以明显提高下肢肌肉收缩能力的证据[1]。人体首先退化的功能系统就是运动系统,而运动系统最先退化的又首当下肢肌肉,所以通过足球运动的身体练习,能保持肌肉强壮,身手敏捷,还能达到延缓全身性生理功能退化的效果。从每次参加足球运动的运动负荷和持续时间来分析,肌肉供能方式基本上属于有氧代谢,足球技术动作都须下肢的大肌肉参与完成,比单纯的移动所消耗的能量更多,进行加速和减速、变向跑动、跃起争抢、冲撞抢截这类动作时,明显属于大强度、短时间的无氧运动状态,而慢动、走动、甚至原地站立等长时间持续状态下的运动,则为有氧运动[2]。所以,足球场上的同学在运动时,肌肉收缩的能源供给方式具有重叠性和重复性。通过高强度、快速度、短时间的足球技术动作练习,比一般枯燥的有氧跑步更能增加肌肉内腺嘌呤核苷三磷酸(ATP)、磷酸肌酸(CP)的储备[3],通过较低强度、长时间的踢足球,会使氧气总体摄入和消耗达到平衡,即实现有氧供能系统正常工作,以达到同学健康健身的目的。

(二) 足球运动提高学生心理素质的价值

同学在足球场上的情感宣泄和真情流露,都会使人们深刻感悟到一种精神的洗礼。足球运动充满着人类野性的本能,特别是男同学会在足球场上找回最具雄性的特征——攻击性,通过激烈的拼抢,将体内攻击性得到淋漓尽致地释放,就像是进行了一场精神的桑拿,有助于获得身体的快感。自信会使人更趋进取和努力,去再次积极赢得成功,无论是一个巧妙的传球,还是一个快速的抢断,或者是默契配合后的打门成功,都会得到场上、场下同伴队员和在场观众的欢呼和称赞,此时场上队员感受到的不仅是兴奋,更有的是成功的喜悦,这些放松、愉悦、放飞自我的心理感受,配合趣味性和挑战性的竞技状态,能使比赛一方队员形成一个内在自我实现的动机,这是个强有力的自我激励并获取成功的关键,使渴望成功的紧张感和压力保持在一个合适的区间里,使队员更加投入到比赛之中去,有助于体验成功和成就感。足球比赛需多人合作共同参与,这为同学构起

---

[1] 宋爱晶,邓京捷,吕晓红,张援.等速肌力测试膝、踝关节及腰背肌力量的评价[J].中国组织工程研究,2015,19(46):7425-7429.

[2] Anthony N. Turner, MSc, CSCS * D, et al. Strength and Conditioning for Soccer Players[J]. Strength and Conditioning Journal, 2014, 4(36): 1-12.

[3] Hoff J, Wisloff U, Engen L C, et al. Soccer specific aerobic endurance training[J]. Br Jsports Med, 2002, 36(3): 218-221.

了相互交流的平台,这种真情实感的交流可帮助身心发展,队员间、队员与教练间的交流要有一定的技巧,这对双方交流的深层次沟通很重要,涉及语言、非语言的交流,如安排、请求、协商、安慰、倾听和争执等。球场上丰富的肢体语言也会被队员广泛应用,如队员得到一记绝妙的传球,会竖起拇指向同伴表示赞许;当守门员奋不顾身跃出接住一个射向球门的险球时,场上同伴队员往往会情不自禁地拍其肩膀表示鼓励;最为激动人心的是在队员完成射门进球后,进球一方队员们会自发内心拥抱在一起欢呼雀跃,这是足球运动的魅力所在,有助于同学体验人际交往的愉快感。在足球场上同学可以通过投入的比赛,有效地宣泄不良情绪,找回自信,如作为一名前锋队员在赛场上有意识地逼抢球,或者主动去接应同伴队员参与进攻,或者带球突破并通过漂亮的传球给同伴助攻,或者自己在对方门前主动地跑位、抢位,寻觅打门时机,捕捉得分良机,最后射门成功。这一系列的球场上行为,会使前锋队员的兴奋情绪高涨,表现出积极的态度,勇于进取争取胜利,有助于及时宣泄消极的心理负能量。同学在用脚传接球时往往会比篮球用手传球有更多的失误,一旦传球不到位,很容易产生负罪感,此时出错同学(传球或者接球)须认识到在足球比赛中,特别是业余球员在传接球时失误会经常发生,频繁出错是开始学习足球技术、战术的必经过程,是最后熟练掌握各种技巧所必须承受的历练。出错的同学还要意识到犯错是正常的,要接受现实,这是种消除负罪感的心理建设。在此基础上恢复自我的积极态度,才能迅速提高自己传接球的基本功,有助于疏导不良的情绪。足球场上的顺风球大家都会踢,关键在于当球队竞技状态处于低潮、大部分球员心理状态失衡时,应该怎样迅速调整状态?这时,球场上的队员要有自我的心理暗示,要争取进攻射门,以勇敢的行为去赢得胜利。足球运动可谓是勇敢者的运动,也是能容易使人为之振奋的运动,正是这种振奋精神的运动,促使同学们去克服足球比赛中出现的困难。足球运动作为一项集体性球类项目,不可能一个人单打独斗,从后场带球一直到前场,最后打门,必须通过同伴间的协调配合把球攻到对方球门前。这样不但省力,而且更能拉开对方防线,明显提高打门的成功率,这需要队员们用责任心、使命感来约束自己,控制住自己,不辱场上所负有的使命,完善自我个性心理状态。足球赛场上,情况瞬息万变,比赛双方随时都会出现被动状况,也许是身体疲惫不堪,或者是身上运动损伤刚康复、对方队员拼抢过于凶狠、同伴队员传接球失误、射门使球偏高、当值裁判判罚尺度不一、场上比分落后、被对手或队友讽刺挖苦等,都会使场上同学的情绪低落、灰心丧气。这是正常情况,关键是这时球员们要勇于面对困境,把这些挑战作为提高战斗力的催化剂,把不利因素下降到最低限度,保持清醒的大脑和放松的心态,调整好情绪,树立信心,自我设定目标,勇于挑战。这样就会点燃内心的求胜欲望,迫切希望拿球,一有机会就紧紧抓住,以旺盛的精力去拼搏,有助于提高自身抗挫折的能力。

二、校园足球开展的顺应性

校园足球特色学校的实践表明,校园足球开展的通畅性决定着学生体质健康提升程度。校园足球特色学校推广是以教育部为牵头单位于2015年开始实施的,目前已有28 377所(截至2018年12月)遍布全国各地,立足于在实践中发现问题,探讨如何去破解问题,并得到良性的可持续发展。首先要考虑的就是有利于学生体质健康提升的顺应性分析。现阶段分析校园足球开展的顺应性,已不是当初在必要性上来进行探析,而是对出现问题的供给侧结构性改革分析。以2015年《中国足球改革发展总体方案》发布时间为界,之前校园足球发展的主要问题为:场地缺乏、经费不足、师资短缺、家长和校长缺乏支持、学生兴趣不高、竞赛体系不完善、足球人才培养模式落后等[1][2],经过五年来的努力,虽然还没有根本解决,但这些突出矛盾基本上得到了缓解,特别是经费、师资、竞赛等问题已基本得到解决,如果说还有问题的话,那就是进一步优化的问题。2019年9月时任中国足协副主席的人民日报体育部主任薛原指出,中国足球发展的重点依然是青少年,而现在最大的问题首先是场地缺乏,其次就是青少年没有时间踢足球。场地的问题不是教育部门或者体育部门所能够解决的,也不是单个职能部门所能够解决的,需要多部门来解决这一问题。但我国各个行政职能部门却有各自的工作任务和工作考核指标,同时对体育运动价值的认识不同,显然不会像体育、教育部门那么深刻和迫切。国家从宏观上已明确把我国建设成为体育强国,建设体育强国已不是显性的增强人民体质健康,提高我国的体育竞技运动水平,特别是足球运动水平,而是以追求人民美好生活为目的,以惠民体育为根本目标来建设体育强国,以建设体育强国作为平台,为我国的政治、经济、社会等各方面综合国力增强而服务。作为教育和体育职能部门及相关领域里的专家,应责无旁贷地找出体育强国建设中的突出问题,尤其是影响全局的瓶颈问题,并提出解决方案。自2015年《中国足球改革发展总体方案》出台以来,校园足球的发展极为迅猛,这得归功于中国特色的管理制度,即政策治理社会能力较强。校

---

[1] 彭召方,袁玲,国伟,范安辉,李佐惠.我国校园足球可持续发展的新问题解读[J].体育文化导刊,2017,7:19-23.

[2] 高民绪.校园足球可持续发展推进机制研究[J].体育科技,2017,38(5):120-122.

园足球这几年的久久为功,就是得力于这个优势。2017年11月,中央改革办根据习近平总书记的指示,专题对校园足球的推行落实进行督查,通过这一督查方式,及时修正了校园足球发展的政绩工程和好大喜功"大跃进"式的形式主义。这是进一步扎实推进校园足球的工作作风,从这个意义上讲是校园足球良性发展的可能最大。目前正是这般强劲的自上而下发展的东风,所有顶层设计的校园足球各方面都在推进,校园足球的四级联赛,以足球专项教师为核心的裁判员、管理人员等队伍建设,校园足球的课程教学和课外活动及校园内足球比赛,足球运动专项经费设置,场馆建设等都有明确的规划和实施规定。除场馆建设外大多数都趋于完善,也是在可控的向前推进中。至于学训矛盾,家长和学校的主观支持程度,学生的足球运动兴趣程度等,则要通过以一种文化和习惯来熏陶,过程须潜移默化,需要时间、耐心、恒心。从中国社会经济发展的规律看,中国已到了重视新的经济基础下的上层建筑建设阶段,这是社会发展的客观规律所决定的。所以,以校园足球为平台,推进青少年体质健康而带动国民体质健康提升,同时校园足球也能推进青少年足球运动发展,并带动我国整体足球运动普及和提高。

三、以足球项目为引领的校园现代体育产业运动改革发展

除了校园足球,校园篮球、排球、乒乓球、羽毛球、网球也是健身价值极高的现代学校体育运动。篮球项目与足球项目类似,属于运动强度较大的对抗性集体项目,排球虽然属于隔网类项目,对抗程度略逊一筹,但配合程度则更高。三大球运动项目除了对学生体质健康有强烈的促进作用外,对学生的集体主义精神、团队协作能力培养更具有积极的意义。乒乓球、羽毛球从对身体的要求条件看,中国人种较为适合,因为对反应速度、灵敏、柔软等身体素质要求更高。还有基础项目田径、游泳,也是现代体育运动的主流项目。但从惠民体育的思路出发,三大球对于全民体育的影响最大,即全民的参与面更大,因为这与比赛名次已无多大关系,跟锦标也不太大关系,但其独特的观赏性却能使人牵肠挂肚。从世界范围看,体育产业立足于职业体育,无异足球、篮球的高职业化使这两个项目特别是足球项目位居职业体育之首。国家发展三大球运动项目,主要从全民开展运动项目开始,推动全国的校园足球发展体系,旨在培养青少年足球运动后备力量基础的夯实,同样开展校园篮球等其他校园运动项目也如此。但从促进学生体质健康并引领学校体育改革而言,校园足球则担当着这一历史性的使命。足球运动项目与其说不是中国的强项,还不如说是中国的软肋,如果这个软肋项

目上去了,那么我国整体现代体育运动项目的水平应该就上去了。以校园足球为平台提高整个学校学生体质健康水平。2014年7月,时任教育部部长袁贵仁指出:"突出重点项目,力争校园足球取得重大突破"[1]。通过推动校园足球进行学校的体育教学改革,强化体育课和课外体育锻炼,规定体育课的教学内容及相应的考核方法和标准,并通过掌握的运动技能、方法、知识开展课外校内的足球比赛,既锻炼了身体,也丰富了校园文化,使同学们有了参加集体活动、进行健康教育并相互交流的平台。通过校园足球骨干教师和管理人员培训机制的推进,可进行提高足球教师专项运动能力的培训,对整个体育师资建设就有了抓手,如在免费师范生、贫困地区定向招生专项计划中,加大招收足球师资规模,鼓励足球教师走上社会服务。聘请退役足球运动员按照有关规定从事体育教学工作,以足球运动项目的"国培计划"为契机,全面加大培训体育教师的力度,拓宽体育教师国际化培训渠道。以足球运动场地标准为建设目标,把学校体育场地建设和设施器材配备纳入"全面改薄"工作中去。统筹学校体育资源,满足学生体育课和课外锻炼的需求。以开展体质健康测试及相对应的校园足球督导评估,落实学校体育工作的职责,准确把握学生体质健康状况和变化趋势,狠抓学校体育工作实效。在学校自身体育改革的同时,根据国家校园足球中长期发展规划,建立起健全的小学、初中、高中、大学的四级足球联赛机制,以优惠的足球特长生考试改革疏通足球人才成长通道,不断培养我国优秀足球后备人才。加强校园足球开展的指导,及时总结经验,提高实效,并把校园足球工作成功经验及时拓展到篮球和排球等集体运动项目中去,不断提升学校体育工作整体水平,为能促进学生体质健康、德智体美劳全面发展而不懈努力。

---

[1] 袁贵仁.扎实抓好体育工作 提升学生体质健康水平[N].中国教育报,2014-7-30(001).

第四章　以校园足球为抓手使足球运动成为我国战略性发展项目

第一节　体育强国形成中的中国现代竞技体育

一、现代中国竞技体育中的优势与弱势

我国现代竞技体育运动的真正发展是从中国改革开放之后才开始的。伴随着我国社会经济的高速发展,我国体育事业也跟着国家全面发展的需要,重点发展以奥运会金牌为目标的体育运动发展战略。1979年10月我国恢复国际奥委会合法席位后,通过举国体制的精心备战,于1984年第一次全面参加了奥运会,获得金牌榜的第4名,实现奥运会金牌零的突破。至2008年北京奥运会,我国实现了金牌总数第1和奖牌榜第2的奥运战略目标。直至2016年里约奥运会,我国累计获得奥运金牌226枚[1],特别在21世纪的五届奥运会中,我国的金牌总数牢牢锁定在前三甲之列。中国竞技体育的跨越式发展,向世界充分展示了我国竞技体育的强大实力。我国的金牌数基本以夏季奥运计算,设置28个大项计306个小项,我国在25个大项中获得了奖牌,19个大项中获得了金牌,其中六大项目体操、跳水、举重、乒乓球、射击、羽毛球被公认为是最具获得金牌和奖牌实力的绝对优势项目,游泳、柔道、田径、击剑、摔跤、跆拳道我国有足够实力获得相应项目和级别的金牌和奖牌。正是这些运动项目的优势,保证了我国在夏季奥运会上金牌榜和团体总分的优势。而体能类运动项目和三大球(足球、篮球、排球)运动项目,我国在世界大赛上则始终处于劣势,具体表现在冬季奥运会上。以最近一次的2018年平昌冬季奥运会为例,中国以1金6银2铜的战绩,排在第14位,获得的金牌来自我国的传统强项短道速滑,其他获得的奖牌除了短道速滑外,来自花样滑冰和空中技巧,这类项目是冰雪项目中属于灵巧类的运动项

---

[1]　2016里约奥运会[EB/OL]. http://2016.sina.com.cn/.

目。游泳和田径运动项目虽然近几年有孙杨、刘翔的标志性人物问鼎世界之巅，但中国的田径、游泳军团总体上不能算世界强者之师，还是以单兵作战为主，去拼金牌（奖牌）的态势。以世界主流运动项目三大球为例，中国目前只有女排一枝独秀，可以称得上真正的世界强队。中国男排目前属于冲出亚洲境地，其关注度很低，可谓默默无闻。中国男、女篮虽然近几年通过姚明主席的锐意改革，整体水平处于亚洲较高水平，但与世界强队之间还有不小差距，只是偶尔能跻身世界前八，当然女篮的竞技水平更稳定一些。最差的要数中国足球，中国的女子足球昔日之世界冠军相已荡然无存，目前连东亚的日本、朝鲜、韩国也被打得气喘吁吁。而中国足球（男子）则连亚洲的小组赛都得拼得你死我活，每次世界杯预选赛、亚洲杯等重大比赛时，中国男足就要被羞辱一次，全国人民就要伤心一次。因为足球运动项目的特点，决定了如果没有绝对的优势，输给比自己弱的球队也是一件正常的事，所以中国男足面对被伊朗等亚洲强队虐杀的同时，还会被泰国、越南等国家队辱杀，真让全国球迷痛不欲生。如果说基础运动和三大球运动，以及与体能有高关的运动是提神项目的话，那么男子足球运动就是一项振奋人心的项目。中国在这些运动项目上的弱势，已使那些优势项目的辉煌黯然失色。因此，中国竞技体育的发展与转型势在必行，如果说体能类和三大球运动项目的发展是今后的重点，那么男子足球则无疑是发展的重中之重。

二、优势与弱势项目的运动训练学分析

运动训练学理论认为，运动员（队）形成竞技能力包括体能、技能、战术能力、智能和心理能力5项，但每个运动项目会有其中之一占主导能力，其他几项又会以不同程度作用于该运动项目中[①]。表4-1把当今世界主流的现代体育运动项目按运动训练学意义上的主导能力进行分类。体能主导类运动项目根据运动员（队）形成竞技能力的主要表现，分为快速力量型、速度型、耐力型；技战能主导类运动项目根据运动员（队）场上对抗阵形的表现特点，分为隔网对抗型、同场对抗型、格斗对抗型、轮换攻防对抗型；技能主导运动项目主要表现为技能的难度，且有形体的优美程度；技心能主导类运动项目主要表现为技能的准确程度且受心理的因素相对较大。对中国的优势运动项目跳水、竞技体操、花游、花滑、射击、射箭、乒乓球、羽毛球、女排、女网进行分析，可以认为技能主导类、技心能主导

---

① 田麦久.运动训练学[M].北京：高等教育出版社，2017.

类、技战能主导类的隔网对抗型运动项目是中国人所擅长的。首先从这些运动项目所应具备的身体形态、机能、素质和运动能力的体质来看,以汉族为主的中华民族与世界上各民族比较并不存在劣势,纯粹的运动技术掌握并能表现出来的能力也是世界一流。对中国的劣势运动项目田径的中长跑、中长距离游泳和滑冰、滑雪、足球、篮球、男排、男网、冰球进行分析,可以认为体能主导耐力型运动项目和技战能主导同场对抗型运动项目明显是中国人的短板,至少目前从体质条件看,机能上的心肺功能和素质上的力量耐力是汉民族的先天不足,因此在绝对力量和耐力方面的运动项目,特别是男子项目,与欧美相比确实是弱项。其他运动项目既不是中国人的优势项目,也谈不上劣势项目,或多或少都能处于世界水平,至少属于亚洲最强。以足球运动项目为例,梅西和C罗两名运动员是当今世界足坛最具代表性的人物。梅西从小就显示出很高的足球运动天赋,但由于患有侏儒症,13周岁时身高还只有1.4米,后被星探介绍到了巴塞罗那的玛利亚医院,经过积极的治疗和巴塞罗那足球俱乐部的严格训练,终于成就了他在足坛上的辉煌[①]。C罗在曼联时,每天至少要花一个小时练习腰腹肌肉,以增强身体的核心力量。到了皇马之后,保持着每天3 000个仰卧起坐的核心力量练习[②]。这两个例子说明,类似体能类的运动项目,运动员固然需要先天的身体条件,但后天的科学训练照样会使身体条件达到运动项目所要求的。同时值得指出的是即使有良好的先天身体条件,如果没有刻苦的、科学的训练,照样达不到相应运动项目所要求的。同样以中国男篮为例,姚明在NBA的刻苦力量训练和周琦在国家队、职业俱乐部的例行公事的力量训练形成了强烈的对比。姚明刚进入NBA时,比周琦还瘦,倘若不努力增强自己的力量,肯定无法立足[③]。通过男足、男篮作为典型需要较强对抗性身体接触的力量、耐力的技战能主导类运动项目分析,认为中国弱势运动项目虽然有种族上的身体条件先天不足,但完全可以通过后天的科学训练来弥补,而不是从表面现象就武断地认为中国人不可能踢好球、打好球。更何况技战能主导同场对抗型运动项目往往是多人的集体运动项目,除了运动员本身的身体条件外,还有技战术的掌握和应用程度,这也是比赛取胜的重要因素。当然决定总体运动水平的还有运动员的心理素质和智能水平等,这些在后续还要做进一步的论证。

[①] 周雷,董海宇.足球运动[M].杭州:浙江大学出版社,2017.
[②] 刘广迎.足球经略[M].北京:中国工人出版社,2018.
[③] 体育黑.看看姚明易建联的力量训练,再看看周琦[EB/OL].http://baijiahao.baidu.com/2019-09-24.

表 4-1 不同运动项目主导能力分类表[①]

大类	亚类	运动项目
体能主导类	快速力量型	跳跃、投掷、举重等
	速度型	短距离(跑、游泳、滑冰、自行车)等
	耐力型	中长距离(跑、竞走、滑冰、游泳、自行车、滑雪、水上项目)等
技能主导类	唯美型	跳水、竞技体操、艺体、花游、花滑、冰舞等
技心能主导类	准确型	射击、射箭、弓弩、高尔夫等
技战能主导类	隔网对抗型	乒乓球、羽毛球、排球、网球等
	同场对抗型	足球、篮球、手球、冰球、水球、曲棍球等
	格斗对抗型	拳击、摔跤、击剑、柔道、散打、跆拳道等
	轮换攻防对抗型	棒球、板球、台球、垒球、冰壶等

三、赋予体育强国的主流运动竞技及作用

从竞技体育大国和体育强国竞技的字面和内涵,去诠释我国以"奥运金牌战略"的举国竞技运动发展制度,实际上是体育弱国下的竞技运动发展是以不计成本举全国财力、人力去夺得奥运金牌,这是计划经济时代专业运动员培养的模式,这样的发展不可持续。我国在 2008 北京奥运会上的金牌和奖牌数达到了历史新高,2008 年 9 月胡锦涛同志在北京奥运会、残奥会表彰大会上,提出了要进一步推动我国由体育大国向体育强国的迈进。因此,当我国进入以经济建设为中心,坚持改革开放,提出与国际惯例接轨,做出把资源配置以市场为主导的决定时,怎样发展中国竞技运动的战略性问题也提上了议事日程。原先计划经济体制下的举国体育制度,为我国竞技体育发展奠定了坚实的基础,特别是改革开放以来,体育成为 20 世纪 80 年代初中华民族奋起的强大精神动力,同时体育为改革发展中的其他行业注入了强大的精神力量。在新的历史条件下,也为体育产业化下职业竞技体育培养了大量的优秀竞技运动人才,除了运动员外,还有教

[①] 马凯泉.我国竞技体育发展的均衡性与发行性研究[D].曲阜:曲阜师范大学,2018.

第四章 以校园足球为抓手使足球运动成为我国战略性发展项目

练员、裁判员、赛事运营人员、运动训练科研人员以及与运动竞技有关的科学研究人员和管理人员,这些人才为高水平运动项目的职业化发展提供了最有力的保障。早在1992年,我国体育界为适应经济体制改革,已尝试中国的职业化体育运动项目的改革,以足球职业化改革作为突破口,随后篮球、排球、乒乓球和网球等部分项目也开始了职业化改革[1]。女排的世界冠军十连冠,女网以李娜为代表的一批"中国金花"出现,乒乓球在世界乒坛的依旧辉煌,表明这些项目的职业化是成功的,成功的最主要标志就是保持竞技水平的高水准。竞技水平高水准已不仅仅是以往所关注的竞技运动项目比赛结果,而更是要鉴赏竞技运动项目的比赛过程。结果是抽象的,过程却是具体的。重新回到造就体育强国的群众体育、体育产业、竞技体育的协调发展,那么职业体育是竞技体育与体育产业、群众体育建立起紧密关系的纽带。职业化程度高的竞技体育一定有广大的消费群体,在欣赏体育活动的同时还会身临其境地参与。因为有了庞大消费群体的职业竞技体育,促使繁荣的市场促进相关体育产业的发展,这也正是中国体育体制改革要真正引入市场机制的玄机所在。尊重市场价值规律,实现市场在资源配置中的"基础性作用"向"决定性作用"转移[2],竞技体育通过职业化的发展,也是确立以人为中心的竞技体育发展,摒弃了计划经济下的以奥运金牌为中心的竞技体育发展模式。奥运会所倡导的公平竞争、互相理解、友谊团结精神和参赛选手的业余性,决定了奥运会是一种体现精神的平台,而运动竞技项目是体现精神的媒介,职业体育才是追求运动竞技的锦标,以专业化和商业化为显著标志。我国排球、乒乓球职业化程度高的运动竞技项目,在国际上也是属于主流运动竞技项目,但国际上最重要的主流竞技运动项目,必定是体育市场化程度高的职业体育运动项目,所以足球运动(占世界体育产业总值40%)、以美国为代表的职业篮球联赛(NBA)和国家橄榄球联赛(NFL)无疑是极具商业价值的赛事。这类球市的兴旺所制造的社会财富大大超过了该球类项目开展本身所消耗的社会财富,这是一个国家能不能称为体育强国的重要维度[3]。因此,赋予体育强国的主流运动竞技项目,就是职业化程度高的运动竞技项目,其根本作用在于市场化后能给社会带来极具商业的价值,创造较多的社会财富,在拉动内需的同时,能丰富人民群众的文化生活,提高生活的品质和幸福感。相信随着我国体育强国

---

[1] 《体育大国向体育强国迈进理论与实践研究》课题组.体育强国战略研究[M].北京:人民体育出版社,2010.
[2] 刘青,等.体育强国建设进程中的体育体制改革[M].北京:人民体育出版社,2015.
[3] 鲍明晓.新时代体育强国建设六大战略意义[J].体育学研究,2018,3:1-4.

建设的推进,我国不但能运转好特色的职业体育运动项目,而且会运转好市场化程度高的职业体育运动项目,即三大球的职业俱乐部建设。

四、足球作为体育强国主流运动项目的产业化发展分析

产业化的足球运动不只是停留在电视机上的热门体育节目,它是世界上产值最高的运动项目。2016年5月的相关信息显示,世界足球产业的年生产总值达5 000亿美元,被誉为"世界第17大经济体",同时其产值占体育产业总产值的43%[1]。基于足球运动所创造社会财富的能力,无疑是当今世界体育强国的主流运动项目。国内学者杨铄在研究了英国、德国、意大利与西班牙四个国家的足球产业发展政策之后,认为职业足球是这几个国家的重要产业支柱,对整个国家体育发展具有重要的引领与支持作用[2]。足球作为欧洲各国的主流运动项目,对体育产业、竞技体育的引领辐射、公众的内在教育、余暇休闲、健康生活习惯养成、民族认同感、国家凝聚力等都产生了深远影响。职业足球现已成为欧洲国家的经济支柱性产业[3],根据德勤公司的统计数据,2014年的欧洲足球市场价值为19 900欧元,占世界足球产业市场份额的54%。欧洲的足球经济促进了体育产业的蒸蒸日上,2015至2017年统计数据显示,在世界范围内,最具代表性的、有价值的赛事是美国职业橄榄球联赛(约115亿美元)、英格兰足球超级联赛(约70亿美元)、美国男子职业篮球联赛(约65亿美元)、美国职业棒球大联盟(约27亿美元)[4],而2018年9月的统计数据显示,英格兰超级联赛收入达89.2亿美元、西班牙甲级联赛为57.4亿美元、意大利甲级联赛为48.9亿美元、德国甲级联赛为42.2亿美元、法国甲级联赛为32.3亿美元,欧洲五大联赛累计收入约为270亿美元。因此,虽然以美国为代表的职业橄榄球、篮球、棒球联赛市值确实很高,但在世界范围内,还是以欧洲各大职业足球联赛占据世界体育产业的主流,其中又以英超的赛事运营模式被最为追捧,造就了足球运动长盛于市场,使足球产业撑起了体育产业的半边天。毫无疑问,市场的价值决定了足球运动项目成为最主流的运动项目。诞生于英国的古典政治经济学,反对封建制度,主张

---

[1] 和讯名家."第十七大经济体"足球产业将产生哪些牛股?[EB/OL]. http://news.hexun.com/2016-05-26/184080527.html.
[2] 杨铄,郑芳,丛湖平.欧洲国家职业足球产业政策研究——以英国、德国、西班牙、意大利为例[J].体育科学,2014,34(5):75-88.
[3] 刘兵,郑志强.足球运动对欧洲国家体育发展的影响力分析[J].武汉体育学院学报,2019,53(1):5-11.
[4] 江小娟.职业体育与经济增长:比赛、快乐与GDP[J].体育科学,2018,38(6):3-14.

经济自由化的重商主义。产生于17世纪中叶的英国资产阶级革命,到19世纪初的工业革命初期,逐步开始摆脱重商主义影响,以寻求经济现象背后所隐藏的实质,探索资本主义制度下财富生产和分配的规律。体育产业也就在这个背景下于英国诞生,继而扩大到欧洲大陆至美洲大陆,特别是到了美国出现了新的特点。直至今日,虽然全球化使世界工业化、城市化进程加快,各国经济发展迅速,产业结构不断优化,体育产业的大力发展也成为一种国际性的主流。长期以来英国体育产业发展已成为世界体育产业发展的标杆,尤其是体育俱乐部的商业化运作和体育公司的出现,以及以职业体育和休闲体育为主导的体育产业结构的优化。体育产业的发展动力源于对经济发展的贡献,尤其是就业的带动和内需的拉动。英国体育产业经营资本化的同时,也充分表现在国际化上。以英格兰足球超级联赛为例,现已成为欧洲五大联赛运作最为成功的联赛,由于欧洲五大联赛的重要程度不亚于奥运会和世界杯,特别在商业运营模式上的成功,成为各国发展体育产业争相学习的对象,其成功的主要经验得益于较为完善的法律体系、开放的股票市场、成熟的股份制公司运作体制;其次是拥有以天空电视台为代表的发达传媒体系;最后要说的是作为足球鼻祖的英格兰,有着深厚的足球文化底蕴和当今世界一流的国家足球运动水平。足球运动之所以成为体育产业中资本争相投入的对象,在于所展现的运动技战术的恢宏和多变、比赛过程的对抗程度强、比赛结果的不确定性。从欣赏的审美角度看,其运动美学价值是其他任何现代运动所无法比拟的。而足球运动的职业化所伴随着的足球产业化,使球员、教练、裁判员、足球经纪人及相关行业人员如媒体人员等趋之若鹜,于是游离于市场的资本也钟情于足球产业,最终结果使足球与资本的合作带来巨大商机,不可否认这是全球足坛发展的大趋势[①]。英国及欧洲足球强国的先行一步,使其足球经济极大地促进了体育产业的发展,也使欧洲足球运动成为全球关注的重点,因此在以市场决定社会资源为主的经济社会里,以资本为基础的足球运动世界第一的地位不可撼动。在习近平新时代中国特色社会主义思想的指引下,中国社会主义经济体制的深化改革和中国足球总体改革方案的进一步推进,中国足球运动市场化在中国体育产业的大发展和中国足球运动水平本身符合规律的快速发展,中国足球产业的发展也成了必然,而市场化的资本微观作用和顶层设计的宏观作用,将使中国足球竞技水平稳步提高。虽然其过程可能漫长,但过程中应是向上的,因此向上发展应该也是稳定的。

---

① 张震铄.全球化推动足球产业化分析[J].体育文化导刊,2013,10:83-86.

第二节　足球运动发展对我国体育强国形成的战略作用

一、竞技运动发展程度是体育强国形成的基本标志

国运盛则体育兴,体育兴则民族强,竞技体育在不同历史时期承载着不同的社会功能和价值[①]。新时代中国特色社会主义建设中,体育强国建设被赋予新的历史使命。就竞技体育发展而言,作为国家强盛、民族兴旺的政治符号,奥运会金牌的时代已被超越;市场经济改革的进一步深化,以体育产业的优化来审视竞技运动的发展,职业化程度高的竞技运动自然成为优先发展的选项;从民族精神彰显文化的角度来看待竞技运动,最能拨动国民和民族共同奋发的运动竞技项目无疑成了民众共同的选择。体育属于人类社会文化范畴,从政治功能来看是国家软实力的重要内容之一,其对展示国家形象和认同感,凝聚国家力量和向心力等诸多方面发挥着极其重要的作用。在杰弗雷·考德威尔所撰写的《国际体育运动与民族意识》一文中鲜明指出:"运用国际竞赛显示本国政治制度优越性是与西方国家共同的做法"。借助于奥林匹克运动会、足球世界杯等国际影响力较大的竞技性体育运动赛事,以展示国家正面形象和强政治力量,已成为当今世界各国惯用的手段。因为体育在促进世界各国青年进行文化交流的同时,可以荣耀运动员的所在国,借此可以弘扬该国的社会主流价值观,因此这个影响力自然超过了体育的本身价值。对于社会主义制度的中国,通过运动员在重大国际赛事上的为国争光,所充分体现举国体制的政治制度优越。虽然国际奥委会将"既不干涉政治,同时反对政治干涉体育"一直作为一项基本原则,并仍坚持"以运动员为本"来维护奥林匹克运动长期的独立和纯洁,同时国际奥委会前主席罗格也提出"理想的奥林匹克运动应该没有政治干预、没有任何人的抵制",这些观点的不断强调,也恰恰说明了现实的体育运动竞技无时不在与国家及政治相联系,而这种联系是把双刃剑,在反对声中应看到其正面的政治作用,即重大体育赛事是不同国家制度、文化的交流平台,这种交流平台是相互理解、相互融合的基础,对世界和平及共同发展起到积极的作用。作为最基本的需要,体育用来强身健体,早期的发展则单纯取决于经济条件。随着工业革命的兴起,起源于

---

① 袁守龙.从"举国体制"到政府、市场和社会协同[J].体育科学,2018,38(7):12-14.

英国的体育产业也逐渐兴起,其中商业性体育竞技表演所产生的体育消费是最主要的部分,而商业性竞技体育的实质就是职业体育,表现形式就是"比赛"。围绕职业体育的比赛,就有了门票的收入、广播电视及网络转播的版权费、赞助费、博彩收入、饮料食品消费、纪念品销售等收入,以及相应热门运动项目的会员费、培训费等,这些消费拓展了社会经济发展的增长点,同时与其他产业产生了联动,并对其他产业进行拉动,如运动服装行业、体育器械行业等。特别是含有三大球、基础运动项目等主流运动竞技项目的重大比赛,对承办所在城市的交通、城建等基本设施建设有飞速的提升,继而助推经济发展新动能,推动承办重大赛事城市和地区的产业结构优化和升级,完善延长相关产业链,为社会提供更多的就业岗位。以高度发达的竞技体育为内容的职业体育,是体育产业发展的核心,而体育强国当今的重要组成部分就是体育产业,而恰恰体育产业的走向决定着竞技体育发展的方向。足球世界杯等职业化程度高的运动赛事,所产生巨大的物质财富,也优先促进了其运动竞技的更为出色地壮大,因此市场化程度高的运动竞技项目,自然选择了其成为民众喜闻乐见的主流运动项目。竞技运动在创造物质财富的同时,也创造其特有的精神财富,这里所指的精神财富就是内在的文化属性,蕴含着特有的体育文化,而这种内在的体育文化,通过特有的竞技运动项目可以符号式地表现出来,如美国的NBA,欧洲足坛的五大足球联赛,世界上有影响的职业网球赛事法网、澳网、温网等,中国的女排和乒乓球,北欧的冬季运动项目,这些无一不成为一国体育强国的基本标志。这种标志已超越本身赛事上所取得的具体名次,而是一种人性的标志,在特有的运动竞技展现中,形象地、鲜明地诠释了参与特有运动项目民族的精神世界,并从文化的比拼上升为国家的软实力竞争。而体育强国形成过程中,文化角度上所谓的软实力已日益被世界各国所重视,特别是对于有强国梦的民族来说,在国家快速崛起之时,所重视的体育文化可以恰如其分地发展,一国主流竞技体育项目诚然成了国家强盛的图腾。

二、足球运动发展对形成体育强国的标志性作用

足球运动项目承载着人类社会发展太多的情感,而这种情感往往不由自主地上升为国家的一种情怀。中国足球的顶层设计就是基于这么一种民情,即中国足球的水平要与中华民族伟大复兴之势相呼应。2017年国家主席习近平在会见国际足联主席因凡蒂诺先生时说:"足球运动的真谛不仅在于竞技,更在于增强人民体质,培养人们爱国主义、集体主义、顽强拼搏的精神"。从欣赏的角度

体育强国目标下我国校园足球的发展机制与实施路径研究

看竞技足球魅力无穷,特别其精彩的比赛过程会使人超越民族、国家、宗教信仰而欢呼,因此足球运动的影响力会对全球化与多样化发展有重要传播与整合的功能[①]。起源于英国的现代体育运动,有影响的应该不止二十几种,主要以奥运会设置的运动项目为主,当然其中影响较大的篮球运动则起源于美国,但唯有足球运动项目一枝独秀,无论在政治、经济、文化、教育等诸多方面都影响较大。特别是自20世纪30年代开始以来举办的世界杯足球赛,越办越有影响,越办越兴旺,到目前已使各国争相承办,以至于国际足联不得不立下了各大洲轮流举办世界杯的规定。如今各国之间、国家与地区之间的足球赛事数不胜数,同时全球化的职业足球更是被追捧,除了世界杯外,还有欧洲杯、美洲杯,进入21世纪又创立了来自六大洲顶级足球俱乐部球队参与的国际足球锦标赛——国际足联俱乐部世界杯。以中国为例,2015年2月《中国足球改革发展总体方案》的出台,不仅是国家领导人和政府对足球运动项目的重视和支持,更是认准了足球这个运动项目能加快我国体育强国的建设,以顺应中国新时期社会经济进一步升级换代。如果说体育强国是国家软实力的重要部分,那么足球运动发展水平则是反映体育强国的最重要标志,自然也是反映国家软实力的主要标志。足球文化所固有的、鲜明的竞技风格,充满着浪漫的激情,勇于拼搏的作风,正是今天我们新时代所渴望的精神写照。所以,时代已赋予中国足球作为我国软实力不可或缺的一部分,中国足球的表现如何,已事关到国家整体软实力的提升水平。正因如此,当前具有中国特色的足球运动发展政策的推进,中国足球文化的大众普及,在政治上有了大力支持,这也大大减少了推广过程中的阻力。从政府最能主导的方面看,在足球人才培养方面,教育部门提出了一系列政策,旨在提升青少年足球竞技水平,同时积极与足球发达国家开展交流,为发展中国本土足球人才培养打下坚实基础。至此,作为体育强国建设中的竞技人才培养,已从足球运动项目竞技人才培养为突破口,进入实质性的改革当中。中国足球的职业化,开创了中国体育制度改革的先河,但以"人民币"为短期目标的改革已行不通,必须以体育强国形成目标的国家战略来进行以足球运动项目为突破口的全面性深化改革,其改革的宏伟蓝图已在《中国足球改革发展总体方案》中广而告之。通过足球运动的广泛开展,作为最有影响力的运动竞技项目,在为国家争夺荣誉的同时,也作为大众健身的体育产品消费,既发展竞技足球,也发展社会足球。同时,通过职业足球以资本市场的逐利发展足球产业,继而发展社会经济。我国足球

---

① 东旭升,姜允哲.从阶段与社会控制视角解读英国足球演进历程[J].体育科学,2013,33(5):84.

运动的改革发展,需要本身足球场上竞技水平的提高,也需要搞活足球场外的商业活动以带动经济,其竞技和产业的良性互动,是我国体育强国建设中最重要的竞技体育改革发展,示范作用巨大。其中一直备受困扰的"从娃娃抓起"的竞技运动后备人才培养,终以校园足球的发展初见成效,从而证明这是我国今后卓有成效的优秀运动员后备人才培养的主流模式。从善于足球运动的人种来看,中国人并不占优势,但通过改革开放以来所大大增强的综合国力和举国体制的人才管理机制来看,中国完全可以做到取长补短,尽快把足球搞上去,以带动我国其他主流运动项目的发展,为体育强国建设抛砖引玉。

第三节 中国足球长期萎靡不振剖析

一、体适能

1996年美国健康与人类服务部提出"体适能是人们所具有的获得的与其完成体力活动能力有关的身体素质和身体形态及功能特征",同时又分健康体适能和竞技体适能[1]。良好的体适能是具有各项运动能力的基础,其中心肺耐力是最为核心的体能要素[2]。1991年至2010年,我国中小学生速度素质、力量素质、心肺耐力方面呈不断下滑趋势[3],而恰恰同期我国足球水平从亚洲强队沦落到亚洲二、三流队,即从前四名下降到八名之后,更不用讲冲出亚洲走向世界。足球运动员所要求的速度、力量、心肺耐力等身体素质都要比一般体能类的运动项目高,尤其是心肺耐力。而《2014年全国学生体质健康调研报告》显示,学生的这几项身体素质仍处于较低水平,这不得不先从学生体能下降中去寻找中国足球运动员竞技能力总体下降的原因。对于我国青少年学生整体体能来说,相对应与我国青少年各级各类学生足球运动员的体能比较,则无可比性,但从这两个群体与国外体育发达国家的相应人群进行比较,则有明显的差距。以最具可比性的日本为例,中国学生2000年、2010年的体质调研中,可比性指标握力、50米跑、立定跳远,均落后于日本同龄学生,而且差别极显著[4]。这里做比较的中日学生的年龄均为10岁和13岁,也就是说处于专门足球运动员培养前的年龄,同

---

[1] 王健,何玉秀.健康体适能[M].北京:高等教育出版社,2010.
[2] 尹小俭.心肺耐力是儿童青少年体质健康的重要维度[J].中国学校卫生,2017,38(9):1288-1290.
[3] 马德浩,季浏.我国中小学生体质健康中存在的问题、致因及其对策[J].西安体育学院学报,2017,34(2):182-188.
[4] 刘国永.2000—2010年中日学生的体质差异与成因分析[J].北京体育大学学报,2013,36(1):79-84.

时也是足球运动员柔韧素质、速度素质、灵敏和协调素质、爆发力体能发展敏感期的节点①。这至少说明两个问题：一是这一年龄段的相应体能差异不是专门训练引起的；二是相应体能在敏感期年龄上的差异，必然会使从中选拔出来的足球运动员体能最终会整体出现必然的差异。造成中日两国10~13岁学生相应体能差异的原因在于中国学生缺少运动和营养跟不上，在营养问题上日本政府实行供给学生营养配餐制度（保证早、午餐）②。陈钟山的研究表明，幼儿的体能因素与幼儿的身体活动时间密不可分，而遗传因素对幼儿的身体形态存在影响③。任思恩研究指出，适宜的体力活动和良好早餐习惯、每天睡眠时间大于6小时对中国汉族青少年体能具有积极的影响④。在欧美国家中，久负盛名的伊顿公学，作为英国中学基础教育的标杆，其有一项硬性规定，就是每位学生每天必须有两个小时高质量的体育活动⑤。从营养学角度来审视中国的饮食结构见表4-2，据2016年的统计，我国人均奶类消费量为12公斤/年⑥，而从全球范围来看，2015年世界人均奶类消费量为108公斤/年，甚至比发展中国家的人均乳制品消费量78.9公斤/年⑦还多。日本每年人均奶类消费量为110公斤，这跟日本是海岛国家有大量食用海鲜有联系，这也完全弥补了日本人食肉量相对偏低的缺陷。

表4-2 中国与体育发达国家蛋白质消耗比较⑧

国　　家	奶类（公斤/人·年）	肉类（公斤/人·年）	动物蛋白摄入比（%）
中　　国	6.6	20	20%
体育发达国家	300	80~100	70%~80%

北京协和医院内分泌科教授潘慧指出，"儿童身高发育所需的营养素基本集中于动物性食物，包括肉、蛋、鱼、乳制品，均衡营养能让孩子充分发挥生长潜

---

① 李泽龙，王海青.足球理论探究[M].中国社会科学出版社,2016.
② 刘国永.2000—2010年中日学生的体质差异与成因分析[J].北京体育大学学报,2013,36(1)：79-84.
③ 陈钟山.广州市3~6岁幼儿体能现状及影响因素的结构议程模型研究[D].广州：广州体育学院,2019.
④ 任思恩.中国汉族儿童青少年生活习惯与体能的关系研究[D].上海：华东师范大学,2019.
⑤ 武云飞.赴英国考察体育课程后的思考[J].中国学校体育,2007,7：58-59.
⑥ 乔光华，裴杰.世界主要奶业生产国与我国奶业发展对比研究[J].中国乳品工业,2019,47(3)：41-46.
⑦ 杨淼.我国超大城市居民乳制品消费转型的研究[D].北京：中国农业科学院,2018.
⑧ 陈忠明，王磊.饮食营养与足球运动员体质[J].中国烹饪研究,1998(3)：31-33.

能"。为此从这个意义上讲西藏、青海、内蒙古、宁夏、新疆乳制品的消费量占据全国前5位①,也验证了这个饮食习惯造就这些地区学生体质的强悍(见2014年中国学生体质与健康调研报告)。

运动和营养对处于生长发育期旺盛的人体体能增强具有非常大的作用②③。当今足球明星梅西的成长道路,充分表明了后天运动、营养的作用,对于足球运动员体能增强来说,完全是能够有大的可塑性。同时对于成年人来说,营养的作用对于习惯于用物理方法的中国足球运动员体能恢复值得借鉴,动物性蛋白质对于强壮彪悍的足球运动员身体来说优于植物性蛋白质,欧洲球员多食动物性蛋白质④,这跟人体容易吸收动物性蛋白质的原理一致。

二、文化论

首先从文化的组成来说,分为物质文化、精神文化和制度文化。卢元镇教授认为"体育文化是关于人类体育运动的物质、制度和精神文化的总和。"⑤足球文化也应该包括物质文化、制度文化和精神文化⑥。足球的物质文化指从事足球运动所必需的个人装备、足球场地、足球运动时所需的辅助性设施等物质条件;足球的制度文化指对参与足球运动的人(包括运动员、教练员、裁判员、管理人员等专业人员)进行相关规定以有序地开展足球运动;足球的精神文化指从事足球运动及相应人文环境的观念、习俗、意识等。自《中国足球改革发展总体方案》出台以来,关于"中国人是否适合踢足球"的问题一直在足球业内、外讨论。如果说业内更多的是从足球运动员本身的体质(适能)出发来说明这一问题的话,业外则更多的是从影响足球运动员成长环境的中国文化来探讨这一问题,这个层面的论证主要集中在中国儒家文化的缘由,其阻碍了足球运动在中国的兴起。众所周知,中国是古代足球文明的发源地,但作为古代足球的蹴鞠,之所以没有发展成为类似于起源英国的现代足球,其根源在于:第一,儒家文化对身体有一定的约束性,规定了人的行为不允许有过度的竞技性、对抗性和野蛮性;第二,儒家文化所尊崇的是等级秩序,认为人生来就不平等,因此要懂得长幼尊卑的次

---

① 韩成福.中国乳制品消费市场需求分析[J].首届中国奶业大会论文集,2010:89-94.
② 陈忠明,王磊.饮食营养与足球运动员体质[J].中国烹饪研究,1998(3):31-33.
③ 任思恩.中国汉族儿童青少年生活习惯与体能的关系研究[D].上海:华东师范大学,2019.
④ 陈忠明,王磊.饮食营养与足球运动员体质[J].中国烹饪研究,1998(3):31-33.
⑤ 卢元镇.体育社会学[M].北京:高等教育出版社,2018.
⑥ 郭海芳.新时代校园足球文化建设学科学训练[M].北京:冶金工业出版社,2019.

序①。而现代足球运动的特征,发展到今天恰恰是其对抗性、多变性而吸引观众,并体现其无穷的魅力。以英国为代表的现代体育与以中国为代表的古代体育进行深入地文化层面比较,不难发现英国式的现代体育是以法治化为特征的体育活动,而中国式的古代体育则是礼仪和庆典作为特征的杂耍和表演活动,其更多表现为杂技、游戏活动。所以从目前中国足球高调发展形势下,杂耍足球和礼仪足球奇迹般地迅速发展到了登峰造极的地步,呈现出一派"繁荣",街头足球、颠球比赛比比皆是,每每举行正式足球比赛前的开幕式足球表演,更把仪式足球推向高潮。尤其值得一提的是足球表演操,不说其整齐划一节奏感很强的动作,更奇葩的是用手来"玩"足球,这些对现代足球的异化演绎,完全不由自主地进入了古代足球的境界。从足球文化的层面来发展中国足球,那么弘扬正确的校园足球文化在当前的中国已显得十分的重要,因为文化影响的载体归根到底是世界观,青少年在身体发育的旺盛时期,也是世界观形成的敏感时期,什么样的校园足球文化就必然尊重什么样的足球运动精神,而这个精神就是从事足球运动人的足球意识。从事足球运动人除了运动员外还包括观众,甚至包括全体关心中国足球的国民。校园足球文化的良性发展为中国国民形成现代足球意识起着不可替代的作用,而且是十分重要的作用。中国足球改革发展,从标志性成果来看,集中在中国国家足球队的水平上,或者更通俗地讲,是代表中国在足球场上踢球的十一人的发挥水平,但真正足球强国应该是在足球场上十一个人后面的国民现代足球意识的水准。这个现代足球意识高水准应该体现法制精神下的集体性对抗水平。古代足球的礼仪,更多显示的是歌舞升平,取悦帝王将相,而现代足球也有礼仪,更多体现在法制约束下的对竞争对手的尊重,如足球比赛前双方选手的进场,相互打招呼,选择发球权和挑边,然后在已使用一百五十多年成熟的现代足球规则下,进行有身体强对抗的激烈比赛。这种激烈对抗的比赛是显性的,不同于中国围棋对抗,虽然棋盘上杀得惊涛骇浪,但表面上双方棋手仍然保持着处事不惊的优雅,心静如水,往往这种非身体接触的对抗被冠以"勾心斗角"的说法。相对于当前中国足球的物质文化建设,在中国经济高度发展的大背景下,看得见摸得着的经费投入和场地建设正紧锣密鼓地迅速进行,相对于精神文化的建设,制度文化建设随着《中国足球改革发展总体方案》的推进,其建设成效和建设路径有目共睹,而精神文化建设可能需要漫长的过程,那就是中国国民对现代足球的意识深入人心,彻底摒弃深藏在中国国民潜意识中

---

① 路云亭.文明的冲突[M].上海:上海人民出版社,2016.

的古代足球意识。

三、体制论

现代体育是在现代工业化文化社会基础上发展而来的,如前所述制度也属于文化范畴,中国足球管理体制建设是伴随着中国经济的高速发展而不断深化改革。二战后世界经济处于大繁荣时期,科技的日新月异发展,也使地处东亚经济圈的中国,先后经历了第二次工业革命和第三次工业革命的浪潮。目前新一轮产业革命发展的势头很猛,在这个背景下,《中国足球改革发展总体方案》是继20世纪90年代的职业化改革后,又一次向市场经济轨道迈进的坚实一步。当然当前的我国足球改革,从国家层面来讲比以往任何时候都要迫切,其迫切性不但在于体育经济的迅猛发展,而在于人民群众对体育文化特别是健康足球文化的迫切需要,更在于1992年以来中国足球职业化改革的效果每况愈下,在新的国家足球改革中必然要弥补原先改革透支的成本,还要支付改革的时间成本。虽然第二次的中国足球改革是以市场化为最主要标志,但推动改革的原动力依然是国家,即国家的顶层设计下的改革。我国体育强国建设要求下管理体制尚在改革和转变中,把足球运动项目管理制度改革单独进行超越整体国家体育管理制度改革,进行重点突破式的改革,恰恰因为我国体育管理体制改革的困难所在,而顶层设计则旨以足球运动项目为突破口,进行总体体育管理体制的改革,这是因为中国足球承载着最重要的事关人民身体健康促进、社会精神提升和国家整体形象提高,是推动体育市场经济发展、形成新经济增长点的最重要因素,更是增强我国民族凝聚力、提高国家国际地位的主要途径。如果说20世纪80年代初至今的中国女排是承担着我国国际地位重要名片的话,那么中国足球这张名片不是彰显的问题,而是是否能拿得出手的问题,这也是当今我国民众驱散不去的"痛"。正是足球这个特殊的运动项目,是国际上通行的最能够体现国家或者地区精神的图腾。中国现行的国体对中国足球制度改革的压力来自国家意志和百姓对体育三大球运动项目特别是足球项目发展水平的需求。在双重压力之下,我国国家最高决策机构直接挂帅,首当其冲改造中国体育,并有效冲击中国传统体育构架[①]。跟社会发展规律一样,经济基础决定上层建筑发展,但中国经济的惊人发展,也特别需要上层建筑同步地、匹配地发展,在此前提下,能够对经济基础产生积极影响,使中国足球的顶层设计以制度创新、完善来发展中国

---

① 路云亭.文明的冲突[M].上海:上海人民出版社,2016.

特有的足球文化,这个发展也是有指导性的发展作用。从目前中国足球的现状来看,1992年政府指导下的足球市场化改革,显然不尽如人意。那么2015年的市场化改革,首先就是要以壮士断腕式的自我革命要求体育行政部门须进一步推进职能的转变,减少微观事务管理,把职能转到宏观调控、市场监督、公共服务上来,把具体的足球事务性管理尽可能地交给地方足协,而体育行政部门通过业务指导和监管作用,向各地方足协购买服务,并划拨国有资产(现主要为国有运动场馆)的管理权[1]。这是从经济手段层面来进行原有足球管理体制上的改革,其实质就是用市场的决定作用来配置中国足球发展的资源,这样的资源配置使之符合足球运动的发展规律。当然值得指出的是,1992年的中国足球职业化改革,一度也出现了足球市场繁荣,但最大的失误在于忽视了人才培养的规律,特别是足球运动员的培养规律。足球运动员的培养除了要遵循一般的人才培养规律外,还有其投资大、投资期长、高风险(淘汰率高)的特点,这个就像我国的中小学基础教育,特别是农村(边远地区)的基础教育一样,需要政府兜底,并且对类似公共服务性质的足球后备人才培养进行政府行为的扶持。除此以外,在足球管理体制改革中,深入分析足球运动的运转逻辑和发展合理模式,充分利用政府宏观调控和微观监管的功能,将职业足球、群众足球、竞技足球、校园足球的全面发展作为抓手,形成社会合力,有效地推动我国足球管理体制改革,把政府的监管紧抓和市场放开的搞活结合在一起,构建适合我国国情的足球管理制度。

四、从实业和商业中厘清中国足球的人才培养

从质疑中国的人种(体适能),到质疑以儒家为代表的文化,然后归结到体育市场化及发展水平等诸多问题上。有效力于海外著名足球俱乐部经历的我国足球运动员孙继海认为:"也许中国的人种、文化并不适合从事足球运动,但比起日本、韩国的足球运动水平,我们应该还是有很大的提升空间,与其比较最大的问题应该在青少年足球人才的培养上。"1992年,中国足球职业化道路开启之初,青少年足球人口数急剧上升,至1995年达到顶峰,人数为65万,而10年后的2005年,这个数字锐减至18万人,到了2010年更是变为惊人的7 000人[2]。中国1992年"红山口会议"的足球改革精神,旨在以足球运动市场化来达到中国足球运动水平的快速提升,但事与愿违,那么问题出在何处?那就是把足球运动的

---

[1] 叶林,陈昀轩,樊玉瑶.中国体育管理体制改革的困境与出路[J].中国行政管理,2019,9:50-55.
[2] 李燕飞,夏思永.对于中国足球运动发展的几点思考[J].科学咨询(科技·管理),2016,12(3):9-11.

市场化片面地理解为运动员的职业化,相应职业俱乐部商业化,而忽视了职业俱乐部的产业化即实业化。从市场化足球的产业链来看,职业足球运动员的买卖行为(转会、签约等)是商业行为,而职业运动员的培养过程,应理解为生产过程,即实业行为。如果没有商业来支撑实业,那就缺乏了经济效益,而没有实业支撑下的商业就是空中楼阁。人才的培养可以理解为特殊商品的生产,足球运动员的培养也是如此,具有投资时间长且风险大的特点。因此按市场利益驱动的自由配置,资本肯定向看得见抓得住的小风险甚至没有什么风险的方向流动,自然投资风险小,且又经济效益来得快的现成职业球星买卖来得实惠。因此,对于成品运动员的交易趋之若鹜,而足球运动员后备力量的培养则鲜有人花大力气去问津,所以足球后备人才培养自然成了市场化足球的软肋,加上期间我国奥运战略的实施,足球运动项目被边缘化,使我国足球运动职业化以来原本"三级足球运动训练体系"下的青少年足球后备人才的庞大规模迅速萎缩,直至到了土崩瓦解的地步。从总体来讲,自1992年以来,我国足球运动水平每况愈下,但无论是政府的直接投入还是政府指导下的市场投入,都是非常大的,由于都是无系统的、运动式的集中资本投入,又没有良性运作的机制,浪费很大,市场实际效果可想而知。在市场化的足球王国里,应把足球后备人才培养看成是一项公益事业,政府不但是足球市场的监管者,又是足球后备人才培养的主导者和引导者。目前我国大力发展青少年足球,并已形成共识,这是我国足球运动发展的根本,但目前尚未形成一套成熟的培养足球后备力量体系。所谓人才培养体系应是相对成型的、成规模的、进出畅通的系统,就目前而言,能满足这些基本要求的体系,也只能看好教育部主导下的校园足球。在整个足球产业中,足球运动员作为最主要的生产商品,其价值决定着其他足球产业链中各类产品的价值。当足球运动员已处于成品时,可通过价值规律来反映,而处于半成品或者处于毛坯状态下的足球运动员则成了特殊的商品,价格往往会跟价值背离,也就是其价格不能准确地反映实际的价值。从市场配置资源规律来看,无人会对其进行投资,这样必然导致以市场化运作的职业足球俱乐部其青训营的规模越来越小,直至被迫为了规定而硬撑着装门面。反观足球发达国家的著名职业足球俱乐部,属于做长线,对于后备人才的培养已形成较为完善的机制,符合足球人才成长的规律。如采用一批专业化程度高的星探实行选材机制,还有权利和义务共享的有关培养保障机制。在足球专门人才培养上,对于半成品和毛坯的足球运动员,其培养阶段的价值除受商品价值规律支配外,还受教育规律和运动训练规律等巨大的影响,同时个体的差异性,客观上存在着培养结果的诸多不确定性,造成了足球后备人才培养的风险度依然很高。但正是足球运动对国家经济社会发展的高回报率,已越来越引起各国政府的重视。从足球运动员的成材规律来看,青少年足球运动训练不适宜过早的专门化,一方面从运动训练的规律来认识,足球运动员的运动能力发展旺盛期一般在23岁(大学本科毕业)后,属于晚期化的专门运动训练项目[①];另一方面主要在于优秀运动员在运动队待的时间过长,会减少其退役后选择就业的机会[②]。如果说职业球星级的足球运动员能保证其一生足球生涯的归宿,那么绝大多数的职业足球运动员必然要面临第二次择业的现实。足球后备人才培养投入高风险性的实质,主要在于培养苗子的前期,尚不能明确未来职业足球运动员的身价,这给足球市场的投机带来了一定的空间。所以,要协调职业化下的足球商业和足球实业,从一国本土优秀运动员的培养角度看,作为公益事业在政府主导下开展足球后备人才培养已成为必然。

第四节 校园足球在战略性运动发展中的使命

一、竞技运动发展的国家战略

这里的竞技运动发展的国家战略,一指竞技运动助力国家软实力提升,二指本身国家竞技运动员发展的战略,然后两者都必须服务于国家利益。所谓国家利益指"为满足国家全体人民合法物质和精神需要的东西。物质上是国家需要安全与发展,精神上是国家需要国际社会承认与尊重"[③]。竞技运动是从精神层面上对建构和提升国家软实力上起到独特的促进作用。依靠竞技体育的崛起,用来实现国家崛起愿望,是大国崛起之时国民和政治家的普遍心理[④]。同时世界竞技体育领域,大国可以主导世界并在引领世界发展潮流和方向,帮助其获得国家利益。在19世纪中叶后的美国,"体育被作为社会改革的工具、社会团结的发动机"[⑤],体育成了美国社会进步的主要推动力。20世纪初以后,体育成了生

---

① 钟秉枢.论中国竞技体育发展战略的转型[J].体育科学,2013,36(12):10-11.
② 钟秉枢.从优秀运动员到退役重新就业:成统资本的利用[J].中国体育教练员,2014(4):10-12.
③ 王缉思,王逸舟.中国学者看世界·国家利益卷[M].北京:新世界出版社,2007.
④ 舒盛芳,郝斌.大国竞技体育崛起过程中的国民社会心态和政治诉求[J].上海体育学院学报,2010,6:4-9.
⑤ Mark Dyreson. Marking the American Team: Sport, Culture, and the Olympic Experience[M]. Urbana and Chicago: University of Illinois Press, 1998:52-172.

活的时尚,并通过奥运会而向世人展示其美国精神,即不可战败的品德、习惯和意志,参加运动竞赛是作为美国"生活方式的倡导者""利用规则争取胜利习惯""民族优越感的展示",并通过职业化的竞技体育繁荣体育产业。德国毫无疑问被认为是世界体育强国,其"德国体操""户外活动""竞技运动""大众体育"等根据国家发展的战略,进行不断地运动项目发展的战略调整,特别是"从国家政治诉求"到"社会人本需求","国家主导"到"社会主导"[1],如今的德国,竞技体育、学校体育、体育产业得到了均衡的发展。虽然其竞技体育并没有刻意去追求成绩,但民间普及率高的足球、冬季运动等项目却能始终处于世界的领先地位。

中国竞技体育的发展也是伴随着国民的社会心态和政治诉求而发展。1981年的改革开放之初,中国女排的世界杯冠军成了"团结起来、振兴中华"的时代最强音。1990年9月的北京亚运会,中国第一次向世界展示改革开放后中国蒸蒸日上的形象,随后并紧锣密鼓地积极申办2000年的奥运会,但遭遇当时国际社会的否定,从而认识到高规格的竞技运动赛事是大国崛起软实力提升的最大舞台,也是各国软实力相互比拼的最大场所。2008年北京奥运会后,使中国的崛起变得势不可挡。当2010年中国成为世界第二大经济体后,中国的竞技体育发展也进入了"国际惯例"的良性发展阶段,竞技体育与国家利益挂起钩来,为国家经济发展服务而发展体育产业,发展以人为本的国民体育则必然要发展人民满意的体育运动,包括所期望的运动发展水平。把奥运会的争金夺银纳入大国间的竞争范畴,已成为提升国家软实力的有效途径,而把奥运会的运动项目扩宽至冬季奥运会,以及讲究奥运金牌"含金量",作为衡量国家综合实力时,能充分彰显大国的崛起,并反映民族强盛的运动项目和运动赛事成为国际社会共同的追捧。由此可见,中国2022年北京冬奥运动会和2021年世界俱乐部杯足球赛的举办,无疑成为我国竞技运动发展的国家战略举措。从事冬季运动项目、以足球为代表的三大球运动项目,还有体能类的田径、游泳运动项目,运动员所表现的精神面风貌,不但能充分显示奥运金牌的影响力,而且也充分显示强大的职业体育发展水平。经济全球化下的竞技体育也必然全球化,伴随着全球化的竞技体育发展,考察中国在大趋势下的国家利益,中国的竞技体育发展必然从发掘民族优势、欣赏价值、自我实现中去寻找规律,以抓住人才培养这个根本,实现新时期我国竞技运动发展的国家战略。

---

[1] 彭国强,舒盛芳.德国体育战略演进的历程、特征与启示[J].上海体育学院学报,2017,41(5):28-35.

二、竞技运动的普及与提高决定人才培养的细分

竞技运动人才培养的目标无疑是追求运动竞技水平的卓越,但就其培养过程来讲,有其特有的教育规律。一方面是培养对象本身成长的规律,另一方面是培养环境的熏陶和对培养对象的可接受性。以当今世界运动竞技水平最高的国家美国为例,其竞技运动人才的培养过程所形成的模式,是基于自由教育理念和职业体育文化价值观的长期磨合,并形成了互动和融合[①]。美国的自由教育理念来源于英国,认为"教育"的实质是训练心智和品格,基于技能和专业知识传授则是"培训"。因此,业余体育被认为是自由教育的一部分,也是训练心智和品格的平台。反过来把业余体育作为以竞技运动人才培养目标的过程,那就是一种"培训"而非"教育"。所以,从这个意义上讲早期运动训练的专门化对运动专项能力提高是否科学值得商榷,但肯定对人的发展是有缺陷的,更谈不上进行教育。为此,1852年首届哈佛——耶鲁划船比赛所体现的是业余体育比赛精神,学生选手没有进行职业训练,把划船比赛作为丰富校园生活的具体内容,在促进身心全面、和谐发展的同时,学到有价值的社交技能、文化价值观及行为方式,实现青少年社会化的过程。也正因为如此,美国除了学校组织的体育运动外,校外受资助的青少年运动项目培训、比赛也占有非常大的市场。这就形成了竞技运动发展的普及。通过体育运动吸引大众媒体、商界精英的关注,以获得经费资助,这是美国高等教育推行实用主义价值的变革,这样受实用主义影响的体育市场化运作,也进入了美国大学体育。职业体育价值观使美国大学体育在竞技运动人才培养商业化、职业化上,对整个青少年竞技人才培养起到引领作用。美国运动竞技人才培养模式从培养的过程上产生了细分,即高等教育前的竞技运动人才培养是自由教育理念下的业余训练,其特点是普及,培养对象惠及全体青少年,而高等教育中竞技运动人才培养是职业体育价值观下的职业训练,其特点是提高,培养对象是有运动天赋并希望成为职业运动员的青少年,同时职业运动员的训练就有了投入与产出的成本核算问题。美国代表着西方发达国家竞技运动人才培养模式,其培养目标与过程的科学性在于把竞技运动人才培养的普及与提高形成了合理统一,这个统一并不是仅仅从过程中的诸多因素去寻找合理,而首先是"以人为本"下的教育和体育理念统一,才能从培养过程中去寻找合理的

---

① 杨绎梅,周宇,董官清.自由教育理念与职业体育价值观的互动与融合[J].北京体育大学学报,2004,27(1):101-103.

解决办法。数据表明,美国约520万中学生参加日常各种不同的业余竞技运动训练,占中学生总人数的1/3,德国就有青少年足球队7万支之多,我国业余体校、传统项目学校参加运动队训练人数为600万,占全国中小学学生数的2.5%左右[1]。从绝对人数讲,中国的竞技运动后备人才基数相对于国外体育发达国家并不小,但由于整体教育理念的不一样,我们理解的普及是简单提高下的普及,即理解为从事青少年运动训练人数越多,那么培养出优秀运动选手的比例就越高。而且为了对接奥运战略,青少年运动训练无论从财力还是从人力上,都向传统的优势竞技运动项目倾斜。中国式的竞技运动人才培养是以苏联及东欧国家为主导模式进行竞技运动人才的培养,改革开放后,特别进入21世纪,继续将国家主导的培养模式与个性化人才培养、职业俱乐部培养、以高校为引领的学校一体化培养等模式相结合,是未来我国处理好普及与提高的竞技运动后备人才培养之根本。多元培养模式的推进,最后必然相对定格在适合中国国情的基本培养模式上。国家主导模式在一个时期内的存在,有其国家利益维护的考量。以1992年足球市场化为标志的职业俱乐部培养模式方向改革,是世界性体育发达国家的发展方向,但显然对于中国来讲水土不服,至少得有个漫长的形成过程,通常需要有50年以上的形成期。当然个性化的人才培养模式是众多模式的一种,也是一个多样化补充,也有中国式的成功案例。国强民富的中国需要这个模式的存在,中国竞技运动人才培养模式应多样化发展,同时各种培养模式取长补短和优化整合,逐渐形成适应中国未来竞技运动发展的人才培养道路[2]。

三、普及并对提高起基础作用的校园体育

体育本身因为竞技运动所赋予的价值,在教育过程中起到了非常重要的作用,甚至在每个人的成长过程中,对处于某个阶段或者对某些人来讲体育重要程度位于整体教育的首位。竞技运动对人的物质性作用在于身体强壮,精神性作用在于不同文化信仰和民族习俗的人,在运动赛场上尊重对手、团队协作、遵守规则、公平竞争、勇于进取、相互理解。由于是在学校里的体育教育,为此全面的校园体育就是普及的竞技运动开展,竞技运动在校园的普及就是校园体育存在的基本特征。校园体育以竞技运动的普及为起点,在追求卓越中有了提高竞技

---

[1] 张军琦,张兆龙.我国竞技体育人才培养现状与发展对策[J].体育研究与教育,2014,29:40-42.
[2] 孔庆波,葛玉珊.我国竞技体育人才培养模式研究[J].南京体育学院学报,2014,28(4):48-52.

运动水平的过程。为了培养出高水平竞技运动综合人才而开展竞技运动的校园体育，根据体育教育对人才综合培养的需求，在校园体育中把竞技运动作为平台，与以往的传统锦标理念指导思想不同，在校园体育开展上效果显然不同。作为教育手段的体育，其普及的意义是惠及校园里的每个学生，这种普及是自然的普及，也是学校的使命，或者讲是每个学生培养方案中不可缺少的。而为提高国家整体竞技运动水平，所强调夯实竞技运动后备人才培养基础下的普及，是一种刚性的普及，任务似的普及。如果以这种竞技运动开展的思路，必然有竞技运动人才培养的成才率问题，那么就形成了为了出高水平竞技运动人才而进行选材，通过广选材，以做大金字塔基础层的思路，使塔尖增高。这样在普及推进过程中必定产生困难，因为首先这个普及的起点是错误的，以选择提高而进行的普及，这个选择权不在学校，应在每个学生个体及个体的家长手中。普通学校的人才培养方案，也应把竞技运动人才培养视为多样化人才或者是个性化人才培养，先不说这类需要有天赋的特殊人才培养有其自身培养规律，就是早期的所有人才培养也应以全面教育为主，这是教育的最基本规律。校园体育从肩负的人才培养使命和客观条件来看，对竞技运动专门人才的培养和竞技运动项目的推广都是普及，这个普及对国家竞技运动整体水平提高来讲是基础性的。从竞技运动后备人才培养角度看，高校引领着校园体育竞技运动人才培养的普及作用，其引领作用主要表现在既要为中小学生培养树立标杆，又要为有运动天赋的学生运动员成为优秀选手做好准备，这一方面美国的经验值得借鉴。进入21世纪特别是近十年来，中国教育界、体育界也在学习以欧美为代表的竞技运动专门人才培养的经验，在培养目标和理念产生碰撞和融合的同时，也逐步在制度措施和运营机制上吸收了一些有益的做法，如高校运动竞技比赛采用分级制，除了公平外，还在于大多数无运动天赋的运动员作为竞技运动后备人才的基础，在经历了中小学阶段的业余运动训练后，仍然可以得到自我价值的实现，相对提高来说的普及制度这是最重要的。还有就是重视学生运动员的全面培养，不以运动成绩论英雄，更不能把招退役运动员（现已在参赛资格上给予严格限制）作为提高高校运动水平的捷径。秉承业余主义原则，把体育运动竞赛纳入学校教育之中，走市场化道路，健全的竞赛组织管理机构，完善的竞赛规章制度，保障了美国竞技体育的可持续性发展[1]。其成功之处在于把竞技运动人才培养的普及做到了极致，

---

[1] 彭国强,舒盛芳.中美高校三大球竞赛体系特征的对比与分析[J].沈阳体育学院学报,2016,36(3)：93-100.

以使竞技运动水平,尤其是三大球运动水平,始终处于世界之巅。当然在继续对欧美国家先进经验学习的同时,也要结合中国国情,并随着中国社会经济进一步的发展和改革开放深化,走出我国自身的竞技运动普及之路。

四、校园足球引领校园(竞技)体育改革发展

青少年是全民健身战略的基础,同时也是中国足球发展之根本。振兴和发展中国足球,应以青少年足球发展为重点,才能打牢足球发展的基础[1]。

2005年全国学生体质健康调研结果表明,学生整体体质健康水平下降明显。于是2006年12月教育部、国家体育总局、共青团中央联合下发通知,提出全国各级各类学校广泛深入开展全国亿万学生阳光体育运动。2007年5月,在《中共中央国务院关于加强青少年体育增强青少年体质的意见》中,又一次强调了开展全国亿万学生阳光体育运动。为此,以"阳光体育,快乐足球"为理念的校园足球活动,吸引广大学生走向足球场,走到阳光之下,积极参与足球运动,校园足球因此极大地丰富了阳光体育运动内容,并成为阳光体育运动的主要发展模式。2008年北京奥运会后,我国竞技体育运动得到了空前发展,建设体育强国成为国家战略已水到渠成,而强国体育是构建在惠民体育基础上[2],所以市场化程度高、健身价值也高的运动项目理所当然成为优先发展的运动项目。而优先发展的三大球运动项目及部分田径运动项目训练,则适合于晚期化的专门训练[3]。那么足球运动项目的早期化基础训练,理应在基础教育阶段的中、小学教育中实施,而校园就顺理成章地成了青少年早期足球训练和接受基础教育的场所。鉴于这个客观事实,2009年6月国家体育总局和教育部启动了全国青少年校园足球运动,区别于以往学校足球运动的开展,它是顺应足球后备人才培养规律,以学校作为依托,旨在增强学生体质,培养青少年拼搏进取、团结协作精神,通过普及与提高相结合,形成"以运动技术为载体"与"最终达到健康促进目的"[4]的完美结合。校园足球推广,从深化学校体育改革角度看,使学生体质健康提高有了实在的抓手,同时为其他终身性、竞争性、兴趣性较强的集体项目在

---

[1] 刘枝芳,陈林祥.习近平关于足球工作的重要论述及其践行路径[J].西安体育学院学报,2020,37(01):30-36.
[2] 杨桦.转变体育发展方式由"赶超型"走向"可持续发展型"[J].北京体育大学学报,2013,36(1):1-9.
[3] 钟秉枢.论中国竞技体育发展战略的转型[J].体育科学,2013,33(12):10-11.
[4] 毛振明.论"国家中长期改革与发展工作方针"中的学校体育任务(下)[J].南京体育学院学报,2011,2:1-4.

校园得到有效推广起到了引领作用。2015年2月《中国足球改革发展总体方案》出台,标志着中国足球在全面振兴国家战略背景下,为保持可持续发展,以校园足球作为夯实足球发展最根本的基础——人口基础。校园足球所倡导的"从娃娃抓起"规模式运动竞技人才培养模式,是国家竞技体育强盛的根本。校园足球的普及推广,这种全体学生足球意识和行为的参与,更是从事足球产业人员的潜在储备。校园足球全方位的足球从业人员培养,为其他校园体育运动项目的开展树立了典范,为我国的全民健身意识建立和生活方式形成了明晰路径。就校园足球战略对我国学校(校园)体育的改革发展进行分析,校园足球的实施,有助于学校体育资源配置优化与投入加大,可以借此提升学校体育的课程地位,促进学校体育的价值认同,同时为体育人才成长打通通道[1]。国家体育总局、教育部2013年出台的《关于加强全国青少年校园足球工作的意见》,强调加强校园足球组织领导、足球场地建设、资金投入、足球专项师资队伍建设,在《中国足球改革发展总体方案》中,也明确要求政府加大对校园足球的投入,要求体育、教育等部门拨专款,在经费使用上对校园足球发展提供更多的倾斜。据统计1/3的学校运动场馆还不能满足学生体育活动的需要,同时因为校园足球推进在足球专项教师配置上的具体要求,借此把以运动专项水平提高为目体育师资队伍建设摆上了重要位置,而且通过教育部留学生专项基金的设立,帮助已成规模的体育教师前往欧美体育发达国家,为期三至六个月的除足球以外的运动(田径、游泳、网球、排球、篮球)项目培训。正是足球运动开创了这个先河,使校园体育的师资队伍建设走向国际化。由于国际间的校际体育文化交流,比以往纯粹的体育运动竞赛的交流更具有教育意义,因此育人功能的价值也更大。校园足球的课程化推进,使学校体育课地位得到了提升。足球运动的课程化,就是通过教学大纲、教材、课堂教学内容、课外活动、课内外一体化的社团活动,面向全体学生接受系统的足球运动专项技能的学习,以此作为模板,推广至其他运动主流项目(三大球、三小球、田径、游泳)的系统学习,真正让学生学会和掌握具体的运动方法,从而促进运动习惯和运动生活方式的形成。校园足球的推广,使学校体育流动开展中运动风险管理机制提上了议事日程。一段时间以来,我国学校特别是中小学,一怕来进行体育运动出伤害事故而担责任,二来一旦出事故学校又束手无措,所以借校园足球推进的东风,"制定安全防范规章制度,加强运动安全教

---

[1] 丛灿日,付冬梅.校园足球战略实施对我国学校体育的重塑及潜在问题分析[J].河北体育学院学报,2016,30(6):59-64.

育、检查和管理,增强学生运动安全和自我保护意识,完善保险机制,推进政府购买服务"[1],从而提升学校体育安全保障能力。校园足球的实施使我国学校体育工作更具可操作性,既对广大在校学生有了体育育人的抓手,又能从实处做起对我国足球运动后备人才进行培养。

五、以高校为引领的校园足球改革发展

(一) 高校应成为中国校园足球开展深入人心的最重要载体

调查结果表明,民众对中国足球改革的认识普遍停留在中国足球运动竞技水平差上,所以要全民踢足球,希望有朝一日能像乒乓球一样问鼎世界冠军。由于中国国家足球队近十几年来一直游离在世界杯决赛圈外,所以要把从娃娃抓起的足球后备人才培养工作落实在学校,即在教育部门主导下进行校园足球推广。然而顶层设计主导下的中国足球改革和校园足球开展,其推出的背景和推进的意义目前尚未深入人心。

当今中国足球改革无疑是新时代中国特色社会主义建设的需要,具有政治化、经济化的考量,也是建设文化强国、体育强国、提高我国软实力的重要工作。如果足球文化没有在全社会中形成,足球运动对促进全民身心健康,尤其对青少年健康成长的意识就建立不起来,中国足球改革很有可能会成为一阵风,或者成为一时的政绩工程,也不能使校园足球良性可持续发展。

社会的进步需要大学,因为大学是先进文化传承的实体。为此,建议通过校园足球这个平台,以大学为主导中心,进行主流足球文化的传播,具体足球文化建设方案,则由高校足球专项教师、教练及相关学科教师制定并实施,只有这样才能使中国足球梦对中国强国梦实现产生深远影响,才能让全体国民有所领悟。

(二) 高校是引导优质后备足球人才培养资源集聚的引擎

"读好书的孩子能踢球,能踢球的孩子读好书"的理念是优质后备足球人才培养的指导思想,高校办高水平足球运动队最主要的目的就是激励更多要读书的中小学生们去踢球,而我国传统的高校办高水平足球运动队是让能踢球的孩子上大学。调查结果表明,目前足球一级运动员进入大学后,无论读什么专业都很难适应,足球二级运动员往往读某些文科专业知识还可以;同时,另项调查结果表明,目前在全国一些高校特别是985和211这类高校,相当一部分人认为不

---

[1] 教育部,国家发改委,财政部,广电总局,体育总局,团中央.关于加快发展青少年校园足球的实施意见[Z].2015-7-22.

应该超低分录取文化基础差的体育特长生,因为按正常学生培养计划的要求,这些体育特长生应该是不能毕业的。这里需先厘清三个问题,才能提出解决方案:第一,人的个体差异是很大的,按以往是有部分高水平运动员不适应普通大学生的学业学习要求,但还是有相当数量的高水平运动员学生顺利完成了学业;第二,目前高水平运动员虽然普遍文化课基础较差,尤其是理科,但往往更热衷于热门专业,而这些专业学生的考分特别高,这样反差则更大;第三,随着近几年中小学校园足球的良性开展,通过调查发现已经有一些初中生初出茅庐,他们既有足球天赋,又能跟正常学生一样品学兼优,这正是高校所追求的优质足球后备人才资源。

按美国等发达国家大学所通行的学生学业管理办法,其基本管理原则是宽进严出。建议我国高校高水平足球运动员的招生制度可基本保持不变,但给运动员学生的只是学籍,是否毕业还要按照学校培养方案实施情况而定,把学校选择、专业选择、学制选择交给学生,学校可以在运动员学生选择后进行培养过程的优化管理,而不是不断以大幅度降低毕业标准来完成高校高水平运动员的培养,这种做法的诟病已显得越来越突出,且不可持续。建议设立专门的足球运动员奖学金,一是鼓励运动员学生本人积极向上,二是对其对学校所做贡献的实实在在奖励,三是对日后不能如期毕业的学生进行的一种补偿,而补偿的金额相当于如果不进入高校学习,参加另外足球比赛所带来的收益。

(三) 高校要成为校园足球现代化进程中的创新中心

校园足球现代化的含义就是现代足球运动意识的建立,以及足球运动教学训练理论先进、方法和手段的科技含量不断提高。而校园足球现代化的直接意义就是降低校园足球活动开展的成本,尤其是足球后备人才培养的成本。推动校园足球现代化创新的主体是足球教师,而高校足球专项和专业师资的规模和专业化素养是中、小学体育师资所不可比的,而且高校教师在人才培养的同时,也肩负着对国家社会、经济、政治、文化等发展重大需要而进行创新研究的使命。所以,把校园足球开展中以及我国足球改革中出现的问题,交给高校去找出相应解决方案,应是高校的职责所在。

目前就降低足球后备人才培养成本迫切需要解决的是以下三点。

1. 建立国家、省市、地区、学校各级的校园足球信息系统

目前全国已有2万多所青少年足球特色学校(截至2017年10月底),政府官方的、半官方的、民间的足球比赛也不计其数,但具体的学生运动员的信息库没有建立,而职业足球俱乐部青少年训练部的运动员信息显然是微不足道,至少

还不利于规模化地合理选才。

2. 开发和利用科技含量较高的足球教学、训练方法和手段

足球运动除了足球运动场地、足球、足球鞋及其他足球用具的科学运用外，多数则涉及足球技术、战术如何运用、足球运动员的体能如何提高等问题，对于高水平足球运动员还得涉及运动损伤和疲劳等。一些高科技产品可以帮助解决以上问题，如影像技术的应用，数码技术使图像采集不但清晰，易储存，还可进行APP的直播比赛等影像技术处理；目前的惯性动作捕捉系统可直接通过无线传感技术，将人体模型建立，对后期足球运动技术、战术制作价值更大；还有专门的足球比赛视频分析应用系统，对于赛事中对手实力分析、制定有效对策方案具有举足轻重的作用；在运动风险督控、运动强度控制上，无创、便携、在线、准确采集运动时心率的装备，已广泛被使用。

3. 对运动员足球运动技能形成规律的遵循

主要体现在两方面：一方面是学生学习和足球运动训练时间和精力分配的规律性。调查结果表明，12岁前（小学阶段）每周训练2次（1小时/次），再辅以其他体育活动；12～14岁（初中阶段），每周训练3次（1小时/次）；14～16岁（高中阶段），每周训练4次（1.5小时/次），这是校园足球（非职业足球俱乐部的青训营）学生运动员通常应有的训练时间。另一方面就是对于处于不同身体素质发展敏感期内的球员，合理把握速度、灵敏度、爆发力、耐力、绝对力量等素质的重点发展，对于运动员最终运动能力的形成具有重大影响，当然球感、心智、专项技术则需从小培养。

(四) 高校要有校园足球开展专业化人才培养的担当

在校园足球开展中除了注重教练员的业务素质提高外，还必须有足球裁判员、赛事管理人员、训练辅助人员（医务监督）等足球专业人员的培养，这类专业人员培养现已成为校园足球开展的短板。目前教育部门对教练员的培训很重视，且已规模化、制度化、国际化。建议在足球裁判员等专业人员的培养上，也参照教练员的培养模式。同时，建议在高校建立赛事、培训、交流三位一体的中心，这不但是专业人才培养需要的平台，也是前面提到足球文化传承平台建设的需要。

1. 足球赛事中心

其职责是组织各级各类的校园足球赛事。2015年前，浙江省大学生足球联赛参赛队中，男子组不到10个队，女子组4个队左右，而2017年11月举行的足球赛中男子参赛队达24个，说明了近几年校园足球开展的显著成效。当赛事规

模迅速扩大到惊人的程度,赛事中心建立应该视为专业化办赛事的必然。

2. 足球培训中心

传统的足球培训,主要是指导学生的课外足球培训,包括各级各类的足球训练营,还有就是指教练的上岗培训。而对其他足球专业人员的培训并达到相应规模培养,应视为校园足球开展补短板的措施。在具体实施过程中,建议参照教练员培训后的资格证书发放流程,把足球一级裁判员的审批权下放到省市一级的教育部门,便于配套的校园足球开展,因为目前总体而言,我国的高等级(国家级、国际级)足球裁判稀缺,校园足球赛事中也存在着一级足球裁判稀缺的情况,因此建立规范化、正规化的相应培训基地势在必行。

3. 交流中心

校园足球除了比赛和相应人才培养、培训外,还要进行除此以外的交流,包括文化、科技等官方和民间的交流。而这类交流无论从规模效应,还是从国际化的需要来讲,高校责无旁贷,因为前面已提到了大学是进步文化传承的实体。

(五) 高校的社会服务责任应该在校园足球开展中得到充分体现

调查结果表明,目前政府和社会在我国足球运动开展的经费投入和足球场馆建设规模上已有了井喷式的发展。然而全社会足球运动包括校园足球的发展,依然觉得开展足球活动的经费和场地缺乏,主要原因在于各级职能部门在有限的行政资源下,远远跟不上足球改革发展的脚步,特别是校园足球发展规模的管理需要,表现在资金使用的效率上不尽如人意。同时,行政也存在着吸收民间资本开展校园足球的壁垒。为此,建议集中对相应高校以政府为主导的足球运动场地进行规划支持,政府和民间按相关国家法规同时进行经费调拨和资助,赋予这些高校在驱动校园足球的同时,也带动所在城市的社区及社会积极开展足球运动。这项举措应视为补足球运动开展活动场地和经费落地的短板。

六、校园足球文化和文明程度的提升

校园足球促进学生体质健康,要靠学生家长引导和支持,才能使学生将足球运动作为一种习惯,即校外的启蒙足球对校园足球有深远的影响。随着国民收入持续增加,社会文化繁荣和城市文明程度逐渐加快,舍得花钱对孩子教育投资,买孩子需要的教育,现已成为长三角经济发达地区普遍的现象。当然校外足球培训就是当前体育运动项目培训中最为热门的项目,现以浙江省二个典型社会力量办青少年足球作为案例进行介绍,这也是非行政力量的校外校园足球典型案例。

总部设在浙江台州的鸵鸟足球俱乐部,成立于2008年12月,是一家以青少年足球培训、赛事组织、休闲旅游、夏令营活动、体育用品销售等为主业务的综合履带足球文化发展公司,至2016年12月注册足球教练员人数达80多名,在册足球会员3 500余名,受到浙江省政府及业内人士的高度关注,也得到行业内的肯定。鸵鸟足球起步于浙江,逐步覆盖全国,现已在杭州、台州、温州、宁波、湖州、丽水以及上海、海南、福建等地设有足球训练基地,俱乐部每年举办国际青少年足球邀请赛、国际青少年足球交流等活动。俱乐部黄君华女士认为,足球不仅仅是一项竞技运动,它更是一种生活方式、一种生存形态,也是社会文明的体现,一切为了孩子更健康,家庭更幸福,社会更和蔼。鸵鸟足球俱乐部值得推广的经验有:第一,把青少年足球培训分成 U_6、U_8、U_{10}、U_{12}、U_{14}、U_{16} 几个年龄,形成了年龄系列,这样完全覆盖了运动技术、技能及身体素质发展的敏感期,同时把为青少年系统化足球运动培训变成可能;第二,值得赞赏的是,培训能把普及与提高达成完美结合。目前大多数的培训多以突出足球运动专项能力为主,培训目标为竞技人才,而鸵鸟足球俱乐部首先面向社会招收有意踢球的孩子,再在培训学员中聚集有足球运动天赋的孩子参加各种竞技性较强的联赛,而其他参加培训的所有孩子都有机会参加各种各样的邀请赛、夏令营、家庭日足球赛,这些活动为校园足球文化推广起到非常大的积极作用;第三,国际化也是显著特点。浙江跟江苏、上海一样同属于中国经济发达省份,但文化发展则明显落后于其他二省市,尤其是体育文化,所以以国际化为平台,迅速打造浙江特色、中国样本、国际水准的校园足球,鸵鸟足球行动已在路上。现已成立国际事业部,未来将与美国、德国、比利时、意大利、法国、瑞典、日本、韩国等青少年足球俱乐部进行合作,主动与国际接轨,以一个适合市场机制的良性化运转的校园足球保持持续发展。

一谈起校园足球,我们往往把目光投向中小学,而本着足球从娃娃抓起,从小对足球有兴趣,包括塑造全社会的足球文化,对学龄前幼儿进行足球启蒙教育,是浙江小小足球俱乐部成立宗旨该俱乐部为民办非企业单位,受政府保护和支持。于2017年4月在全国开先河地成立的浙江小小足球俱乐部,标志着浙江省的幼儿足球在响应校园足球从小抓起这方面走在了全国的前列。俱乐部理事长单勤杰以赛鸿体育设施工程有限公司为依托,俱乐部专职人员有3名,其他人员为兼职。浙江小小足球俱乐部现在的性质为社会公益组织,作为俱乐部顾问,浙江省幼儿体育协会常务副秘书长余绍森先生指出,从幼儿园开始,大家对足球的参与积极性就高,"我是小小足球王"比赛是俱乐部的主打项目,参加对象为7周岁以下的幼儿,主要面向江、浙、沪的长三角地区。比赛一般分为颠球、射门、绕杆、PK游戏及3对3的对抗，比赛场地均为浙江小小足球俱乐部自主设计，符合幼儿安全兼兴趣的特点。比赛时场面火爆，其火爆意义在于不但是幼儿本身对足球兴趣的潜力挖掘，还是通过孩子父母、祖父母和外祖父母的积极参与，营造了社会和谐和足球文化繁荣的画面。随着《教育部办公厅关于开展足球特色幼儿园试点工作的通知》(教体艺厅函〔2019〕24号)出台，小小足球俱乐部受浙江省幼儿体育协会委托，负责对浙江省的少年幼儿足球项目进行管理，近期包括浙江省幼儿体协、浙江省足球协会在内的五家单位一起，将联合研究制定《浙江省少幼儿足球教育培训大纲》《浙江省少幼儿足球等级考评标准》《浙江省少幼儿足球积分赛制度》等体育行业的标准，经国家有关部门批准颁布实施，在不断实践和完善中，带动浙江不仅做以上各行业标准的先行者，而且还要做全国此类行业标准的制定者和宣传者、推广者，为我国培养出成千上万的少幼儿"足球宝贝""足球神童"，打造具有浙江样板、中国特色的少幼儿足球嘉年华。

　　以上两个案例说明了社会力量办校园足球的魅力所在，对长三角地区校园足球文化建设的创新具有示范作用，更是对主流校园足球发展的强有力补充，未来必然会与主流校园足球积极融合，在运转机制上形成独特的浙江特色、中国样本、世界水准的校园足球。

第五章　中国特色校园足球发展

第一节　《中国足球改革发展总体方案》后的校园足球

一、校园足球的基本面

现以浙江省的校园足球开展为例并辐射江浙沪长三角地区，以点带面对现阶段我国经济、社会、文化、教育、体育相对较为均衡发展的地区进行校园足球的基本面剖析，便于对我国《中国足球改革发展总体方案》后的校园足球的开展有较现实的深入了解。自2014年年底以来，浙江省坚持党对全国青少年校园足球工作的领导，深入学习宣传贯彻落实党的十九大精神和习近平新时代中国特色社会主义思想，认真贯彻落实党中央、国务院关于校园足球工作整体战略部署和习近平总书记系列重要批示精神，认真贯彻落实《中国足球改革发展总体方案》和《关于印发中国足球中长期规划（2016—2050年）的通知》。一系列工作的落实推动青少年校园足球工作取得阶段性成果，为在新时代继续扎实推进青少年校园足球工作奠定坚实基础。

（一）浙江省校园足球工作的主要做法和经验

2015年2月27日，党中央、国务院审议通过了《中国足球改革总体方案》，其中明确提出了要让校园足球、新型足球学校、职业足球俱乐部、社会足球等各种培养途径衔接贯通，使足球事业发展动力更足、活力更强，将青少年足球培养上升为国家部署。近五年来，浙江省深入贯彻落实党的十八大精神和历次全会精神以及党的十九大精神，认真贯彻落实党中央、国务院关于发展足球事业的决策部署，把发展校园足球作为提高足球普及程度和竞技水平、实现足球强国梦的重要支撑，作为足球改革发展的奠基工程、教育立德树人的育人工程和全面推进学校体育综合改革的探路工程。强化协同联动，贯彻"教学是基础、竞赛是关键、体制机制是保障、育人是根本"的发展思路，落实重点改革任务，在大力普及发展校园足球、扩大足球人口基数和规模、不断提高教学、训练、竞赛水平和保障水平等方面取得了显著成效。

1. 组织领导与制度建设协同推进

强化组织领导与制度建设。2016年以来,为认真履行统筹规划、宏观指导和综合管理等主管职责,浙江省教育厅每年开展党组会议和专题办公会议,并每年派出3个专家工作组对全省足球高水平运动队伍的高校、校园足球特色学校和校园足球试点区县进行调研和指导工作。

制度上连续推出《浙江省教育厅办公室关于公布2017年青少年校园足球特色学校、试点区县及高水平足球队名单的通知》《浙江省校园足球工作考核办法(试行)》等专项文件通知,结合教育部等6部门《关于加快发展青少年校园足球的实施意见》《教育部关于进一步加强普通高等学校高水平运动队建设的实施意见》《学校体育美育兼职教师管理办法》《全国青少年校园足球教学指南》《学生足球运动技能等级评定标准》《关于全国青少年校园足球改革试验区、试点县(区)工作的指导意见》《全国青少年校园足球教学训练竞赛体系建设方案》7个制度性文件,规范组织实施,打牢制度基础。

2. 坚持普及工作,优化发展布局

明确校园足球工作的"初心"。浙江省青少年校园足球工作的开展紧紧围绕培养德智体美劳全面发展的社会主义现代化建设者和接班人的目标,立足促进青少年身心健康、全面发展,尊重教育发展规律、足球运动规律和足球人才成长培养规律,着力实现提高体质健康水平、教会足球运动技能、磨炼意志品质、打牢中国足球腾飞的人才基础的"四位一体"校园足球工作目标,并以此作为学校体育改革的突破口。

根据浙江省中小学校园足球的调查,目前活动在全省主要以四个阶段进行,开展路径见表5-1。

表5-1 浙江省中小学校园足球活动开展路径

阶段	名称	时间	地点
1	足下生辉活动("校长杯"校内联赛)	每年11月底前	全省各中小学
2	小鬼当家赛(市级联赛分区赛)	每年12月底前	各县(市、区)
3	中流砥柱赛	每年5月底前	各参赛市和承办市
4	全省总决赛	每年6—8月	承办市

在"校—区—市—省"的四级开展路径下,全省中小学进行不同的校园足球活动内容。在第一阶段由全省各中、小学在校内组织以班级为单位参加的足球活动或比赛,且形式不限,各地各单位根据情况因地制宜;第二阶段是在县(市、区)教育局、体育局组织下,开展小学 5 人制、初中 8 人制、高中和中职 11 人制的比赛,赛出县(市、区)各组别名次;第三阶段是在市教育局、体育局组织下,在第二阶段的优胜队参加市级联赛,赛出市级联赛男、女各组别名次;第四阶段是由省教育厅、体育局组织进行全省各组别校园足球联赛总决赛。

浙江省高校以校内足球选修课程为基础,借助各类校园足球比赛进行足球运动普及工作。2018 年 8 月对全省 88 所高校的校内足球活动进行问卷调查,调查内容包含学校开设足球班级数量、足球教师及场地数量、校内院系间比赛和校级比赛所带动的参与学生数量,统计结果见表 5-2。

表 5-2 浙江省高校校内足球活动开展情况

学　校	开设足球课班级数	足球教师数	足球场地数	参加校级足球赛总人次	二级学院足球赛总人次	与足球相关的活动数
88 所高校	1 347	182	147	22 872	29 887	252

打牢普及根基。构建"特色学校＋高校高水平足球运动队＋试点(县)区""三位一体"的校园足球立体推进格局,要求每所校园足球特色学校面向全体学生每周开设一节足球课、组织课余训练和校内联赛、组建校队参加校际联赛。截至 2018 年 12 月,全国青少年校园足球特色学校 566 所、全国青少年校园足球试点县(区)3 个、高校高水平足球运动队 4 所。

3. 以校本课程为根基,完善课余训练、竞赛体系

浙江省各校园足球特色学校结合自身场地、师资、学校规模等客观条件,挖掘符合自身发展的校园足球校本课程,从保证"每周一节足球课、课余训练"到形成"班班有球队,年级有球赛"的规模。同时借鉴教育部《全国青少年校园足球教学指南》《学生足球运动技能等级评定标准》《全国青少年校园足球教学训练竞赛体系建设方案》《中国青少年足球训练体系"165"行动计划》,把握"教学是基础、训练是重点、竞赛是关键"的开展关键要点,持续深化建设"校内竞赛—校际联赛—选拔性竞赛—出国交流比赛"为一体的校园足球竞赛体系,推动校园足球特色学校深入开展校内班级和年级竞赛。在全省广泛开展小学、初中、高中和大学

四级联赛并不断完善联赛制度。各地校园足球四级联赛比赛场次、参赛人数呈现逐年上升趋势,形成"班班参与、校校组织、地方推动、层层选拔、全国联赛"的校园足球竞赛格局,校园足球的育人功能得到进一步发挥。

以2018年为例,浙江省学校体育协会(大学部)足球分会的竞赛安排见表5-3。

表5-3 2018年浙江省大体协足球竞赛安排

时　间	地　点	男　子	女　子
4.21—4.25	杭州·浙江大学	五人制	/
5.27—6.2	台州·台州学院	/	校园组 超级组 高职组
11.1—11.6	杭州·杭州师范大学	超级组	/
11.15—11.21	杭州·浙江金融职业学院	高职组	/
11.29—12.6	温州·温州商学院	校园组	/

以年度进行横向比较,浙江省省级各类比赛的规模不断扩大。自2015年以来各组别比赛参赛队伍数量变化见图5-1、图5-2。

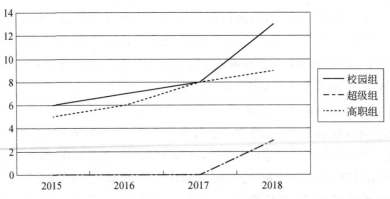

图5-1 2015—2018年浙江省大学生女子足球比赛各组别球队数量变化

此外根据全国大体协的竞赛安排,在省内取得各个组别的冠军或者前三名的学校将代表浙江省参加全国区域赛,晋级则参加全国总决赛。2018年代表浙江省参加全国比赛的统计见表5-4。

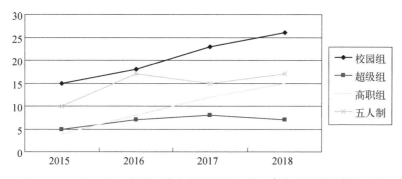

图 5-2 2015—2018 年浙江省大学生男子足球比赛各组别球队数量变化

表 5-4 2018 年代表浙江省参加全国校园足球比赛统计

组　　别	学　　校	全国区域赛	全国总决赛
男子校园组	浙江工业大学	广东珠海·东南赛区	/
男子校园组	浙江理工大学	广东珠海·东南赛区	/
男子校园组	浙江大学	广东珠海·东南赛区	/
男子超级组	宁波大学	上海·南区	上海
男子高职组	浙江金融职业学院	江苏苏州·南区	/
男子五人制	杭州师范大学	湖北武汉·南区	/
女　　子	/	/	/

4. 投入资金落实场地、师资基础

五年来,地方财政、体彩和社会等各方都对校园足球开设扶持资金。各地借国家大力发展足球事业的东风,普遍通过多种资金渠道加大足球场地设施建设力度,这为浙江省足球事业长远发展提供了基础性保障。

加强师资队伍建设和培养培训力度。师资短缺是制约校园足球发展的关键短板。完善校园足球师资培养培训体系,开展校园足球骨干师资国家级培训、新增校园足球特色学校校长和体育教师培训,五年累计培训 1 200 余名体育教师和足球教练员,有力提高了他们的教学技能和专业素养。省学校体育协会(大学部)足球分会举办围绕足球教练员、裁判员的专业培训,这类专业的培训旨在支撑、提高、完善校园足球活动。培训主要内容有:教育厅每年组织高校教练员、裁判员、学生裁判员培训,同时包括参加国家组织的培训、体育局组织的培训共500余人次;每年组织召开一次高校足球年度工作会议,根据工作需求召开足球常委会议、项目赛事领队、教练员联席会议等,每年度约有380人次参加。

5. 造就有益经验和模式

校园足球工作实践中,各个地方和高校在强化顶层设计、完善教学训练竞赛体系、落实综合保障等方面进行结合自身的创新工作,尤其是义乌市在校园足球发展中借助社会力量进行的"政府购买服务"政策,短期内将校园足球活动推向成熟的道路,成为全国校园足球试点区(县),开创了"义乌模式"。

6. 凝练工作经验并把握发展规律

浙江省校园足球历经了五年的探索和发展,形成了具有自身特点的经验和规律。一是加强领导和制度建设,组织与制度先行,组织让活动开展受到重视,制度让活动开展科学有序;二是切实落实"特事特办、先行先试"的原则和要求,赋予校园足球为学校体育改革发展探路的先行先试地位,在经费、政策、师资队伍建设和培养培训等方面特事特办,教育厅党组书记、厅长坚持亲自抓校园足球工作;三是坚持协同推进,抓好校园足球工作绝非教育系统一家的事情,需要和体育局足协以及关心和支持校园足球工作的企业和社会组织等共同协力推进;四是坚持以学生为主体,青少年学生是参与校园足球运动的主体,要坚持以对足球运动的兴趣和爱好为基础,增强校园足球的吸引力、参与性、兴趣性,实现快乐足球、趣味足球;五是**坚持育人价值和功能**,发展校园足球,普及是方向,育人是根本。坚持把校园足球作为教育立德树人的育人工程,作为培育和践行社会主义核心价值观的重要途径,作为培养爱国主义、集体主义和顽强拼搏精神与意志品质的重要方式;六是坚持尊重教育规律和足球运动规律,在校园里开展足球运动,既要尊重教育规律、青少年成长成才规律,又要尊重足球运动规律和优秀足球人才培养与成长规律。

(二)当前校园足球工作存在的突出问题

经过五年的努力,校园足球工作开局良好、发展模式日趋成熟。各级党委和政府对校园足球更重视了,全社会对校园足球更关心了,舆论氛围更浓厚了。但在调研过程中,仍能看到当前校园足球改革发展中存在的主要问题。

一是对校园足球活动的认识有待统一和提高。从活动开展的效果来看,不同的校长对校园足球活动的认识水平不同,直接影响该学校校园足球活动发展的程度。一个好的校长,能够直接带动该校足球活动的开展,即使有的学校校长受学校规模、场地和师资等限制,但仍然能根据自身的情况科学合理地开展足球课、训练和业余比赛。其次,社会上普遍存在"重智育、轻体育"的传统观念,通常以文化课成绩作为评价学生学业的最重要标准,不少家长担心孩子踢足球会影响学业成绩。教育部门和学校需要用翔实的数据、科学的论证有力证明足球等体育活动不仅不会影响学生学习,还会促进成绩提高,促进学生全面发展,提高家长、学生对校园足球综合价值的认识。最后,校园足球活动的各类从业人员应该认识到,校园足球活动不是"一个学校成立一支球队,参加一场比赛",而是从校本课程、课余训练、竞赛安排各个环节着手,抓好普及工作,形成"班班有球队,年级有比赛"的局面。

二是校园足球发展不平衡问题突出。有条件的学校在场地、师资和资金方面都能完全保证校园足球活动的开展,而条件薄弱的地方甚至难以设立校园足球活动专项资金。三年来,各级政府已经在加强校园足球师资的引进、培养、培训等方面下了很大功夫、投入了很大精力和财力,在切实提高校园足球发展的师资、场地、政策和安全保障等方面明显加强,但仍需要久久为功。有些地方在校园足球的教学、课余训练和竞赛组织方面存在不充分、不到位的现象。

三是师资条件短缺状况亟待改善。从走访调研的过程来看,规模大的学校能够引进足球专项教师,该校的校园足球活动进而能走向比较专业的道路。更多的学校则不仅没有足球专项教师,需要普通体育老师教授足球、组织训练和比赛,甚至受教师编制的把控,体育老师的数量也难以保证。在这样的条件下,有些校长重视并且迫切希望开展校园足球活动,该活动的开展就成了巧妇难为无米之炊。这是制约校园足球下一步发展的关键因素。长期以来,学校体育工作属于"小三门",在办学条件、师资配备等方面缺口较大,需要在人员编制、资金投入等方面加大保障力度。

(三)精心谋划今后一个时期校园足球工作

党的十九大确立了中国特色社会主义进入新时代的历史定位,校园足球工作也站在了新时代。下一步,浙江省教育厅将进一步深入学习贯彻落实党的十九大精神,用习近平新时代中国特色社会主义思想武装头脑,坚决贯彻落实习近平总书记重要批示精神,深入领会党的十九大报告蕴含的改革精神、改革部署和改革要求,强化问题意识,突出问题导向,突出"硬、实、新",精心谋划新时代校园足球工作的新思路、新举措,在全面梳理五年来校园足球工作的发展历程、主要成效、有益经验的基础上,把准薄弱环节和关键短板并深入剖析原因,剑指问题,破解矛盾。

1. 强化制度建设,巩固改革成果

在校园足球工作初具规模的基础上,强化制度体系建设,进一步加强对校园足球的组织领导。浙江省要在各布局城市成立校园足球工作领导小组的基础上,各县(市、区)也应成立相应机构,下设办公室,负责指导、部署和协调本地校园足球工作。校园足球领导小组办公室也要确保人员、经费、场所三到位,具体协调落实各项工作任务。

2. 加快整体推进,构建完善体系

一是在推进建设全国校园足球特色学校和试点县(区)的基础上,加强浙江省足球特色学校和试点县(区)的建设,系统规划,坚持标准,进一步高标准扩大规模,进一步打牢普及校园足球的基础。

二是重视教学基础。大力培养培训校园足球师资,引进以及编制校本教材,结合全国校园足球教学视频的推广,在所有校园足球特色学校全面实现校园足球教学标准化,以校园足球教育教学改革带动学校体育改革发展。

三是完善竞赛体系。完善"校内(班级、年级)联赛—校际联赛—选拔性竞赛"为一体的校园足球竞赛体系。加大校园足球普及力度,推动各地切实开展校园足球小学、初中、高中、大学四级联赛,以赛促训,让优秀校园足球运动员在联赛比拼中脱颖而出。

四是打通学生升学通道。借助完善的竞赛体系,打通政策壁垒,扩大浙江省高校足球高水平运动队的招生规模和数量,畅通优秀的足球运动员升入初中、高中、大学的通道,进一步激励更多的青少年学生参加足球运动。

五是强化师资培养。多渠道配备师资,要加大足球专业体育教师的补充力度,提高校园足球专业师资的比例。校园足球特色学校要配备专职足球教师,其他学校要配备具有足球专项的体育教师,负责开展足球教学、指导学生足球队训练、组织学生足球赛事等。学校要落实体育教师(教练员)工作量待遇,鼓励足球教练员、裁判员和经过培训的优秀足球退役运动员以及社会上足球专业水平高、热心于足球和教育事业的志愿人员担任学校兼职足球教师、教练,充实校园足球师资队伍。提高师范院校体育专业学生足球训练水平,多方式培训师资,提升现有体育教师足球教学实践能力,依托省足协、省大中学生足协结合联赛开展。浙江省每年举办足球专项培训班,对专职足球教师和非足球专业的体育教师进行足球教学、训练、裁判和管理的专项培训,提高校园足球师资力量和水平。

六是提升校园足球保障水平。要继续加大投入,建立省财政经常性项目经费、省教育厅教育附加费、省体育局体育彩票基金的政府财政三位一体经费保障机制。各市县也要相应建立校园足球开展的经费保障机制。此外,还要建立以政府财政为主体、社会捐助和企业赞助多渠道筹措资金的经费保障机制,采取灵活多样、合法规范的方式争取热心企业和公益人士对浙江省校园足球的支持,以有效改善校园足球活动的条件。场地设施方面,在实施"全面改薄"和学校标准化建设工作中,加强校园足球场地设施建设。有条件的学校按标准建设足球运动场,条件不具备的学校可先建设满足五人、七人的小型球场。创新管理模式,整合场地资源,特别是积极探索学校与当地社会公共体育场所共建共享机制,结合学校场地设施向社会开放,为学生提供更多的足球场地,以多渠道、灵活多样的方式解决"球在哪儿踢"的问题。

3. 协同部门合作,营造良好环境

校园足球活动的具体工作是教育部门在负责,但在实际实施过程中,教育部门应同有关部门进一步凝聚多方力量,整合各方面社会资源,从足球场地设施建设、资金投入、运动员意外伤害保险等方面加大综合保障体系建设,切实满足参与校园足球运动学生的发展成长预期,保障他们的积极性和安全健康。特别是和足球协会、学生体协足球分会协同合作,在教学、训练、竞赛、教练员培训等方面相互扶持,向其寻求专业技术支持。

二、以全面人才培养为核心的校园足球发展理念

2009年4月,国家体育总局和教育部联合下发了《关于开展全国青少年校园足球活动的通知》,我国的校园足球模式从此开启。《中国足球改革发展总体方案》出台后,于2015年7月教育部等6部委联合下发了《关于加快发展青少年校园足球的实施意见》,明确了教育部门牵头,履行好青少年校园足球的主管责任,负责校园足球的统筹规划、宏观指导和综合管理,而体育部门则发挥足球运动专门人才和专项资源的优势,加强技术指导、行业支持和相关配套服务。2015年后,学校明确地成了校园足球的主要实施单位,校园足球从体育部门牵头转到教育部门,并不仅仅只是职能部门的转变,而是校园足球发展的理念有了本质的改变。2009年由体育总局牵头下的校园足球,强调的是以足球后备力量建设为核心的校园足球,突出以足球运动项目水平促进为基点的体育学校和足球学校的发展,而由教育部门牵头下的校园足球,则是以人才培养为核心的校园足球发展理念,足球后备力量只是整个人才培养体系中的较小部分。2019年12月20日,全国青少年校园足球专家委员会副主任委员李春满,指出中国足球发展恰恰需要储备更多的普及人才,更需通过教体结合来培养高质量的精英人才。

根据国际足联的统计数据显示,全世界足球人口中青少年就占了80%,而职业球员人数仅占足球人口的0.2%,足以可见每位青少年足球运动参与者,要成为职业足球运动员是个小概率事件,也就是说很难成为职业运动员和国家队队员。从需要关注青少年足球运动所有参与者的发展来认识,体育本身就是教育的一个方面,也是教育的手段,体育不能与教育隔离,所以育人是校园足球的本质,培养德才兼备的球员应是我国校园足球最重要的目标。校园足球的后备人才培养工作也是我国竞技体育改革的示范项目,除了先行的职业化外,还须把竞技体育回归教育体系,树立以全面人才培养为核心的校园足球。于2009年开始兴起的校园足球,客观上是由体育部门牵头,这样就自然地使人才培养的核心定位在了足球运动后备力量培养上。2006年12月教育部所发起的阳光体育是倡议快乐足球,其人才培养的核心是定位在全体学生体质健康的增强上,因此人才培养上的指导思想偏差,导致了一开始校园足球的重点建设是足球队并以争取获得好名次为标志的急功近利做法,被误认为这就是校园足球开展的基本形式,从而导致过去错误的重复出现。真正意义上的校园足球,就是体教结合,而这个结合是人才培养指导思想上的殊途同归,而非仅仅形式上的配合。自1997年以来,英国足总放弃了传统式的选才方法来挖掘青少年足球人才的模式,而采用协助学校和社区的青少年积极参与足球训练方法,提高足球人口数量,以促进青少年足球运动的全面开展[1]。在学校、社区、职业足球联盟及非政府组织的联合互动下,实现对校园足球、社区足球和职业足球发展的整合。这样不但为全体在校学生提供健身的基础服务,也能为精英球员提供更高水平的训练和比赛机会。但即使有足球天赋的青少年,按英国相关部门规定,义务教育阶段必须以文化学习为主,如果要进入足球学校,其前提是保证学业,所以按目前中国普遍让有足球运动天赋的学生单招挂靠大学读书的现象,完全是背离全面人才培养的理念。日本跟英国在这个问题的操作上完全一致,都严格遵循一个原则:先学业,再事业。这样在某种程度上保证了日本、英国职业足球运动员的文化素质和职业发展起点,与中国式的"先踢球,再读书"的人才培养理念及培养模式有着天壤之别[2]。校园足球在全面人才培养的指导思想下,面向全体学生构建以课程为框架的足球运动的教学思想和教学理念,重点是增强学生对足球运动的兴趣和激情,这样才能做到真正促进学生的身心健康发展,同时加强学生的足球意识,把

---

① 舒川,吴燕丹.本土化视角下我国校园足球发展路径研究[J].中国体育科技,2015,51(6):38-43.
② 张明,李政.中日校园足球后备人才培养的分析及其启示[J].体育科学研究,2018,22(3):75-79.

校园足球开展作为一个青少年人才培养的基础平台,并成为一个体系。而职业足球的青训、社会足球的业余培训则成为校园足球体系的补充,同时通过足球职业俱乐部的足球运动专业性来指导校园足球,进行训练体系的有效补充。

三、促进校园足球开展的政策及机构

从 2015 年 3 月 8 日《国务院办公厅关于印发中国足球改革发展总体方案的通知》下发开始,截至 2018 年 12 月底,课题组梳理了相关政府机构出台的校园足球开展的政策文件见表 5-5。

表 5-5 校园足球开展行政文件一览

序号	文件名称	文件号	时间	机构	简述
1	中国足球改革发展总体方案(简称《总体方案》)	国办发〔2015〕11号	2015-3-8	国务院办公厅	方案共十大部分,其中第五部分专题针对改革推进校园足球发展
2	教育部等6部门关于加快发展青少年校园足球的实施意见(简称《实施意见》)	教体艺厅函〔2015〕6号	2015-7-22	教育部、国家发展改革委、财政部、新闻出版广电总局、体育总局、共青团中央	为落实《总体方案》而提出具体校园足球发展的实施意见,既是校园足球开展的中长期纲领性规划,又是具体实施的方案和要求
3	教育部办公厅体育总局办公厅中央电视台关于印发《2015年"谁是球王"青少年校园足球竞赛活动规程》的通知	教体艺厅函〔2015〕26号	2015-6-2	教育部、体育总局、中央电视台	贯彻落实《总体方案》和全国校园足球工作电视电话会议精神,深入推动青少年校园足球、深化学校体育改革、夯实中国足球发展基础
4	教育部办公厅关于开展全国青少年校园足球骨干师资国家级专项培训的通知	教体艺厅函〔2015〕27号	2015-6-12	教育部	为贯彻落实《总体方案》,提高校园足球有关从业人员工作能力和综合素养

续表

序号	文件名称	文件号	时间	机构	简述
5	教育部关于公布2015年全国青少年校园足球特色学校及试点县(区)名单的通知	教体艺厅函〔2015〕5号	2015-8-25	教育部	自主申报,省级教育行政审核推荐,教育部组织专家综合认定全国校园足球特色学校
6	教育部办公厅关于做好2016年全国青少年校园足球特色学校及试点县(区)遴选工作通知	教体艺厅函〔2016〕2号	2016-3-9	教育部	为贯彻落实《总体方案》《实施意见》,加快推进校园足球普及
7	关于印发中国足球中长期发展规划(2016—2050年)的通知	发改社会〔2016〕780号	2016-4-6	国家发展改革委、国务院足球改革办、体育总局、教育部	把校园足球作为规划重点;近期(2016—2000年)和中期(2001—2030年)目标上有具体实现指标;突出培养人才队伍、建设场地设施、校园足球四级联赛上的规划内容
8	教育部办公厅关于组织开展加快发展青少年校园足球重点督察工作的通知	教体艺厅函〔2016〕7号	2016-4-28	教育部	根据中央深化改革领导小组《关于及时、扎实开展出台改革举措落实情况督察工作的通知》要求,促进校园足球改革举措落地生根
9	全国足球场地设施建设规划(2016—2020年)	发改社会〔2016〕987号	2016-5-9	国家发展改革委、体育总局、教育部、国务院足球改革办	主要内容为全国建设足球场地6万块,其中校园足球场地4万块
10	教育部办公厅关于印发《全国青少年校园足球教学指南(试行)》和《学生足球运动等级评定标准(试行)》的通知	教体艺厅函〔2016〕4号	2016-6-30	教育部	深化校园足球教学改革,规范和指导中小学积极开展教学活动,大力提升校园足球教学质量,培养德智体全面发展的足球人才

续 表

序号	文件名称	文件号	时间	机构	简述
11	教育部关于公布2016年全国青少年校园足球特色学校及试点县（区）名单的通知	教体艺厅函〔2016〕1号	2016-7-4	教育部	贯彻落实《总体方案》《国务院办公厅关于强化学校体育促进学生身心健康全面发展的意见》《实施意见》，发布第二批校园足球特色学校名单，是加快普及发展的示范典型
12	教育部办公厅关于开展2016年全国青少年校园足球骨干师资国家级专项培训的通知	教体艺厅函〔2016〕23号	2016-7-7	教育部	贯彻落实《总体方案》《国务院办公厅关于强化学校体育促进学生身心健康全面发展的意见》《实施意见》，不断加强校园足球师资队伍建设，提高从业人员工作能力和综合素质。培训对象分骨干教师、中小学校长、裁判员、退役运动员、体育教研员、优秀教练员
13	教育部办公厅关于加强全国青少年校园足球改革试验区、试点县（区）工作的指导意见	教体艺厅函〔2017〕1号	2017-2-17	教育部	把校园足球纳入地方发展规划和年度工作计划，要求校园足球特色学校占当地学校数的60%以上，出台《全国青少年校园足球教学指南（试行）》《学生足球运动技能等级评定标准（试行）》。配齐配强足球教师，加大场地建设力度，加大经费投入、强化安全意识
14	教育部办公厅关于做好2017年全国青少年校园足球特色学校与试点县（区）遴选工作的通知	教体艺厅函〔2017〕13号	2017-3-22	教育部	加快推进校园足球的普及，继续遴选校园足球特色学校和足球试点县（区）

续 表

序号	文件名称	文件号	时间	机构	简述
15	教育部办公厅关于印发《全国青少年校园足球工作领导小组第二次会议纪要》的通知	教体艺厅函〔2017〕4号	2017-3-23	教育部	深入贯彻落实习近平总书记、李克强总理和刘延东副总理等关于发展校园足球工作主要批示、指示精神,总结2016年校园足球工作,布置2017年校园足球工作;听取《拟与有关国家签署校园足球发展合作 解备忘录说明》《全国青少年校园足球教学训练竞赛体系建设方案》
16	教育部办公厅关于做好全国青少年校园足球特色学校复检的通知	教体艺厅函〔2017〕27号	2017-5-16	教育部	为提高校园足球特色学校建设质量,对2015、2016年的全国校园足球特色学校进行复检
17	教育部关于公布2017年全国青少年校园足球特色学校及试点县(区)名单的通知	教体艺厅函〔2017〕7号	2017-7-3	教育部	认定了6837所中、小学为全国青少年校园足球特色学校,33个县(区)为全国青少年校园足球试点县(区)
18	关于同意设立全国青少年校园足球改革试验区的函	教体艺厅函〔2017〕43号	2017-9-29	全国校园足球工作领导小组办公室	批复同意上海市、云南省、深圳市、武汉市、成都市、郑州市、兰州市、滨州市为全国青少年校园足球改革试验区
19	教育部办公厅关于召开全国青少年校园足球工作领导小组第三次会议的通知	教体艺厅函〔2017〕64号	2017-12-21	教育部	总结2015—2017年校园足球工作,部署2018年工作。审议《教育部关于加快校园足球场地建设指导意见》《全国青少年校园足球夏令营活动规则与运动员等级认定》

续　表

序号	文件名称	文件号	时　间	机　构	简　述
20	教育部办公厅国家外国专家局办公室关于组织申报聘请校园足球外籍老师支持项目通知	教体艺厅函〔2018〕8号	2018-2-2	教育部、国家外国专家局	引导全国地方积极引进国外的先进经验，大力推动校园足球的普及发展
21	教育部办公厅关于做好全国青少年校园足球特色学校、试点县(区)创建(2018—2025)和2018年"满天星"训练营遴选工作的通知	教体艺厅函〔2018〕17号	2018-3-22	教育部	加快推进校园足球的普及并提高特色学校建设质量和水平，同时加快推进中国特色青少年校园足球训练竞赛体系和足球后备人才培养体系建设
22	教育部办公厅关于加强全国青少年校园足球特色学校建设质量管理与考核的通知	教体艺厅函〔2018〕18号	2018-3-22	教育部	对2015、2016、2017年已认定的校园足球特色学校，进行建设质量管理和考核，并形成退出机制
23	教育部办公厅关于组织开展全国青少年校园足球师资国家级专项培训的通知	教体艺厅函〔2018〕36号	2018-5-31	教育部	考虑校园足球师资的不同特点和发展实际，分层分类分级提高校园足球特色学校体育教师的理论水平、教学技能、管理能力
24	教育部关于公布第二届全国青少年校园足球专家委员会委员名单的通知	教体艺厅函〔2018〕7号	2018-6-14	教育部	第一届全国青少年校园足球专家委员会任期届满后的正常换届
25	教育部办公厅关于组织申报全国青少年校园足球改革试验区的通知	教体艺厅函〔2018〕52号	2018-8-3	教育部	2015年和2017年有12个地区成了校园足球改革试验区，示范带动了全国青少年校园足球整体发展，扎实推进新时代的校园足球工作

续表

序号	文件名称	文件号	时间	机构	简述
26	教育部关于印发《全国青少年校园足球改革试验区基本要求(试行)》和《全国青少年校园足球试点县(区)基本要求(试行)》的通知	教体艺厅函〔2018〕3号	2018-8-20	教育部	为规范全国青少年校园足球改革试验区的校园足球工作,推动全国青少年校园足球改革试验区积极完善校园足球八大发展体系
27	教育部关于公布2018年全国青少年校园足球特色学校、试点县(区)和"满天星"训练营遴选结果名单的通知	教体艺厅函〔2018〕11号	2018-9-10	教育部	夯实校园足球开展工作基础,加快改革发展步伐,完善政策措施,加大校园足球教学、训练、竞赛、招生、经费和条件保障等方面支持力度
28	教育部办公厅关于组织开展2018年全国青少年校园足球教练员国家级专项培训	教体艺厅函〔2018〕67号	2018-9-21	教育部	为提升校园足球教练员专项业务和专业素质
29	关于同意设立全国青少年校园足球改革试验区的函	教体艺厅函〔2018〕84号	2018-11-28	全国青少年校园足球工作领导小组办公室	发挥各省、自治区、直辖市党委和政府的资源优势,推动校园足球全面深化改革,提高校园足球工作质量和水平,探索和积累校园足球深化改革的有益经验
30	教育部关于继续开展全国青少年校园足球师资国家级专项培训的通知	教体艺厅函〔2019〕5号	2019-1-17	教育部	以骨干教师、管理干部为培训对象,提升理论修养、业务和专业素质、领导能力、决策水平

第五章　中国特色校园足球发展

续　表

序号	文件名称	文件号	时间	机构	简述
31	教育部办公厅关于开展足球特色幼儿园试点工作的通知	教体艺厅函〔2019〕24号	2019-3-26	教育部	加快推进校园足球普及,夯实校园足球发展根基
32	全国青少年校园足球工作领导小组关于做好2019年校园足球工作的通知	教体艺厅函〔2019〕2号	2019-3-26	教育部	扎实推进全国青少年校园足球"八大体系"建设,完善校园足球顶层设计,打牢教学根基,丰富课余训练,完善竞赛体系,加强校园足球科研平台建设,做好队伍建设、改善场地设施条件、健全激励机制、完善保险制度等保障工作
33	教育部办公厅关于开展2019年全国青少年校园足球特色学校、试点县（区）和"满天星"训练营创建工作的通知	教体艺厅函〔2019〕34号	2019-5-7	教育部	引导地方和学校开展校园足球教学、训练、竞赛活动,加强体育示范和场地建设,让广大学生享受足球乐趣、增强体质、健全人格、锤炼意志,并为优秀足球后备人才成长开辟新道路
34	教育部办公厅关于组织申报校园足球外籍教师支持项目的通知	教体艺厅函〔2019〕39号	2019-5-29	教育部、科技部	贯彻全国教育大会精神,落实《总体方案》和《实施意见》,引导全国地方引进国外先进经验,并加强校园足球的师资队伍建设
35	教育部办公厅关于组织开展2019年全国青少年校园足球师资和教练员国家级专项培训的通知	教体艺厅函〔2019〕44号	2019-7-04	教育部	贯彻全国教育大会精神,落实《总体方案》和《实施意见》,全面提升足球师资队伍思想、业务、专业素质,提升管理干部理论修养、领导能力、决策水平

2015年1月,经国务院同意,由教育部牵头成立了全国青少年校园足球工作领导小组(简称领导小组),领导小组为全国青少年校园足球工作协调、议事和决策机构,组长由教育部长担任,副组长各由一名教育部副部长和体育总局副局长担任,成员由教育部、国家发展改革委、财政部、新闻出版广电总局、体育总局、共青团中央等部门一名相关司局级领导同志担任,办公室主任由教育部体育卫生与艺术教育司司长担任。领导小组成员虽然为政府官员的职务兼职,但自中国足协完全脱钩政府机构后,领导小组成了唯一全国性的足球运动专项治理具有政府管理职能的机构,毫无疑问历史决定了校园足球开展成了政府行为,由此校园足球也历史性地成了国家战略。领导小组的主要任务是贯彻落实国家有关学校体育和校园足球的法律法规、方针政策和重要文件精神,审议全国青少年校园足球的规章制度和管理办法,研究决定全国青少年校园足球的重大政策和发展事项,部署全国青少年校园足球年度工作计划,负责全国校园足球的规划和指导,检查督促校园足球开展情况,审议全国校园足球经费预算和决算。领导小组五年来所做工作,通过所颁发的近40份文件可见一斑。首先对开展校园足球指明了指导思想、目标、目的和任务;用宏观手段针对校园足球开展所碰到的问题和遇见的难题,通过调控人力资源、经费资源、物质资源、信息资源等积极推进;以发动多部门管理机构的协调作用,规范运行而不失制约,健全校园足球正常运行的多维保障体系[1],构建有效激励机制、完善协同治理制度、强化监督评估制度[2],把校园足球放在体育强国、足球振兴、学生体质增强的背景下,切实促进校园足球的持续发展,久久为功,不辱使命。

四、校园足球发展规模及内在联系

经过2015年至2018年四年多的努力,我国校园足球特色学校经历了跨越式发展。我国校园足球特色学校着力体现出"足球育人"理念融入学校整体长远发展规划,它与足球传统学校和足球学校有着本质区别[3]。

我国高中、初中、小学校园足球特色学校共28 377所,如果按完全中学、9年一贯制、12年一贯制分别表示为一所特色学校计,则为24 100多所(来自2019

---

[1] 谭嘉辉,陈平,部义峰,周兴生.全面风险管理视角下我国校园足球绩效评价和治理对策研究[J].北京体育学院学报,2018,41(09):96-103.

[2] 戴狄夫,金育强.我国校园足球政策执行的利益辨识与制度规引[J].武汉体育学院学报,2018,52(10):38-43.

[3] 赵治治,高峰,孙亮,张磊,纪智慧.我国青少年校园足球特色学校的建设:概念、特征、反思[J].首都体育学院学报,2018,30(03):115-119.

年2月26日人民网专访教育部体卫艺司司长王登峰)。完全中学,包含高中和初中,如温州市第二十一中学,设有初中、普通高中(澳大利亚高中),本课题数据汇总时将其界定为一所初中足球特色学校,再加一所高中足球特色学校;9年一贯制学校,如杭州市文海实验学校,是由2004年8月创办的杭州文海实验中学和2006年9月创办的杭州市文海中学合并而成的九年一贯制学校,同样汇总时将其界定为一所小学足球特色学校,再加一所初中足球特色学校;12年一贯制学校,如杭州绿城育华桃花源学校,成立于2004年9月,为一所从小学一年级至高中三年级共12个年级的12年一贯制学校,汇总时将其界定为3所足球特色学校。享有高校高水平足球运动员招生的大学,也应该作为校园足球的一部分,而且是处于顶端的校园足球特色学校。截至2018年底,全国共有152所校园足球特色高校(根据教育部阳光高考信息平台公布2018年有资格举办高水平运动队的高等学校名单及运动项目)。总体全国校园足球特色学校汇总如表5-6所示。

对表5-6的全国校园足球特色学校进行主成分分析。用SPSS软件将表5-6的exl格式建模成数据SAV格式,为了消除变量对量纲分析结果影响,首先需要对数据进行标准化处理。因为在SPSS中的主成分分析与因子分析基本类似,所以主成分分析的操作参照因子分析进行。在数据视图窗口下,选择"分析>降准>因子分析",得出SPSS结果如下。

(1) 相关性矩阵。通过SPSS软件对全国校园足球特色学校汇总原始数据进行了标准化处理,然后计算得出各指标之间的相关数矩阵,结果见表5-7。

(2) KMO和巴特利特检验,如表5-8所示。通过KMO和巴特利检验,得到KMO为0.816,Bartlett球形检验的卡方为544.545,且显著度的概率为0.000,小于0.001,为高显著度,因此认为变量适宜采用因子分析法。

(3) 公因子方差。变量共同度用公因子的方差来表示,显示各变量所包含的信息,能被提取出来的公因子表示程度如表5-9所示。本例中公因子方差都在80%以上的有6项,即高中2017、初中2015、初中2016、初中2017、初中2018、小学2018。

(4) 总方差解释。表5-10的"初始特征值"一栏显示只有前2个特征值大于1,所以SPSS只选择了前2个主成分,在"提取载荷平方和"一栏显示第一个主成分的方差贡献率为67.087%,前两个主成分的方差占所有主成分方差的77.858%。由此可见,选择前面二个主成分已经足够替代原来的变量,也就是说几乎涵盖原来变量的全部信息。

表5-6 全国校园足球特色学校(汇总)

序号	省份	高中					初中					小学					合计	大学
		高2015	高2016	高2017	高2018	小计	初2015	初2016	初2017	初2018	小计	小2015	小2016	小2017	小2018	小计		
1	北京	1	29	24	12	66	2	37	41	18	98	33	50	65	28	176		14
2	天津	20	10	10	10	50	32	12	23	20	87	56	20	46	34	156		2
3	河北	94	37	27	17	175	207	96	87	68	458	322	159	178	144	803		3
4	山西	95	11	22	21	149	155	48	72	34	309	195	92	137	52	476		6
5	内蒙古	103	45	47	28	223	224	34	86	79	423	371	63	143	121	698		6
6	辽宁	55	22	38	20	135	142	72	115	73	402	245	87	192	127	651		3
7	吉林	27	7	34	6	74	62	47	70	17	196	102	73	109	35	319		8
8	黑龙江	32	26	32	17	107	65	39	86	50	240	88	62	106	71	327		3
9	上海	22	12	18	11	63	37	19	45	35	136	45	24	72	41	182		9
10	江苏	90	28	71	33	222	217	77	178	120	592	388	98	405	205	1 096		12
11	浙江	19	19	32	12	82	39	45	86	39	209	86	85	204	55	430		4
12	安徽	86	26	30	32	174	180	92	97	106	475	238	143	133	125	639		2

续表

序号	省份	高中 高2015	高中 高2016	高中 高2017	高中 高2018	高中 小计	初中 初2015	初中 初2016	初中 初2017	初中 初2018	初中 小计	小学 小2015	小学 小2016	小学 小2017	小学 小2018	小学 小计	合计	大学
13	福建	95	40	47	17	199	147	53	83	41	324	187	62	122	55	426		5
14	江西	77	52	25	19	173	144	84	69	70	367	166	121	104	88	479		4
15	山东	47	43	50	32	172	127	108	153	140	528	197	146	257	194	794		10
16	河南	115	56	53	13	237	258	148	164	60	630	421	237	276	119	1053		5
17	湖北	37	38	31	27	133	85	115	116	62	378	117	139	220	74	550		7
18	湖南	62	36	50	36	184	127	102	140	71	440	198	154	209	108	669		9
19	广东	78	75	60	78	291	135	126	120	143	524	174	166	184	258	782		6
20	广西	51	36	26	12	125	72	51	73	39	235	88	64	87	56	295		2
21	重庆	83	42	10	0	135	111	57	17	0	185	164	39	29	0	232		3
22	四川	227	64	50	25	366	316	116	155	76	663	329	129	266	79	803		5
23	贵州	110	28	14	12	164	73	64	85	28	250	69	58	110	36	273		2
24	云南	161	27	34	28	250	77	70	88	71	306	21	93	112	83	309		5

续表

序号	省份	高2015	高2016	高2017	高2018	小计	初2015	初2016	初2017	初2018	小计	小2015	小2016	小2017	小2018	小计	合计	大学
25	陕西	52	32	34	15	133	94	62	89	37	282	162	109	198	47	516		6
26	甘肃	54	37	42	19	152	77	52	68	54	251	126	80	82	54	342		4
27	青海	7	8	13	4	32	8	13	16	3	40	2	20	31	9	62		0
28	宁夏	19	6	14	1	40	31	19	19	11	80	36	27	41	30	134		1
29	新疆	59	19	27	7	112	141	56	80	26	303	168	53	114	40	375		3
30	海南	6	17	29	6	58	6	22	56	19	103	5	12	43	6	66		2
31	西藏	12	6	5	0	23	14	12	14	0	40	3	6	20	0	29		0
32	建设兵团	12	5	6	0	23	40	17	26	2	85	38	7	25	4	74		1
	小计	2 008	939	1 005	570	4 522	3 445	1 965	2 617	1 612	9 639	4 840	2 678	4 320	2 378	14 216	28 377	152

110

表 5-7 相关性矩阵(全国校园足球特色学校)

		高中 2015	高中 2016	高中 2017	高中 2018	初中 2015	初中 2016	初中 2017	初中 2018	小学 2015	小学 2016	小学 2017	小学 2018	大学
相关系数	高中 2015	1	0.609	0.453	0.381	0.804	0.591	0.557	0.439	0.615	0.509	0.475	0.367	0.07
	高中 2016	0.609	1	0.642	0.657	0.652	0.784	0.61	0.646	0.589	0.704	0.502	0.617	0.269
	高中 2017	0.453	0.642	1	0.713	0.64	0.661	0.876	0.793	0.691	0.667	0.824	0.783	0.559
	高中 2018	0.381	0.657	0.713	1	0.435	0.643	0.637	0.873	0.407	0.627	0.552	0.86	0.401
	初中 2015	0.804	0.652	0.64	0.435	1	0.706	0.726	0.599	0.943	0.688	0.7	0.596	0.193
	初中 2016	0.591	0.784	0.661	0.643	0.706	1	0.828	0.721	0.661	0.946	0.738	0.707	0.318
	初中 2017	0.557	0.61	0.876	0.637	0.726	0.828	1	0.797	0.735	0.803	0.939	0.765	0.484
	初中 2018	0.439	0.646	0.793	0.873	0.599	0.721	0.797	1	0.602	0.714	0.73	0.953	0.423
	小学 2015	0.615	0.589	0.691	0.407	0.943	0.661	0.735	0.602	1	0.691	0.758	0.649	0.291
	小学 2016	0.509	0.704	0.667	0.627	0.688	0.946	0.803	0.714	0.691	1	0.74	0.721	0.335
	小学 2017	0.475	0.502	0.824	0.552	0.7	0.738	0.939	0.73	0.758	0.74	1	0.737	0.532
	小学 2018	0.367	0.617	0.783	0.86	0.596	0.707	0.765	0.953	0.649	0.721	0.737	1	0.411
	大学	0.07	0.269	0.559	0.401	0.193	0.318	0.484	0.423	0.291	0.335	0.532	0.411	1

续 表

显著性(单尾)	高中2015	高中2016	高中2017	高中2018	初中2015	初中2016	初中2017	初中2018	小学2015	小学2016	小学2017	小学2018	大学
高中2015		0	0.005	0.016	0	0	0	0.006	0	0.001	0.003	0.019	0.351
高中2016	0		0	0	0	0	0	0	0	0	0.002	0	0.069
高中2017	0.005	0		0	0	0	0	0	0	0	0	0	0
高中2018	0.016	0	0		0.006	0	0	0	0.01	0	0.001	0	0.011
初中2015	0	0	0	0.006		0	0	0	0	0	0	0	0.145
初中2016	0	0	0	0	0		0	0	0	0	0	0	0.038
初中2017	0	0	0	0	0	0		0	0	0	0	0	0.003
初中2018	0.006	0	0	0	0	0	0		0	0	0	0	0.008
小学2015	0	0	0	0.01	0	0	0	0		0	0	0	0.053
小学2016	0.001	0	0	0	0	0	0	0	0		0	0	0.03
小学2017	0.003	0.002	0	0.001	0	0	0	0	0	0		0	0.001
小学2018	0.019	0	0	0	0	0	0	0	0	0	0		0.01
大学	0.351	0.069	0	0.011	0.145	0.038	0.003	0.008	0.053	0.03	0.001	0.01	

表 5-8 KMO 和巴特利特检验

KMO 取样适切性量数		0.816
Bartlett 的球形度检验	上次读取的卡方	544.545
	自由度	78
	显著性	0

表 5-9 公因子方差

	初始值	提 取		初始值	提 取
高中 2015	1	0.762	初中 2018	1	0.855
高中 2016	1	0.64	小学 2015	1	0.784
高中 2017	1	0.823	小学 2016	1	0.769
高中 2018	1	0.728	小学 2017	1	0.778
初中 2015	1	0.915	小学 2018	1	0.845
初中 2016	1	0.803	大学	1	0.553
初中 2017	1	0.866			

提取方法：主成分分析。

表 5-10 总方差解释

组件	初始特征值			提取载荷平方和		
	总 计	方差百分比	累积%	总 计	方差百分比	累积%
1	8.721	67.087	67.087	8.721	67.087	67.087
2	1.4	10.771	77.858	1.4	10.771	77.858
3	0.906	6.972	84.83			
4	0.557	4.282	89.112			
5	0.532	4.095	93.207			

续 表

组件	初始特征值			提取载荷平方和		
	总 计	方差百分比	累积%	总 计	方差百分比	累积%
6	0.33	2.537	95.744			
7	0.253	1.943	97.686			
8	0.113	0.87	98.556			
9	0.078	0.598	99.155			
10	0.048	0.373	99.527			
11	0.033	0.256	99.784			
12	0.018	0.14	99.924			
13	0.01	0.076	100			

提取方法：主成分分析。

（5）成分矩阵。成分矩阵所显示的是在没有旋转情况下的因子载荷，每个因子在不同原始变量上的载荷如表 5-11 所示。

表 5-11 成分矩阵

	组 件			组 件	
	1	2		1	2
初中 2017	0.929	0.056	初中 2015	0.824	-0.485
初中 2016	0.887	-0.123	小学 2015	0.821	-0.332
初中 2018	0.885	0.268	高中 2016	0.783	-0.164
高中 2017	0.881	0.217	高中 2018	0.776	0.355
小学 2017	0.877	0.091	高中 2015	0.646	-0.588
小学 2018	0.875	0.282	大学	0.477	0.571
小学 2016	0.874	-0.073			

提取方法：主成分分析。已提取 2 个成分。

(6) 成分得分系数矩阵。成分得分学数矩阵显示了 2 个主成分与 13 个变量间的关系,据此可以写出各个公因子的表达式。需要注意的是,表达式中的各个变量已不是原始变量而是标准化后的变量,具体如表 5-12 所示。

表 5-12 成分得分系数矩阵

	组件			组件	
	1	2		1	2
高中 2015	0.074	−0.42	初中 2018	0.101	0.191
高中 2016	0.09	−0.117	小学 2015	0.094	−0.237
高中 2017	0.101	0.155	小学 2016	0.1	−0.052
高中 2018	0.089	0.254	小学 2017	0.101	0.065
初中 2015	0.095	−0.347	小学 2018	0.1	0.201
初中 2016	0.102	−0.088	大学	0.055	0.408
初中 2017	0.107	0.04			

提取方法:主成分分析。组件评分。

(7) 主成分因子表达式。描述主成分因子的表达式结合主成分得分学数矩阵,得到的两个主成分因子的表达式如表 5-13。

表 5-13 主成分因子表达式

F_1	$=0.074\times X_{高2015}$ $+0.095\times X_{初2015}$ $+0.094\times X_{小2015}$ $+0.055\times X_{大学}$	$+0.090\times X_{高2016}$ $+0.102\times X_{初2016}$ $+0.100\times X_{小2016}$	$+0.101\times X_{高2017}$ $+0.107\times X_{初2017}$ $+0.101\times X_{小2017}$	$+0.089\times X_{高2018}$ $+0.101\times X_{初2018}$ $+0.100\times X_{小2018}$
F_2	$=-0.420\times X_{高2015}$ $-0.347\times X_{初2015}$ $-0.237\times X_{小2015}$ $+0.408\times X_{大学}$	$-0.117\times X_{高2016}$ $-0.088\times X_{初2016}$ $-0.052\times X_{小2016}$	$+0.155\times X_{高2017}$ $+0.040\times X_{初2017}$ $+0.065\times X_{小2017}$	$+0.254\times X_{高2018}$ $+0.191\times X_{初2018}$ $+0.201\times X_{小2018}$

为了对全国各省市校园足球学校情况做进一步的分析,对提取的两个公共因子采用平均值的方式计算因子得分学数,求出各省市足球特色学校的两个主因子得分 F,得出模型效果,具体见表 5-14。

表 5-14 各省市校园足球特色学校竞争力主因子得分、综合得分及排名

类别	省市名称	F1	排名	F2	排名	综合得分	排名
1	广东	1.8766	1	1.7293	3	1.8029	1
1	江苏	1.8099	2	1.3277	4	1.5688	2
1	山东	1.3712	5	1.7335	2	1.5524	3
2	湖南	0.9583	6	0.9347	6	0.9465	4
2	湖北	0.4971	10	0.7243	7	0.6107	5
2	北京	−0.7126	24	1.8802	1	0.5838	6
2	辽宁	0.4167	11	−0.0120	15	0.2024	7
2	浙江	−0.3129	18	0.6691	9	0.1781	8
2	上海	−0.8548	26	1.1579	5	0.1516	9
2	安徽	0.6598	9	−0.4558	22	0.1020	10
2	陕西	0.0666	15	0.1143	14	0.0904	11
2	吉林	−0.5317	23	0.6971	8	0.0827	12
2	内蒙古	0.6905	8	−0.5463	25	0.0721	13
2	黑龙江	−0.3263	19	0.4261	11	0.0499	14
2	云南	0.1732	13	−0.1113	18	0.0310	15
2	甘肃	−0.1201	17	0.1680	12	0.0240	16
2	河南	1.6959	3	−1.6617	31	0.0171	17
3	江西	0.2865	12	−0.5768	26	−0.1451	18
3	福建	0.1452	14	−0.5048	24	−0.1798	19
3	河北	0.7351	7	−1.1746	29	−0.2197	20
3	山西	−0.0944	16	−0.4731	23	−0.2837	21
3	广西	−0.3898	21	−0.2561	19	−0.3230	22
3	海南	−1.1168	27	0.4525	10	−0.3321	23

续　表

类别	省市名称	F1	排　名	F2	排　名	综合得分	排　名
3	四　川	1.614 8	4	−2.458 5	32	−0.421 9	24
	天　津	−1.194 8	28	0.132 3	13	−0.531 3	25
	新　疆	−0.342 7	20	−0.723 8	27	−0.533 2	26
	贵　州	−0.411 1	22	−0.906 2	28	−0.658 7	27
	宁　夏	−1.291 7	29	−0.110 8	17	−0.701 3	28
	青　海	−1.462 3	31	−0.027 8	16	−0.745 0	29
	建设兵团	−1.459 3	30	−0.291 8	21	−0.875 6	30
	西　藏	−1.598 0	32	−0.267 8	20	−0.932 9	31
4	重　庆	−0.778 1	25	−1.587 9	30	−1.183 0	32

表 5-14 所示为全国青少年校园足球特色学校经过数据统计后的因子分析最终结果,把全校园足球特色学校按省、市、自治区的行政管辖分成四大类,为进行宏观发展评判提供依据。第 1 类为广东、江苏、山东,校园足球发展态势最好,不但总规模大,校园足球特色学校多,而且健康发展能持续,特别是广东省,中小学校园足球特色学校稳步增加,表现出非常强劲的发展势头。同时,小学、初中、高中的发展较为均衡,为整个学生足球运动员的升学通道流畅创造了条件。第 2 类属于校园足球发展较好的省市自治区,有人口规模占优势的省份如湖南、湖北、河南、安徽,有传统的我国足球运动强省市如辽宁、吉林、北京、上海,还有较多高校、高水平足球运动队建设点的省市如北京、上海,这类省市校园足球的发展很大程度上源于所在地的教育、体育及文化相对发达。第 3 类为校园足球发展一般的省市,大多属于经济欠发达、人口规模相对较小,总体教育、体育、文化发展且较为落后的省市,这些省市校园足球本身内部结构发展不协调。如将排名第 31 的西藏和排名第 32 的重庆(为第 4 类校园足球发展较差的省市)比较,重庆为西藏人口的十倍,社会经济和文化教育、体育发展更是大大领先于西藏,理应作为直辖市的重庆应该有较好的发展,但结果显示其青少年校园足球发展还不如西藏,最主要的原因是 2018 年重庆校园足球特色学校建设为零,同样西藏也为零,但由于最初校园足球的特色学校的基数不在一个级别上,重庆是

典型的虎头蛇尾式地发展校园足球。一方面校园足球特色学校的数量为各省市本身学校数所左右,另一方面也需要通过《全国校园足球特色学校基本标准(试行)》来认定。特色学校命名来之不易,目前特色学校占比达 10.21%,但高中、初中、小学之比远没达到预想[①]。因此,如果校园足球特色学校从 2015 年开始到 2018 年发展规模越平衡,说明发展势头越好,因为发展可持续。除了总体的校园足球特色学校规模从发展时间上要协调,还有就是小学、初中、高中的相对规模要合理,即最基本的小学校园足球特色学校相对要多,而逐渐高中校园足球特色学校相对少,这样就形成了一个合理的足球后备人才培养的规模,形成金字塔式模型。根据调查发现有的省市出现相对规模结构性倒挂的原因,是因为高中的硬件条件和足球师资水平都能达标,而小学、初中则难以达标,所以补小学甚至初中足球场馆建设的短板,也是今后校园足球重点突破建设的任务。

五、校园足球平台上的优质资源

2009 年 4 月,国家体育总局联合教育部下发《关于开展全国青少年校园足球活动的通知》后,是以国家体育总局主导下的校园足球活动全面展开。虽然在指导思想上也提出要丰富体育课和课外锻炼内容,大力提高学生体质健康水平,但在具体落实中必须得到教育部门的配合,才能实施校园足球四级联赛及举办夏令营,所围绕的重点是体育部门重视的足球后备力量的培养。2014 年 3 月,为配合体育总局,教育部下发了《教育部办公厅关于组织开展中小学校园足球工作专项调研的通知》(教体艺厅函〔2014〕5 号)。通过调研发现近 5 年的校园足球推广并不尽如人意。首先体育总局在失去原有"三级训练体系"下足球后备力量培养的基础后,再要去通过教育部门管辖的普通学校来抓青少年足球运动开展,显然力不从心;再者,体育部门历来以抓竞技运动提高为主,因为其工作完成硬指标是全运会、奥运会及洲际、国际运动竞赛的名次,而群众性的体育活动,包括青少年的体育活动开展是软指标,导致了人力、财力、物力投入在校园足球开展上十分有限。自 2015 年 1 月,经国务院批准,由教育部牵头,会同其他五个部门,重新成立了全国青少年校园足球工作领导小组。随着政府主管部门组成发生变化,校园足球的政策环境、执行主体、执行指导思想也发生了战略性的变化,完全打破了原来体育部门依托占有大部分足球专业资质的教练、裁判和足球运

---

① 刘海元,冯爱民.对全国青少年校园足球特色学校建设若干问题的思考[J].体育学刊,2019,26(2):6-15.

动场馆设施等优质资源,同时使原来2009年版的校园足球发展规模难以继续扩大。通过《全国青少年校园足球特色学校基本标准(试行)》和2015年2月以来教育部牵头所发布各项校园足球开展的政策文件,可以认为目前中国式的校园足球是世界上政府行为最为强劲的学校足球,其政府行为主要体现在组织结构、课程体系、训练和竞赛体系、培训体系、保障体系上。组织结构上,以教育部门牵头,首先解决了执行主体问题,校园足球的主体是全体青少年,开展校园足球的宗旨也是解决普及问题。普及不但是惠及全部青少年去踢足球,更是通过踢足球来普及健身意识和全民对足球运动的兴趣,在此基础上再去造就有足球运动天赋的选手。由发改委、财政部、体育总局、广电总局、团中央组成的国家校园足球开展决策层,也旨在在物力、财力、人力和社会影响力上给予落地的政府支持。课程体系上,教育部门牵头校园足球的最大特点是通过体育教学大纲、教材、教学评价等把足球运动深入到全体青少年的全面人才培养体系中去,这是真正意义上的普及。训练和竞赛体系上,在普及基础上进行必要的训练、竞赛,除了使足球运动水平有所提高外,更重要的是激发学生的团队精神、集体荣誉感,同时也是一种十分重要的足球文化交流。培训体系上,是指对从事校园足球的专业人才队伍进行建设,培训对象不但有教练(教师),还有裁判、管理人员、校园足球特色学校校长,同时还有国际化的相关专业人员培训,有出国培训也有请国外专家的国内培训。保障体系上,明确指定发改委落实足球场地建设,财政部落实足球专项经费,体育总局配合教育部门落实足球专业人士的专业队伍建设,同时教育部门内部协调小学、中学、大学间的升学问题。这些都是校园足球平台上的优质资源,完全可以通过政府行为做一些看得见摸得着的事来促进校园足球的发展。当然掌握了这些优质行政资源,更要合理使用这些资源。同时,还要协调使用这些优质资源,不但需要从宏观考虑,更要从微观入手,踏踏实实从存在的问题中去找解决的办法。

第二节 中国足球运动员培养特色设计

一、足球运动员成长的基本规律

校园足球是面向全体在校学生所开展的足球活动,有其本身的发展规律,而青少年学生学习和掌握足球运动技能又有其自身的基本规律。从这个角度讲,青少年学生参与足球运动当然是要讲究方式方法的,但要先承认一个前提,就是绝大多数足球运动参与者充其量是足球运动爱好者,而非能成为专业足球运动员,更别提成为职业球员。所以,把每个校园足球参与者假设成未来的职业球员来规划培养,就是个错误的命题。对于校园足球参与者来说首先应以促进身体健康为前提,再根据优秀(职业)足球运动员各年龄段成长时处于技战术、身体素质发展敏感期所必须掌握的专业技能,进行不失时机地、有的放矢地给予指导和辅导并均衡发展,当能显露其足球运动天赋时再进行专门化训练。有这个基本的足球人才培养概念后,再细化分析。校园足球的青少年参与足球运动,要把兴趣培养放在首位,"兴趣是最好的老师"原则是学习任何知识、技能的原则,特别对于小学阶段初学足球的儿童来说更是如此。只有通过快乐游戏式的足球体验,才能去克服这个年龄段儿童易产生疲劳和注意力分散的毛病,只有一开始对足球运动感兴趣,才能充分认识到足球运动的魅力所在。南美足球王国巴西、阿根廷的"街头足球",正是由于兴趣足球启蒙的存在,才会造就所谓的艺术足球。艺术足球就是在无拘无束踢球中绽放出人性的自由,并踢出能使人眼前一亮有创造性的足球。对于校园足球的参与者来说都是学龄阶段的青少年,且不说大多数日后成不了运动员的学生需要文化学习,就是日后成为职业运动员的青少年也需要文化学习,并加强自身修养,提高整体综合素质,这是优秀足球运动员进行战术思维训练的必要条件。进入职业足球运动员的训练阶段,主要是把已经固有的基本技战术与足球意识结合起来训练,以这种方式训练才会不断提高足球技战术的运用能力,包括理解和分析足球比赛中出现的各种情况。根据不同年龄的生理、心理特点对足球后备人才进行全面的培养,是一个遵循人才培养规律的过程,绝大多数欧美足球发达国家,对青少年足球运动员普遍进行分年龄段有目的的全面培养,充分体现对全体青少年足球运动参与者在足球运动天赋上的科学开发理念,这也是科学的足球运动员选才特征。为防止青少年过早进行足球运动专门化训练,而破坏人才培养规律,相应国家还明确了立法规定,如英国政府规定不足16岁的青少年足球运动员必须得接受义务教育,荷兰政府规定青少年足球运动员除了进行足球专门性的训练,学习和生活必须与其他普通学生在一起,以保证早期化专项足球训练的孩子,在学习和综合素质提高上与其他孩子比较不打任何折扣,足球王国巴西则干脆规定12~13岁前的少年儿童不得进行专门的足球训练,16岁前的青少年(一般为进大学前)每天如果进行足球训练的话,也只允许进行1个小时的足球练习时间,日本是直接从高中生和大学生中来挑选国家足球队队员或者职业球员[①]。有的国家如韩国出于对青少年足

---

① 任春刚.世界主要足球强国后备人才培养模式及启示录[J].沈阳体育学院学报,2011,30(6):117-120.

球运动员全面培养规律驾驭的自信,在职业足球俱乐部干脆不设预备队,把职业足球运动员的后备力量培养完全立足在普通学校里[①]。作为世界第一运动的足球运动,其早期化的基础训练应在小学和初中的义务教育阶段,即14岁前,这样的校园足球自然就承担了青少年足球运动的早期业余训练。进入高中和大学后,能展现出天赋的青少年足球运动员可以选择进入职业足球俱乐部的青训营,不过大多数青少年足球运动员包括有足球天赋的,同样可以继续在相应的校园足球环境里实现自己职业足球运动的理想。日本和韩国的国家队球员大多直接来自高中和大学,这就是典型的佐证。

二、现阶段我国校园足球发展的瓶颈分析

现阶段我国校园足球发展规模迅速扩大,通过相关文献检索和实地调研,所谓的发展瓶颈则主要还是体现在表象层面上,即足球场地数量不足,足球设施落后,开展训练、比赛和各种活动的经费缺乏[②③④⑤]。场馆设施和经费依然是校园踢球开展中最主要的问题之一,说明物质基础的重要性。同时,足球运动场地(特别是11人制)的增加和建设需要有个过程,况且我国原来的底子又薄,中国足协2013年底的数据统计显示,我国70%的中小学没有标准的7人制足球场,60%以上城市开放标准11人制足球场不足5个。因此,面对我国现有庞大参与校园足球的人群,足球运动场地距足球教学、训练、课外活动的要求还有相当大的差距。参与校园足球的青少年,特别是男同学应该有与生俱来的热忱去踢足球,但除日常学校足球队训练和体育课的教学外,大多数同学的平时时间里基本无足球活动可言。通过调查发现,认为学生平日无足球活动的部分原因是学校和家长怕学生受伤,而最主要的原因还是怕学生因踢球而耽误文化学习[⑥⑦⑧⑨]。开展校园足球的足球专项教师及裁判员、管理骨干的专业水平,虽然逐渐被重视

---

① 张辉,张廷安.我国布局城市校园足球竞赛体系研究[J].北京体育大学学报,2012,35(10):134-139.
② 王格.我国校园足球活动开展的现状、问题及对策研究[J].沈阳体育学院学报,2013,30(2):29-32.
③ 李卫东,张廷安,陆煌.全国青少年校园足球活动开展情况调查与分析[J].上海体育学院学报,2011,35(5):22-26.
④ 李诗,陈道裕.宁波市中小学校园足球现状分析及策略研究[J].浙江体育科学,2016,38(4):22-26.
⑤ 张辉.我国校园足球未来发展的注意问题——以我国首批校园足球布局城市学校足球发展情况为借鉴[J].北京体育大学学报,2016,39(5):24-32.
⑥ 王格.我国校园足球活动开展的现状、问题及对策研究[J].沈阳体育学院学报,2013,30(2):29-32.
⑦ 李卫东,张廷安,陆煌.全国青少年校园足球活动开展情况调查与分析[J].上海体育学院学报,2011,35(5):22-26.
⑧ 李诗,陈道裕.宁波市中小学校园足球现状分析及策略研究[J].浙江体育科学,2016,38(4):22-26.
⑨ 张辉.我国校园足球未来发展的注意问题——以我国首批校园足球布局城市学校足球发展情况为借鉴[J].北京体育大学学报,2016,39(5):24-31.

并通过庞大的举国培训机制来落实,但专业化程度高的专门人才光靠培训还远远达不到校园足球的专业化人才要求,特别在我国边远地区及农村,还存在着学校体育教师的年龄结构和教龄明显差于或低于县镇和城市以及稳定性不足的情况[①],这还得需要通过体育教师和足球专项教师的编制支持才能实现。虽然近几年我国校园足球的运行机制和保障制度,以及校园足球开展的外部社会人文环境都在形成,但课余训练"精英化"、竞赛"锦标主义"的急功近利现象严重,特别是社会对足球运动的认可程度和学生家长对学生参与足球运动的支持程度,应是校园足球发展所关注问题的关键。

现阶段校园足球发展已达到了一定规模,接下去可持续发展问题、良性发展路子的探索已显得尤为迫切。本课题就开展校园足球中涉及的相关问题进行了专题问卷调查,调查对象为校园足球的学校带队足球教练员,分大学和中小学两部分。对问卷调查结果进行数理统计中的主成分分析法,以便能对校园足球开展的瓶颈问题进行深入的分类剖析,旨在对找出办法解决瓶颈问题提供依据。

(一) 大学教练员相关问题调查分析

课题组面向大学的校园足球校足球代表队教练员发放问卷 80 份,回收有效问卷 53 份,回收率为 66.25%。根据问卷的 27 道问题,对 53 名高校足球教练员进行测试。首先根据问卷结果进行信度检验,建立数据库,文本格式为 SAV,打开数据库,分析→标度(度量)→可靠性分析,可靠性统计表见表 5-16,Alpha(克隆巴赫系数)"α"=0.839,因为 α>0.8,则认为题目设置较好,一致性高,即信度高。

表 5-15 可靠性统计(大学教练员相关问题调查)

克隆巴赫系数	项　数
0.839	27

然后对问卷结果进行结构效度分析。打开数据库,分析→降准→因子分析,KMO 和巴特利特检验见表 5-16,因为 KMO=0.638>0.5,表明样本量足够;又因为 P=0.000<0.05,表明符合球形度检验。

[①] 黄晓灵,夏慈忠,黄菁.不同行政区校园足球开展的对比研究——以川渝小学为例[J].成都体育学院学报,2018,52(10):113-119.

表 5-16 KMO 和巴特利特检验(大学教练员相关问题调查)

KMO 取样适切性量数		0.638
Bartlett 的球形度检验	上次读取卡方	673.762
	自由度	351
	显著性	0.000

通过了信度和效度检验后,因此就可以采用主成分分析法进行统计分析。对问卷调查所产生数据的结果进行数据建模,格式为 SAV,为消除变量的量纲分析结果影响,先需要对数据进行标准化处理,基于 SPSS 中的主成分分析方法与因子分析类似,故本主成分分析参照因子分析进行。在数据视图窗口下,按"分析>降准>因子分析",得出 SPSS 的结果如下:

1. 相关性矩阵

针对全国大学教练员校园足球相关问题问卷调查的原始数据,通过 SPSS 进行标准化处理,然后计算出各指标间的相关系数矩阵,具体见表 5-17。

2. 公因子方差

变量的共同度用公因子方差来表示,用来显示各变量所包含的信息能被提取出来的公因子表示程度。如表 5-18 所示,本例中公因子方差大都在 70% 以上,共 18 项,这样提取的这些公因子对各变量的解释能力就较强。

3. 总方差解释

表 5-19 "初始特征值"一栏中显示,只有前 8 个特征值大于 1,为此 SPSS 只选择前 8 个主成分。在"提取载荷平方和"一栏中,前 8 个主成分的方差占所有主成分差的 71.151%,因此前面 8 个主成分已经较充分地替代了原来的变量,也就是几乎涵盖了原来变量的全部信息。

4. 旋转成分矩阵

如表 5-20 所示的旋转矩阵,结果发现 27 个相关问题在结构上分成了 8 类,分别在表中采用灰色阴影标注,其中较为集中的有 4 类。第 1 类除了足球教学场地不足外,主要还是经费不足、教练员训练、比赛工作量的计算不到位,根本原因也是经费不足所致。教师、教练外出业务进修学习问题,主要应该还是经费问题,进修时间一般可以适当调整解决,同时如果有了经费,相应的器材和设备提供也应该不成问题。因此,第 1 类问题归结为经费缺乏。第 2 类除了足球训

表 5-17 相关性矩阵（大学教练员相关问题调查）

		问题名称	足球教学场地	足球训练场地	足球课外活动场地	日常足球教学训练器材设备	足球教学师资	足球训练比赛教练	校园内足球比赛裁判	学校日常校园足球开展配套管理人员	教师教练外出业务进修学习	教师训练比赛工作量计算	外出足球比赛经费	学生训练补贴	学生运动员学习时间	学生运动员训练时间
相关		足球教学场地	1.000	0.483	0.311	0.466	0.523	0.379	0.201	0.284	0.549	0.530	0.431	0.364	0.034	-0.009
		足球训练场地	0.483	1.000	0.561	0.555	0.630	0.455	0.492	0.252	0.377	0.263	0.349	0.394	0.083	-0.009
		足球课外活动场地	0.311	0.561	1.000	0.438	0.500	0.489	0.686	0.505	0.253	0.284	0.220	0.154	0.226	0.267
		日常足球教学训练器材设备	0.466	0.555	0.438	1.000	0.618	0.519	0.447	0.405	0.666	0.538	0.465	0.482	0.178	-0.100
		足球教学师资	0.523	0.630	0.500	0.618	1.000	0.607	0.492	0.356	0.489	0.473	0.492	0.449	0.119	0.066
		足球训练比赛教练	0.379	0.455	0.489	0.519	0.607	1.000	0.594	0.418	0.487	0.426	0.475	0.338	-0.024	0.088
		校园内足球比赛裁判	0.201	0.492	0.686	0.447	0.492	0.594	1.000	0.461	0.265	0.308	0.314	0.208	-0.072	0.257
		学校日常校园足球开展配套管理人员	0.284	0.252	0.505	0.405	0.356	0.418	0.461	1.000	0.434	0.434	0.317	0.236	-0.020	0.250
		教师教练外出业务进修学习	0.549	0.377	0.253	0.666	0.489	0.487	0.265	0.434	1.000	0.609	0.424	0.487	0.020	-0.021
		教师训练比赛工作量计算	0.530	0.263	0.284	0.538	0.473	0.426	0.308	0.434	0.609	1.000	0.606	0.472	0.059	0.026
		外出足球比赛经费	0.431	0.349	0.220	0.465	0.492	0.475	0.314	0.317	0.424	0.606	1.000	0.566	0.060	0.147
		学生训练补贴	0.364	0.394	0.154	0.482	0.449	0.338	0.208	0.236	0.487	0.472	0.566	1.000	0.144	0.251
		运动员学习时间	0.034	0.083	0.226	0.178	0.119	-0.024	0.072	-0.020	0.020	0.059	0.060	0.144	1.000	0.205
		运动员训练时间	-0.009	-0.009	0.267	-0.100	0.066	0.088	0.257	0.250	-0.021	0.026	0.147	0.251	0.205	1.000

第五章　中国特色校园足球发展

续表

问题名称	足球教学场地	足球训练场地	足球课外活动场地	日常足球教学、训练器材设备	足球教学师资	足球训练比赛教练	校园内足球比赛裁判	学校日常校园足球开展配套管理人员	教师、教练外出业务进修学习	教师训练、比赛工作量计算	外出足球比赛经费	学生训练补贴	学生运动员学习时间	学生运动员训练时间
学校对校园足球开展支持力度	0.081	0.239	0.320	0.327	0.199	0.260	0.260	0.379	0.169	0.247	0.194	0.207	−0.018	0.202
运动员家长对校园足球开展支持力度	−0.065	−0.063	0.027	−0.006	−0.040	−0.091	−0.216	0.144	−0.030	0.048	−0.145	−0.131	−0.142	−0.082
学生运动员的生源	−0.066	−0.111	0.142	−0.065	−0.159	−0.017	0.183	0.333	−0.068	−0.087	−0.094	−0.089	−0.322	0.177
学生运动员训练比赛的积极性	−0.028	−0.118	0.131	0.081	0.177	0.057	−0.186	0.288	0.035	0.128	0.162	0.061	0.097	0.065
学校和任课教师对学生运动员文化学习认可度	0.101	0.015	0.245	0.096	0.111	0.101	0.199	−0.018	0.048	−0.066	0.058	0.161	0.155	0.280
相关 学生家长对运动员文化学习认可度	−0.021	−0.158	0.180	0.013	−0.051	−0.063	0.130	0.028	−0.204	−0.068	−0.032	−0.049	0.103	0.235
学生运动员道德修养教育	0.128	0.092	0.027	0.069	0.161	0.353	0.164	−0.177	0.006	0.043	0.221	0.175	0.097	0.060
学生运动员意志品质培养	−0.023	0.015	0.167	0.021	0.231	0.114	0.136	−0.114	−0.143	−0.007	0.123	0.247	0.379	0.208
校内足球比赛次数	0.145	−0.196	−0.037	−0.026	0.055	0.297	0.051	0.094	0.075	−0.031	0.141	0.201	−0.210	0.092
学校年度足球比赛次数	0.085	0.044	0.078	0.203	0.178	0.389	0.237	0.226	0.209	0.111	0.305	0.139	−0.016	0.245
所在地年度校园足球比赛规模	0.083	−0.009	0.205	0.197	0.246	0.356	0.244	0.031	0.072	0.149	0.437	0.142	−0.145	0.210
所在地校园足球比赛裁判水平	−0.041	0.051	0.209	0.125	−0.020	−0.028	0.269	0.072	0.025	0.041	0.155	0.001	0.162	0.002
所在地校园足球比赛赛风赛纪	0.007	−0.004	0.003	0.084	−0.044	−0.097	0.057	−0.083	−0.107	−0.009	0.094	−0.186	0.011	−0.280

续表

问题名称	足球教学场地	足球训练场地	足球课外活动场地	日常足球教学、训练器材设备	足球教学师资	足球训练、比赛教练	校内足球比赛裁判	学校日常校园足球开展配套管理人员	教师、教练外出业务进修	教师训练、比赛工作量计算	外出足球比赛经费	学生训练补贴	学生运动员学习时间	学生运动员训练时间
足球教学场地		0.000	0.012	0.000	0.000	0.003	0.074	0.020	0.000	0.000	0.001	0.004	0.404	0.475
足球训练场地	0.000		0.000	0.000	0.000	0.000	0.000	0.035	0.003	0.029	0.005	0.002	0.277	0.474
足球课外活动场地	0.012	0.000		0.001	0.000	0.000	0.000	0.000	0.034	0.019	0.057	0.136	0.052	0.027
日常足球教学、训练器材设备	0.000	0.000	0.001		0.000	0.000	0.000	0.001	0.000	0.000	0.000	0.000	0.101	0.238
足球教学师资	0.000	0.000	0.000	0.000		0.000	0.000	0.004	0.000	0.000	0.000	0.000	0.199	0.319
足球训练、比赛教练	0.003	0.000	0.000	0.000	0.000		0.000	0.001	0.000	0.001	0.000	0.007	0.432	0.266
校内足球比赛裁判	0.074	0.035	0.034	0.000	0.000	0.000		0.000	0.028	0.012	0.011	0.068	0.303	0.032
学校日常校园足球开展配套管理人员	0.020	0.003	0.019	0.001	0.000	0.001	0.028		0.001	0.001	0.010	0.045	0.445	0.035
教师、教练外出业务进修	0.000	0.029	0.057	0.000	0.000	0.000	0.012	0.001		0.000	0.001	0.000	0.442	0.440
教师训练、比赛工作量计算	0.001	0.005	0.136	0.000	0.000	0.001	0.011	0.010	0.001		0.000	0.000	0.338	0.427
外出足球比赛经费	0.004	0.002	0.052	0.000	0.000	0.000	0.068	0.045	0.000	0.000		0.152	0.334	0.146
学生训练补贴	0.404	0.277	0.027	0.101	0.199	0.007	0.303	0.445	0.442	0.338	0.334		0.152	0.035
运动员学习时间	0.475	0.474	0.010	0.238	0.319	0.432	0.032	0.035	0.440	0.427	0.146	0.035		0.070
运动员训练时间	0.043	0.000	0.001	0.009	0.077	0.266	0.030	0.003	0.114	0.037	0.082	0.069	0.450	0.073
学校对校园足球开展支持力度	0.283					0.030	0.030							

显著性（单尾）

第五章 中国特色校园足球发展

续 表

问题名称	足球教学场地	足球训练场地	足球课外活动场地	日常足球教学、训练器材设备	足球教学师资	足球训练、比赛教练	校园内足球比赛裁判	学校日常校园足球开展配套管理人员	教师、教练外出业务进修学习	教师训练、比赛工作量计算	外出足球比赛经费	学生训练补贴	学生运动员学习时间	学生运动员训练时间
学生运动员家长对校园足球开展支持力度	0.311	0.327	0.423	0.483	0.387	0.258	0.061	0.152	0.415	0.366	0.150	0.175	0.155	0.279
学生运动员的生源	0.320	0.214	0.155	0.323	0.127	0.452	0.094	0.007	0.314	0.267	0.252	0.262	0.009	0.102
学生运动员训练比赛的积极性	0.421	0.201	0.175	0.282	0.102	0.342	0.091	0.018	0.401	0.180	0.123	0.333	0.245	0.322
学校和任课教师对学生运动员文化学习认可度	0.234	0.456	0.039	0.247	0.215	0.236	0.076	0.450	0.368	0.318	0.341	0.125	0.133	0.021
学生运动员家长对运动员文化学习认可度	0.432	0.129	0.098	0.464	0.359	0.327	0.177	0.422	0.072	0.314	0.411	0.365	0.232	0.045
学生运动员道德修养教育	0.180	0.255	0.424	0.311	0.124	0.005	0.121	0.103	0.482	0.379	0.056	0.105	0.245	0.334
学生运动员意志品质培养	0.421	0.457	0.116	0.442	0.048	0.209	0.165	0.209	0.153	0.481	0.190	0.037	0.003	0.067
校内足球比赛次数	0.148	0.080	0.397	0.427	0.349	0.015	0.360	0.253	0.297	0.411	0.157	0.075	0.066	0.255
学校年度足球比赛次数	0.270	0.378	0.289	0.072	0.101	0.002	0.043	0.052	0.067	0.215	0.013	0.160	0.455	0.039
所在地年度校园足球比赛规模	0.263	0.476	0.071	0.079	0.038	0.004	0.039	0.414	0.304	0.144	0.001	0.155	0.150	0.066
所在地校园足球比赛裁判水平	0.385	0.358	0.066	0.186	0.445	0.422	0.026	0.304	0.429	0.386	0.134	0.498	0.124	0.493
所在地校园足球比赛赛风赛纪	0.481	0.490	0.492	0.275	0.378	0.245	0.343	0.278	0.222	0.473	0.251	0.091	0.470	0.021

显著性（单尾）

续 表

问题名称	学校对校园足球开展支持力度	学生运动员家长对校园足球开展支持度	学生运动员的生源	学生运动员训练比赛的积极性	学校和任课教师对运动员文化学习认可度	学生家长对运动员文化学习认可度	学生运动员道德修养教育	学生运动员意志品质培养	校内足球比赛次数	学校年度足球比赛次数	所在地区年度校园足球比赛规模	所在地区校园比赛裁判水平	所在地区校园比赛纪风赛纪
足球教学场地	0.081	−0.069	−0.066	−0.028	0.102	−0.024	0.128	−0.028	0.146	0.086	0.089	−0.041	0.007
足球训练场地	0.239	−0.063	−0.111	−0.118	0.015	−0.158	0.092	0.015	−0.196	0.044	−0.009	0.051	−0.004
足球课外活动场地	0.320	0.027	0.142	0.131	0.245	0.180	0.027	0.167	−0.037	0.078	0.205	0.209	0.003
日常足球教学训练器材设备	0.327	−0.006	−0.065	0.081	0.096	0.013	0.069	0.021	−0.026	0.203	0.197	0.125	0.084
足球教学师资	0.199	−0.040	−0.159	0.177	0.111	−0.051	0.161	0.231	0.055	0.178	0.246	−0.020	−0.044
足球训练比赛教练	0.260	−0.091	−0.017	0.057	0.101	−0.063	0.353	0.114	0.297	0.389	0.356	−0.028	−0.097
校内足球比赛裁判	0.260	−0.216	0.183	−0.186	0.199	0.130	0.164	0.136	0.051	0.237	0.244	0.269	0.057
学校日常校园足球开展配套管理人员	0.379	0.144	0.333	0.288	−0.018	0.028	−0.177	−0.114	0.094	0.226	0.031	0.072	−0.083
教师教练外出业务进修学习	0.169	−0.030	−0.068	0.035	0.048	−0.204	0.006	−0.143	0.075	0.209	0.072	0.025	−0.107
教师训练比赛工作量计算	0.247	0.048	−0.087	0.128	−0.066	−0.068	0.043	−0.007	−0.031	0.111	0.149	0.041	−0.009
外出足球比赛经费	0.194	−0.145	−0.094	0.162	0.058	−0.032	0.221	0.123	0.141	0.305	0.437	0.155	0.094
学生训练补贴	0.207	−0.131	−0.089	0.061	0.161	−0.049	0.175	0.247	0.201	0.139	0.142	0.001	−0.186
运动员学习时间	−0.018	−0.142	−0.322	0.097	0.155	0.103	0.097	0.379	−0.210	−0.016	−0.145	0.162	0.011
运动员训练时间	0.202	−0.082	0.177	0.065	0.280	0.235	0.060	0.208	0.092	0.245	0.210	0.002	−0.280

续表

问题名称	学校对校园足球开展支持力度	学生运动员家长对校园足球开展支持力度	学生运动员的生源	学生运动员训练比赛的积极性	学校和任课教师对运动员文化学习认可度	学生家长对运动员文化学习认可度	学生运动员道德修养教育	学生运动员意志品质培养	校内足球比赛次数	学校年度足球比赛次数	所在地区年度校园足球比赛规模	所在地区校园足球比赛裁判水平	所在地区校园足球比赛纪赛风纪
学校对校园足球开展支持力度	1.000	0.096	0.271	0.069	-0.062	0.034	0.037	-0.095	-0.062	0.142	0.267	0.021	-0.110
学生运动员家长对校园足球开展支持力度	0.096	1.000	0.179	0.410	0.011	0.081	0.021	-0.047	0.032	-0.153	-0.033	0.112	0.236
学生运动员的生源	0.271	0.179	1.000	0.060	-0.078	0.057	-0.058	-0.179	0.119	0.163	0.070	0.251	0.149
学生运动员训练比赛的积极性	0.069	0.410	0.060	1.000	-0.062	0.141	0.069	0.209	0.106	0.189	0.198	0.068	0.070
学校和任课教师对运动员文化学习认可度	-0.062	0.011	-0.078	-0.062	1.000	0.597	0.198	0.281	0.056	-0.050	0.233	0.130	-0.045
学生家长对运动员文化学习认可度	0.034	0.081	0.057	0.141	0.597	1.000	0.160	0.084	0.037	0.030	0.223	0.054	0.121
相关 学生运动员道德修养教育	0.037	0.021	-0.058	0.069	0.198	0.160	1.000	0.443	0.243	0.200	0.251	0.248	0.328
学生运动员意志品质培养	-0.095	-0.047	-0.179	0.209	0.281	0.084	0.443	1.000	0.106	-0.046	0.130	0.188	-0.003
校内足球比赛次数	-0.062	0.032	0.119	0.106	0.056	0.037	0.243	0.106	1.000	0.363	0.336	-0.231	-0.132
学校年度足球比赛次数	0.142	-0.153	0.163	0.189	-0.050	0.030	0.200	-0.046	0.363	1.000	0.449	-0.183	-0.085
所在地年度校园足球比赛规模	0.267	-0.033	0.070	0.198	0.233	0.223	0.251	0.130	0.336	0.449	1.000	0.085	-0.065
所在地校园足球比赛裁判水平	0.021	0.112	0.251	0.068	0.130	0.054	0.248	0.188	-0.231	-0.183	0.085	1.000	0.559
所在地校园足球比赛风纪	-0.110	0.236	0.149	0.070	-0.045	0.121	0.328	-0.003	-0.132	-0.085	-0.065	0.559	1.000

续表

问题名称	学校对校园足球开展支持力度	学生运动员家长对校园足球开展支持力度	学生运动员的生源	学生运动员训练比赛的积极性	学校和任课教师对运动员文化学习认同度	学生家长对运动员文化学习认同度	学生运动员道德修养教育	学生运动员意志品质培养	校内足球比赛次数	学校年度足球比赛次数	所在地区年度校园足球比赛规模	所在地区校园足球比赛裁判水平	所在地区校园足球比赛纪赛风纪
足球教学场地	0.283	0.311	0.320	0.421	0.234	0.432	0.180	0.421	0.148	0.270	0.263	0.385	0.481
足球训练场地	0.043	0.327	0.214	0.201	0.456	0.129	0.255	0.457	0.080	0.378	0.476	0.358	0.490
足球课外活动场地	0.010	0.423	0.155	0.175	0.039	0.098	0.424	0.116	0.397	0.289	0.071	0.066	0.492
日常足球教学、训练器材设备	0.009	0.483	0.323	0.282	0.247	0.464	0.311	0.442	0.427	0.072	0.079	0.186	0.275
足球教学师资	0.077	0.387	0.127	0.102	0.215	0.359	0.124	0.048	0.349	0.101	0.038	0.445	0.378
足球训练、比赛教练	0.030	0.258	0.452	0.342	0.236	0.327	0.005	0.209	0.015	0.002	0.004	0.422	0.245
校内足球比赛裁判	0.030	0.061	0.094	0.091	0.076	0.177	0.121	0.165	0.360	0.043	0.039	0.026	0.343
学校足球日常校园足球开展管理人员	0.003	0.152	0.007	0.018	0.450	0.422	0.103	0.209	0.253	0.052	0.414	0.304	0.278
教师、教练外出业务进修学习	0.114	0.415	0.314	0.401	0.368	0.072	0.482	0.153	0.297	0.067	0.304	0.429	0.222
教师训练、比赛工作量计算	0.037	0.366	0.267	0.180	0.318	0.314	0.379	0.481	0.411	0.215	0.144	0.386	0.473
外出比赛经费	0.082	0.150	0.252	0.123	0.341	0.411	0.056	0.190	0.157	0.013	0.001	0.134	0.251
学生训练补贴	0.069	0.175	0.262	0.333	0.125	0.365	0.105	0.037	0.075	0.160	0.155	0.498	0.091
运动员学习时间	0.450	0.155	0.009	0.245	0.133	0.232	0.245	0.003	0.066	0.455	0.150	0.124	0.470
运动员训练时间	0.073	0.279	0.102	0.322	0.021	0.045	0.334	0.067	0.255	0.039	0.066	0.493	0.021
学校对校园足球开展支持力度		0.248	0.025	0.312	0.331	0.406	0.396	0.250	0.329	0.155	0.026	0.440	0.215

显著性（单尾）

续 表

问题名称 显著性(双尾)	学校对校园足球开展支持力度	学生运动员家长对校园足球开展支持力度	学生运动员的生源	学生运动员训练比赛的积极性	学校和任课教师对运动员文化学习认可度	学生家长对运动员文化学习认可度	学生运动员道德修养教育	学生运动员意志品质培养	校内足球比赛次数	学校年度足球比赛次数	所在地区年度校园足球比赛规模	所在地区校园足球比赛裁判水平	所在地区校园足球比赛纪律赛风
学生运动员家长对校园足球开展支持力度	0.248		0.100	0.001	0.469	0.282	0.441	0.370	0.409	0.137	0.407	0.211	0.045
学生运动员的生源	0.025	0.100		0.334	0.290	0.342	0.340	0.100	0.197	0.122	0.310	0.035	0.143
学生运动员训练比赛的积极性	0.312	0.001	0.334		0.330	0.156	0.312	0.067	0.225	0.088	0.077	0.314	0.309
学校和任课教师对运动员文化学习认可度	0.531	0.469	0.290	0.330		0.000	0.077	0.021	0.346	0.360	0.047	0.177	0.375
学生家长对运动员文化学习认可度	0.406	0.282	0.342	0.156	0.000		0.125	0.276	0.396	0.415	0.054	0.352	0.195
学生运动员道德修养教育	0.596	0.441	0.340	0.312	0.077	0.125		0.000	0.040	0.076	0.035	0.037	0.008
学生运动员意志品质培养	0.250	0.370	0.100	0.067	0.021	0.276	0.000		0.225	0.373	0.177	0.088	0.492
校内足球比赛次数	0.529	0.409	0.197	0.225	0.346	0.396	0.040	0.225		0.004	0.007	0.048	0.174
学校年度足球比赛次数	0.155	0.137	0.122	0.088	0.360	0.415	0.076	0.373	0.004		0.000	0.095	0.273
所在地区年度校园足球比赛规模	0.026	0.407	0.310	0.077	0.047	0.054	0.035	0.177	0.007	0.000		0.272	0.321
所在地区校园足球比赛裁判水平	0.440	0.211	0.035	0.314	0.177	0.352	0.037	0.088	0.048	0.095	0.272		0.000
所在地区校园足球比赛纪律赛风	0.215	0.045	0.143	0.309	0.375	0.195	0.008	0.492	0.174	0.273	0.321	0.000	

表 5-18 公因子方差(大学教练员相关问题调查)

问 题 名 称	初始值	提 取
足球教学场地	1	0.599
足球训练场地	1	0.737
足球课外活动场地	1	0.826
日常足球教学、训练器材设备	1	0.7
足球教学师资	1	0.759
足球训练、比赛教练	1	0.774
校园内足球比赛裁判	1	0.834
学校日常校园足球开展配套管理人员	1	0.736
教师、教练外出业务进修学习	1	0.708
教师训练、比赛工作量计算	1	0.71
外出足球比赛经费	1	0.74
学生训练补贴	1	0.651
学生运动员学习时间	1	0.654
学生运动员训练时间	1	0.709
学校对校园足球开展支持力度	1	0.424
学生运动员家长对校园足球开展支持力度	1	0.721
学生运动员的生源	1	0.691
学生运动员训练比赛的积极性	1	0.811
学校和任课教师对学生运动员文化学习认可度	1	0.83
学生家长对学生运动员文化学习认可度	1	0.772
学生运动员道德修养教育	1	0.698
学生运动员意志品质培养	1	0.731
校内足球比赛次数	1	0.63

续　表

问　题　名　称	初始值	提　取
学校年度足球比赛次数	1	0.587
所在地区年度校园足球比赛规模	1	0.582
所在地区校园足球比赛裁判水平	1	0.802
所在地区校园足球比赛赛风赛纪	1	0.796

提取方法：主成分分析。

表 5-19　总方差解释（大学教练员相关问题调查）

组件	初始特征值			提取载荷平方和			旋转载荷平方和		
	总计	方差%	累积%	总计	方差%	累积%	总计	方差%	累积%
1	6.347	23.508	23.508	6.347	23.508	23.508	4.057	15.026	15.026
2	2.613	9.678	33.186	2.613	9.678	33.186	3.092	11.45	26.476
3	2.259	8.368	41.553	2.259	8.368	41.553	2.47	9.147	35.623
4	2.167	8.026	49.579	2.167	8.026	49.579	2.152	7.969	43.592
5	1.853	6.864	56.444	1.853	6.864	56.444	1.993	7.382	50.974
6	1.558	5.772	62.216	1.558	5.772	62.216	1.976	7.32	58.294
7	1.271	4.708	66.924	1.271	4.708	66.924	1.828	6.771	65.064
8	1.141	4.228	71.151	1.141	4.228	71.151	1.644	6.087	71.151
9	0.085	3.65	74.801						
10	0.921	3.41	78.211						
11	0.749	2.776	80.987						
12	0.674	2.497	83.483						
13	0.623	2.307	85.79						
14	0.552	2.046	87.836						

续表

组件	初始特征值			提取载荷平方和			旋转载荷平方和		
	总计	方差%	累积%	总计	方差%	累积%	总计	方差%	累积%
15	0.539	1.997	89.833						
16	0.469	1.737	91.57						
17	0.389	1.441	93.011						
18	0.309	1.146	94.157						
19	0.302	1.119	95.277						
20	0.256	0.949	96.225						
21	0.221	0.82	97.045						
22	0.199	0.738	97.784						
23	0.156	0.579	98.363						
24	0.14	0.52	98.883						
25	0.127	0.471	99.354						
26	0.103	0.38	99.734						
27	0.072	0.266	100						

提取方法：主成分分析。

练和活动场地的硬件条件要求不足外，主要问题还集中在教学师资、训练和比赛教练员、裁判员等的专业水平跟不上要求，即软条件还不到位。第3类问题主要集中在队员（包括非运动队学生）的足球比赛有限，导致竞赛水平一般，观赏程度不高。其他的问题则比较分散，有学生运动员学习被认可因素、学校对足球运动的支持力度等问题，但27个相关的调查问题被认为对高校的校园足球均有影响，或者讲都是需要克服的瓶颈问题。因此，加大高校校园足球开展的专项经费投入，提高校园足球开展专业人员的业务水平，积极组织开展校园足球的校内、外比赛是当前应该集中解决的校园足球持续推进的瓶颈问题，同时兼顾一直以来需解决的足球场地不足、学生运动员学习不重视及足球运动队的生源不足等问题。

表 5-20 旋转成分矩阵(大学教练员相关问题调查)

问题名称	元 件							
	1	2	3	4	5	6	7	8
足球教学场地	0.667	0.312	0.046	−0.146	−0.037	−0.141	0.111	−0.01
日常足球教学、训练器材设备	0.677	0.472	−0.004	0.068	0.099	−0.004	0.02	0.061
教师、教练外出业务进修学习	0.788	0.227	0.014	0.058	−0.082	−0.144	−0.067	0.008
教师训练、比赛工作量计算	0.812	0.111	0.002	0.151	0.038	0.004	−0.061	0.099
外出足球比赛经费	0.729	0.06	0.341	0.127	0.187	0.173	−0.036	−0.08
学生训练补贴	0.702	0.03	0.167	0.09	−0.1	0.311	0.039	−0.115
足球训练场地	0.364	0.746	−0.138	−0.028	0.012	0.04	−0.108	−0.121
足球课外活动场地	0.124	0.767	−0.042	0.369	0.041	0.153	0.222	0.097
足球教学师资	0.516	0.644	0.152	−0.054	−0.074	0.178	−0.019	0.116
足球训练、比赛教练	0.369	0.632	0.479	0.062	−0.034	0.006	−0.055	−0.024
校园内足球比赛裁判	0.14	0.711	0.166	0.369	0.19	0.052	0.139	−0.295
校内足球比赛次数	0.024	−0.039	0.744	−0.081	−0.191	−0.126	0.063	0.107
学校年度足球比赛次数	0.126	0.06	0.682	0.268	−0.116	0.001	−0.121	−0.048
所在地年度校园足球比赛规模	0.151	0.05	0.682	0.17	0.079	0.025	0.235	0.005
学生运动员道德修养教育	0.029	0.145	0.53	−0.278	0.465	0.302	0.1	−0.006
学校日常校园足球开展配套管理人员	0.358	0.339	0.001	0.628	−0.096	−0.111	−0.013	0.279

续 表

问题名称	元件							
	1	2	3	4	5	6	7	8
学生运动员训练时间	−0.01	−0.046	0.184	0.583	−0.214	0.413	0.309	−0.146
学校对校园足球开展支持力度	0.179	0.213	0.065	0.577	−0.011	−0.034	−0.057	0.066
学生运动员的生源	−0.199	−0.014	0.147	0.645	0.277	−0.362	−0.003	0.079
所在地校园足球比赛裁判水平	0.04	0.038	−0.144	0.211	0.836	0.172	0.077	−0.011
所在地区校园足球比赛赛风赛纪	−0.02	0.009	−0.055	−0.14	0.858	−0.109	0.002	0.158
学生运动员学习时间	0.095	0.073	−0.276	0.005	0.015	0.746	0.075	−0.027
学生运动员意志品质培养	−0.069	0.139	0.213	−0.167	0.127	0.773	0.112	0.092
学校和任课教师对学生运动员文化学习认可	0.057	0.11	0.059	−0.072	0.01	0.158	0.88	−0.075
学生家长对学生运动员文化学习认可度	−0.09	−0.025	0.074	0.084	0.078	0.025	0.854	0.122
学生运动员家长对校园足球开展支持力度	−0.06	−0.015	−0.088	0.024	0.152	−0.178	0.088	0.804
学生运动员训练比赛的积极性	0.093	−0.084	0.188	0.154	0	0.273	−0.044	0.813

提取方法：主体元件分析。
旋转方法：具有 Kaiser 正规化的最大变异法。

(二) 中小学教练员相关问题调查分析

同样就开展校园足球中涉及的相关问题,课题组面向中小学教练员进行了专题问卷调查,发放问卷 70 份,回收 44 份,回收率为 62.86%。同面向大学教练员问卷的数理统计一样,先进行问卷结果的信度和效度检验。

通过可靠性分析(见表 5-21),得到克隆巴赫系数(Alpha)"α"=0.851,因为 α>0.8,则认为问卷题目设置较好,一致性高,即信度高。

表 5-21　可靠性统计(中小学教练员相关问题调查)

克隆巴赫系数	项　　数
0.851	27

通过结构效度分析(见表 5-22),得到 KMO=0.505>0.5,表明样本量达到要求,因为 P=0.000<0.05,所以符合球形度检验。故此数据库可进行接下去的因子分析。

表 5-22　KMO 和巴特利特检验(中小学教练员相关问题调查)

KMO 取样适切性量数		0.505
Bartlett 的球形度检验	上次读取卡方	659.939
	自由度	351
	显著性	0.000

采用主成分分析法,同样把中小学教练员进行校园足球相关问题的问卷调查结果数据进行建模,格式为 SAV,先进行标准化处理,然后参照因子分析方法进行数理分析,在数据视图窗下,同样按"分析>降准>因子分析"顺序操作,所得出 SPSS 的主成分分析(因子分析)结果如下:

1. 相关性矩阵

表5-23 相关性矩阵(中小学教练员相关问题调查)

	问题名称	足球教学场地	足球训练场地	足球课外活动场地	日常足球教学训练器材设备	足球教学师资	足球训练比赛教练	校园内足球比赛裁判	学校日常校园足球开展配套管理人员	教师教练外出业务进修学习	教师训练比赛工作量计算	外出足球比赛经费	学生训练补贴	学生运动员学习时间	学生运动员训练时间
相关	足球教学场地	1.000	0.358	0.410	0.531	0.471	0.625	0.482	0.519	0.523	0.085	0.455	0.458	0.139	0.329
	足球训练场地	0.358	1.000	0.524	0.497	0.281	0.399	0.265	0.294	0.375	−0.085	0.212	0.298	0.052	0.076
	足球课外活动场地	0.410	0.524	1.000	0.452	0.375	0.476	0.551	0.392	0.348	0.290	0.161	0.532	0.138	0.100
	日常足球教学训练器材设备	0.531	0.497	0.452	1.000	0.656	0.641	0.310	0.471	0.635	0.332	0.493	0.400	0.297	0.342
	足球教学师资	0.471	0.281	0.375	0.656	1.000	0.584	0.431	0.440	0.616	0.172	0.338	0.377	0.383	0.402
	足球训练比赛教练	0.625	0.399	0.476	0.641	0.584	1.000	0.577	0.572	0.576	0.200	0.553	0.452	0.145	0.209
	校园内足球比赛裁判	0.482	0.265	0.551	0.310	0.431	0.577	1.000	0.653	0.441	0.261	0.536	0.594	0.277	0.156
	学校日常校园足球开展配套管理人员	0.519	0.294	0.392	0.471	0.440	0.572	0.653	1.000	0.512	0.205	0.588	0.514	0.252	0.227
	教师教练外出业务进修学习	0.523	0.375	0.348	0.635	0.616	0.576	0.441	0.512	1.000	0.354	0.328	0.313	0.148	0.310
	教师训练比赛工作量计算	0.085	−0.085	0.290	0.332	0.172	0.200	0.261	0.205	0.354	1.000	0.147	0.186	0.309	0.153
	外出足球比赛经费	0.455	0.212	0.161	0.493	0.338	0.553	0.536	0.588	0.328	0.147	1.000	0.549	0.094	0.094
	学生训练补贴	0.458	0.298	0.532	0.400	0.377	0.452	0.594	0.514	0.313	0.186	0.549	1.000	0.258	0.261
	学生运动员学习时间	0.139	0.052	0.138	0.297	0.383	0.145	0.277	0.252	0.148	0.309	0.094	0.258	1.000	0.633
	学生运动员训练时间	0.329	0.076	0.100	0.342	0.402	0.209	0.156	0.227	0.310	0.153	0.094	0.261	0.633	1.000

第五章 中国特色校园足球发展

续 表

问题名称	足球教学场地	足球训练场地	足球课外活动场地	日常足球教学训练器材设备	足球教学师资	足球训练比赛教练	校园内足球比赛裁判	学校日常校园足球开展配套管理人员	教师、教练外出业务进修学习	教师训练、比赛工作量计算	外出足球比赛经费	学生训练补贴	学生运动员学习时间	学生运动员训练时间
相关 学校对校园足球开展支持力度	0.506	0.161	0.117	0.326	0.253	0.372	0.355	0.436	0.359	0.172	0.439	0.494	0.334	0.580
学生运动员家长对校园足球开展支持力度	−0.288	−0.259	−0.147	−0.352	−0.058	−0.093	0.010	−0.056	−0.119	−0.117	−0.029	0.079	0.138	0.093
学生运动员的生源	0.137	0.289	0.339	−0.057	−0.122	0.097	0.318	0.329	−0.033	0.038	0.201	0.288	−0.094	−0.135
学生运动员训练比赛的积极性	0.181	−0.069	0.097	−0.028	−0.080	0.086	−0.079	−0.150	−0.068	−0.057	−0.075	0.031	−0.167	0.087
学校和任课教师对学生运动员文化学习认可度	0.015	0.189	0.267	−0.032	0.058	0.061	0.098	0.069	0.002	0.042	−0.114	0.225	0.122	−0.107
学生家长对学生运动员文化学习认可度	−0.131	0.022	0.033	0.084	0.194	−0.058	0.248	0.361	0.053	0.241	0.262	0.221	0.310	−0.003
学生运动员道德修养教育	−0.037	−0.111	0.079	−0.088	−0.150	0.116	0.103	−0.065	−0.175	0.040	−0.008	0.006	−0.019	−0.113
学生运动员意志品质培养	0.161	0.082	0.125	−0.031	−0.089	0.227	0.231	−0.040	−0.113	−0.01	0.067	0.098	−0.064	−0.157
校内足球比赛次数	0.000	0.022	0.144	−0.100	0.107	0.120	0.108	−0.092	−0.071	0.058	−0.08	0.098	0.216	0.150
学校年度足球比赛次数	0.343	0.195	0.162	0.223	0.043	0.105	0.136	0.199	0.215	0.224	0.294	0.296	0.251	0.229
所在地年度校园足球比赛规模	0.351	0.109	0.245	0.172	0.239	0.231	0.328	0.412	0.233	0.340	0.141	0.247	0.448	0.297
所在地校园足球比赛裁判水平	0.212	−0.038	0.161	−0.157	−0.056	0.075	0.151	0.290	−0.050	−0.158	0.176	0.311	−0.063	0.063
所在地校园足球比赛风貌纪	0.000	−0.073	−0.030	−0.144	−0.018	−0.257	0.029	0.218	−0.022	−0.093	0.013	0.050	−0.013	−0.031

续表

问题名称	足球教学场地	足球训练场地	足球课外活动场地	日常足球教学、训练器材设备	足球教学师资	足球训练、比赛教练	校园内足球比赛裁判	学校日常校园足球开展配套管理人员	教师、教练外出业务进修学习	教师、训练、比赛工作量计算	外出足球比赛经费	学生训练补贴	学生运动员学习时间	学生运动员训练时间
足球教学场地		0.009	0.003	0.000	0.001	0.000	0.000	0.000	0.000	0.291	0.001	0.001	0.184	0.015
足球训练场地	0.009		0.000	0.000	0.032	0.004	0.041	0.026	0.006	0.291	0.083	0.025	0.368	0.311
足球课外活动场地	0.003	0.000		0.001	0.006	0.001	0.000	0.004	0.010	0.028	0.148	0.000	0.186	0.258
日常足球教学、训练器材设备	0.000	0.000	0.001		0.000	0.000	0.020	0.001	0.000	0.014	0.000	0.004	0.025	0.012
足球教学师资	0.001	0.032	0.006	0.000		0.000	0.002	0.001	0.000	0.132	0.012	0.006	0.005	0.003
足球训练、比赛教练	0.000	0.004	0.001	0.000	0.000		0.000	0.000	0.000	0.096	0.000	0.001	0.174	0.087
校园内足球比赛裁判	0.000	0.041	0.000	0.020	0.002	0.000		0.001	0.000	0.044	0.000	0.000	0.034	0.156
学校日常校园足球开展配套管理人员	0.000	0.026	0.004	0.001	0.001	0.000	0.000			0.091	0.000	0.000	0.049	0.069
教师、教练外出业务进修学习	0.000	0.006	0.010	0.000	0.000	0.000	0.001	0.000		0.009	0.015	0.019	0.169	0.020
教师训练、比赛工作量计算	0.291	0.291	0.028	0.014	0.132	0.096	0.044	0.091	0.009		0.171	0.113	0.021	0.160
外出足球比赛经费	0.001	0.083	0.148	0.000	0.012	0.000	0.000	0.000	0.015	0.171		0.000	0.271	0.272
学生训练补贴	0.001	0.025	0.000	0.004	0.006	0.001	0.000	0.000	0.019	0.113	0.000		0.045	0.044
学生运动员学习时间	0.184	0.368	0.186	0.025	0.005	0.174	0.034	0.049	0.169	0.021	0.271	0.045		0.000
学生运动员训练时间	0.015	0.311	0.258	0.012	0.003	0.087	0.156	0.069	0.020	0.160	0.272	0.044	0.000	
学校对校园足球开展支持力度	0.000	0.148	0.225	0.016	0.049	0.007	0.009	0.002	0.008	0.132	0.001	0.000	0.013	0.000

显著性(单尾)

续表

问题名称	足球教学场地	足球训练场地	足球课外活动场地	日常足球教学、训练器材设备	足球教学师资	足球训练比赛教练	校园内足球比赛裁判	学校日常校园足球开展配套管理人员	教师、教练外出业务进修学习	教师训练、比赛工作量计算	外出足球比赛经费	学生训练补贴	学生运动员学习时间	学生运动员训练时间
学生运动员家长对校园足球开展支持力度	0.029	0.045	0.171	0.010	0.355	0.273	0.475	0.360	0.220	0.225	0.427	0.304	0.186	0.274
学生运动员的生源	0.188	0.029	0.012	0.356	0.215	0.265	0.018	0.015	0.416	0.404	0.096	0.029	0.271	0.191
学生运动员训练比赛的积极性	0.120	0.328	0.265	0.428	0.304	0.290	0.305	0.166	0.330	0.356	0.314	0.421	0.139	0.288
学校和任课教师对学生运动员文化学习认可度	0.452	0.110	0.040	0.417	0.354	0.348	0.263	0.327	0.494	0.393	0.231	0.071	0.215	0.244
学生家长对学生运动员文化学习认可度	0.138	0.444	0.415	0.295	0.103	0.353	0.052	0.008	0.367	0.057	0.043	0.075	0.020	0.491
学生运动员道德修养教育	0.436	0.236	0.304	0.286	0.165	0.227	0.253	0.338	0.129	0.398	0.481	0.484	0.451	0.233
学生运动员意志品质培养	0.144	0.298	0.209	0.420	0.282	0.069	0.066	0.399	0.233	0.473	0.334	0.264	0.341	0.154
校内足球年度比赛次数	0.530	0.444	0.176	0.258	0.245	0.218	0.242	0.276	0.322	0.354	0.303	0.264	0.079	0.166
学校年度足球比赛次数	0.011	0.102	0.146	0.073	0.392	0.249	0.189	0.097	0.080	0.072	0.026	0.025	0.050	0.068
所在地年度校园足球比赛规模	0.010	0.240	0.054	0.133	0.059	0.066	0.015	0.003	0.064	0.012	0.181	0.053	0.001	0.025
所在地校园足球比赛裁判水平	0.084	0.403	0.148	0.154	0.359	0.314	0.164	0.028	0.372	0.152	0.127	0.020	0.342	0.342
所在地校园足球比赛纪赛风尾	0.500	0.318	0.424	0.176	0.454	0.046	0.427	0.078	0.442	0.273	0.466	0.373	0.467	0.420

显著性（单尾）

续表

问题名称	学校对校园足球开展支持力度	学生运动员家长对校园足球开展支持力度	学生运动员的生源	学生运动员训练比赛的积极性	学校和任课教师对运动员文化学习认可度	学生家长对运动员文化学习认可度	学生运动员道德修养教育	学生运动员意志品质培养	校内足球比赛次数	学校年度足球比赛次数	所在地区校园足球比赛规模	所在地区校园足球比赛裁判水平	所在地区校园足球比赛纪赛风
足球教学场地	0.506	−0.288	0.137	0.181	0.019	−0.131	−0.037	0.164	0.000	0.343	0.351	0.212	0.000
足球训练场地	0.161	−0.259	0.289	−0.069	0.189	0.022	−0.111	0.082	0.022	0.195	0.109	−0.038	−0.073
足球课外活动场地	0.117	−0.147	0.339	0.097	0.267	0.033	0.079	0.125	0.144	0.162	0.245	0.161	−0.03
日常足球教学训练器材设备	0.326	−0.352	−0.057	−0.028	−0.032	0.084	−0.088	−0.031	−0.1	0.223	0.172	−0.157	−0.144
足球教学师资	0.253	−0.058	−0.122	−0.080	0.058	0.194	−0.150	−0.089	0.107	0.043	0.239	−0.056	−0.018
足球训练比赛教练	0.372	−0.093	0.097	0.086	0.061	−0.058	0.116	0.227	0.120	0.105	0.231	0.075	−0.257
校园内足球比赛裁判	0.355	0.010	0.318	−0.079	0.098	0.248	0.103	0.231	0.108	0.136	0.328	0.151	0.029
相关 学校日常校园足球开展配套管理人员	0.436	−0.056	0.329	−0.150	0.069	0.361	−0.065	−0.040	−0.092	0.199	0.412	0.290	0.218
教师教练外出业务进修学习	0.359	−0.119	−0.033	−0.068	0.002	0.053	−0.175	−0.113	−0.071	0.215	0.233	−0.050	−0.022
教师训练比赛工作量计算	0.172	−0.117	0.038	−0.057	0.042	0.241	0.040	−0.010	0.058	0.224	0.340	−0.158	−0.093
外出足球比赛经费	0.439	−0.029	0.201	−0.075	−0.114	0.262	−0.008	0.067	−0.080	0.294	0.141	0.176	0.013
学生训练补贴	0.494	0.079	0.288	0.031	0.225	0.221	0.006	0.098	0.098	0.296	0.247	0.311	0.050
学生运动员学习时间	0.334	0.138	−0.094	−0.167	0.122	0.310	−0.019	−0.064	0.216	0.251	0.448	−0.063	−0.013
学生运动员训练时间	0.580	0.093	−0.135	0.087	−0.107	−0.003	−0.113	−0.157	0.150	0.229	0.297	0.063	−0.031

续 表

问题名称	学校对校园足球开展支持力度	学生运动员家长对校园足球开展支持力度	学生运动员的生源	学生运动员训练比赛的积极性	学校和任课教师对运动员文化学习认可度	学生家长对运动员文化学习认可度	学生运动员道德修养教育	学生运动员意志品质培养	校内足球比赛次数	学校年度足球比赛次数	所在地区年度校园足球比赛规模	所在地区校园足球比赛裁判水平	所在地区校园足球比赛风纪
相关 学校对校园足球开展支持力度	1.000	0.133	0.195	0.278	0.081	0.174	0.197	0.112	0.236	0.356	0.428	0.327	-0.008
学生运动员家长对校园足球开展支持力度	0.133	1.000	0.142	0.092	-0.204	-0.022	0.144	0.068	0.097	-0.065	0.083	0.082	0.073
学生运动员的生源	0.195	0.142	1.000	0.001	0.093	0.015	0.178	0.260	0.137	0.145	0.060	0.390	0.194
学生运动员训练比赛的积极性	0.278	0.092	0.001	1.000	0.306	-0.101	0.239	0.315	0.176	0.103	-0.083	0.089	-0.282
学校和任课教师对学生运动员文化学习认可度	0.081	-0.204	0.093	0.306	1.000	0.479	0.055	0.023	0.428	0.299	0.061	0.338	0.131
学生家长对学生运动员文化学习认可度	0.174	-0.022	0.015	-0.101	0.479	1.000	-0.063	-0.100	0.252	0.340	0.160	0.119	0.221
学生运动员道德修养教育	0.197	0.144	0.178	0.239	0.055	-0.063	1.000	0.634	0.136	0.047	0.217	0.110	-0.122
学生运动员意志品质培养	0.112	0.068	0.260	0.315	0.023	-0.100	0.634	1.000	0.120	0.123	0.128	0.119	-0.075
校内足球比赛次数	0.236	0.097	0.137	0.176	0.428	0.252	0.136	0.120	1.000	0.394	0.223	0.294	0.024
学校年度足球比赛次数	0.356	-0.065	0.145	0.103	0.299	0.340	0.047	0.123	0.394	1.000	0.248	0.352	0.294
所在地年度校园足球比赛规模	0.428	0.083	0.060	-0.083	0.061	0.160	0.217	0.128	0.223	0.248	1.000	0.206	0.213
所在地校园足球比赛裁判水平	0.327	0.082	0.390	0.089	0.338	0.119	0.110	0.119	0.294	0.352	0.206	1.000	0.481
所在地校园足球比赛风纪	-0.008	0.073	0.194	-0.282	0.131	0.221	-0.122	-0.075	0.024	0.294	0.213	0.481	1.000

续 表

问题名称	学校对校园足球开展支持力度	学生运动员家长对校园足球开展支持力度	学生运动员的生源	学生运动员训练比赛的积极性	学校和任课教师对运动员文化学习认可度	学生家长对运动员文化学习认可度	学生运动员道德修养教育	学生运动员意志品质培养	校内足球比赛次数	学校年度足球比赛次数	所在地区年度校园足球比赛规模	所在地区校园足球比赛裁判水平	所在地区校园足球比赛纪风赛纪
足球教学场地	0.000	0.029	0.188	0.120	0.452	0.198	0.406	0.144	0.500	0.011	0.010	0.084	0.50
足球训练场地	0.148	0.045	0.029	0.328	0.110	0.444	0.236	0.298	0.444	0.102	0.240	0.403	0.318
足球课外活动场地	0.225	0.171	0.012	0.265	0.040	0.415	0.304	0.209	0.176	0.146	0.054	0.148	0.424
日常足球教学训练器材设备	0.016	0.010	0.356	0.428	0.417	0.295	0.286	0.420	0.258	0.073	0.133	0.154	0.176
足球教学师资	0.049	0.355	0.215	0.304	0.354	0.103	0.165	0.282	0.245	0.392	0.059	0.359	0.454
足球训练、比赛教练	0.007	0.273	0.265	0.290	0.348	0.353	0.227	0.069	0.218	0.249	0.066	0.314	0.046
校园内足球比赛裁判	0.009	0.475	0.018	0.305	0.263	0.052	0.253	0.066	0.242	0.189	0.015	0.164	0.427
学校日常足球开展配套管理人员	0.002	0.360	0.015	0.166	0.327	0.008	0.338	0.399	0.276	0.097	0.003	0.028	0.078
教师、教练外出业务进修学习	0.008	0.220	0.416	0.330	0.494	0.367	0.129	0.233	0.322	0.080	0.064	0.372	0.442
教师训练、比赛工作量计算	0.132	0.225	0.404	0.356	0.393	0.057	0.398	0.473	0.354	0.072	0.012	0.152	0.273
外出足球比赛经费	0.001	0.427	0.096	0.314	0.231	0.043	0.481	0.334	0.303	0.026	0.181	0.127	0.466
学生训练补贴	0.000	0.304	0.029	0.421	0.071	0.075	0.484	0.264	0.264	0.025	0.053	0.02	0.373
学生运动员学习时间	0.013	0.186	0.271	0.139	0.215	0.020	0.451	0.341	0.079	0.050	0.001	0.342	0.467
学生运动员训练时间	0.000	0.274	0.191	0.288	0.244	0.491	0.233	0.154	0.166	0.068	0.025	0.342	0.420
学校对校园足球开展支持力度		0.195	0.102	0.034	0.301	0.129	0.100	0.234	0.062	0.009	0.002	0.015	0.478

显著性(单尾)

续表

问题名称	学校对校园足球开展支持力度	学生运动员家长对校园足球开展支持力度	学生运动员的生源	学生运动员训练比赛的积极性	学校和任课教师对学生运动员文化学习认可度	学生家长对运动员文化学习认可度	学生运动员道德修养教育	学生运动员意志品质培养	校内足球比赛次数	学校年度足球比赛次数	所在地区年度校园足球比赛规模	所在地校园足球比赛裁判水平	所在地校园足球比赛赛风赛纪
显著性（单尾）学生运动员家长对校园足球开展支持力度	0.195		0.179	0.277	0.092	0.445	0.176	0.331	0.265	0.338	0.296	0.298	0.319
学生运动员的生源	0.102	0.179		0.496	0.274	0.462	0.123	0.044	0.187	0.174	0.350	0.004	0.104
学生运动员训练比赛的积极性	0.034	0.277	0.496		0.022	0.257	0.059	0.019	0.126	0.253	0.296	0.282	0.032
学校和任课教师对学生运动员文化学习认可度	0.301	0.092	0.274	0.022		0.001	0.362	0.441	0.002	0.024	0.348	0.012	0.199
学生家长对运动员文化学习认可度	0.129	0.445	0.462	0.257	0.001		0.341	0.259	0.049	0.012	0.150	0.220	0.075
学生运动员道德修养教育	0.100	0.176	0.123	0.059	0.362	0.341		0.000	0.190	0.380	0.079	0.238	0.215
学生运动员意志品质培养	0.234	0.331	0.044	0.019	0.441	0.259	0.000		0.219	0.213	0.203	0.220	0.315
校内足球比赛次数	0.062	0.265	0.187	0.126	0.002	0.049	0.190	0.219		0.004	0.073	0.026	0.439
学校年度足球比赛次数	0.009	0.338	0.174	0.253	0.024	0.012	0.380	0.213	0.004		0.052	0.010	0.026
所在地年度校园足球比赛规模	0.002	0.296	0.350	0.296	0.348	0.150	0.079	0.203	0.073	0.052		0.090	0.082
所在地校园足球比赛裁判水平	0.015	0.298	0.004	0.282	0.012	0.220	0.238	0.220	0.026	0.010	0.090		0.000
所在地校园足球比赛赛风赛纪	0.478	0.319	0.104	0.032	0.199	0.075	0.215	0.315	0.439	0.026	0.082	0.000	

2. 公因子方差

表 5-24　公因子方差（中小学教练员相关问题调查）

问 题 名 称	初始值	提 取
足球教学场地	1	0.81
足球训练场地	1	0.642
足球课外活动场地	1	0.783
日常足球教学、训练器材设备	1	0.803
足球教学师资	1	0.658
足球训练、比赛教练	1	0.766
校园内足球比赛裁判	1	0.746
学校日常校园足球开展配套管理人员	1	0.78
教师、教练外出业务进修学习	1	0.631
教师训练、比赛工作量计算	1	0.628
外出足球比赛经费	1	0.824
学生训练补贴	1	0.657
学生运动员学习时间	1	0.758
学生运动员训练时间	1	0.825
学校对校园足球开展支持力度	1	0.778
学生运动员家长对校园足球开展支持力度	1	0.736
学生运动员的生源	1	0.636
学生运动员训练比赛的积极性	1	0.728
学校和任课教师对学生运动员文化学习认可度	1	0.818
学生家长对学生运动员文化学习认可度	1	0.849
学生运动员道德修养教育	1	0.738
学生运动员意志品质培养	1	0.721

续 表

问 题 名 称	初始值	提 取
校内足球比赛次数	1	0.611
学校年度足球比赛次数	1	0.661
所在地区年度校园足球比赛规模	1	0.698
所在地区校园足球比赛裁判水平	1	0.755
所在地区校园足球比赛赛风赛纪	1	0.749

提取方法：主成分分析。

表 5-24 显示，公因子方差大都在 70% 以上的水平上，共 18 项，因此认为这样提取公因子对各变量的解释能力比较强。

3. 总方差解释

表 5-25 总方差解释（中小学教练员相关问题调查）

组件	初始特征值			提取载荷平方和		
	总计	方差%	累积%	总计	方差%	累积%
1	6.885	25.5	25.5	6.885	25.5	25.5
2	2.939	10.886	36.386	2.939	10.886	36.386
3	2.339	8.661	45.047	2.339	8.661	45.047
4	2.037	7.546	52.593	2.037	7.546	52.593
5	1.783	6.604	59.197	1.783	6.604	59.197
6	1.471	5.448	64.645	1.471	5.448	64.645
7	1.174	4.347	68.992	1.174	4.347	68.992
8	1.161	4.3	73.292	1.161	4.3	73.292
9	0.914	3.387	76.679			
10	0.882	3.268	79.947			

续 表

组件	初始特征值			提取载荷平方和		
	总计	方差%	累积%	总计	方差%	累积%
11	0.755	2.796	82.742			
12	0.679	2.515	85.257			
13	0.636	2.357	87.614			
14	0.525	1.944	89.557			
15	0.502	1.858	91.416			
16	0.41	1.517	92.933			
17	0.369	1.368	94.3			
18	0.327	1.212	95.513			
19	0.28	1.037	96.55			
20	0.235	0.872	97.422			
21	0.197	0.728	98.15			
22	0.145	0.535	98.686			
23	0.137	0.506	99.191			
24	0.073	0.271	99.463			
25	0.06	0.222	99.684			
26	0.052	0.194	99.878			
27	0.033	0.122	100			

提取方法：主成分分析。

表5-25"初始特征值"一栏中显示8个特征值大于1，为此SPSS选择了前8个主成分，在"提取载荷平方和"一栏中，前8个主成分的方差占所有主成分差的73.29%，因此认为8个主成分较充分替代了原来的变量，几乎涵盖了原来变量的全部信息。

4. 旋转元件矩阵

表5-26 旋转元件矩阵(中小学教练员相关问题调查)

问题名称	元件							
	1	2	3	4	5	6	7	8
足球教学场地	0.549	0.376	0.297	0.144	−0.115	0.141	−0.189	0.435
日常足球教学、训练器材设备	0.552	0.269	0.311	−0.113	−0.063	−0.254	0.156	0.473
足球教学师资	0.49	0.384	0.337	−0.266	0.044	−0.235	0.151	0.081
足球训练、比赛教练	0.678	0.192	0.394	0.187	−0.035	−0.227	−0.036	0.159
校园内足球比赛裁判	0.691	0.049	0.367	0.159	0.071	0.059	0.261	−0.171
学校日常校园足球开展配套管理人员	0.766	0.101	0.207	−0.088	−0.018	0.287	0.223	0.016
教师、教练外出业务进修学习	0.524	0.3	0.285	−0.171	−0.105	−0.105	0.144	0.336
外出足球比赛经费	0.89	−0.038	−0.125	0.025	−0.036	0.086	0.021	0.074
学生训练补贴	0.676	0.166	0.284	0.031	0.227	0.13	−0.01	−0.148
学生运动员学习时间	0.102	0.655	0.06	−0.111	0.204	−0.073	0.474	−0.178
学生运动员训练时间	0.153	0.88	0.012	−0.154	−0.008	−0.038	−0.014	−0.027
学校对校园足球开展支持力度	0.528	0.606	−0.103	0.233	0.157	0.154	−0.137	0.001
所在地区年度校园足球比赛规模	0.131	0.513	0.138	0.271	0	0.319	0.472	0.026
足球训练场地	0.226	0.008	0.712	−0.086	0.054	0.019	−0.087	0.257
足球课外活动场地	0.289	0.046	0.792	0.132	0.182	0.004	0.129	0.056

续 表

问题名称	元件							
	1	2	3	4	5	6	7	8
学生运动员道德修养教育	−0.02	−0.007	−0.041	0.844	0.038	−0.023	0.101	−0.108
学生运动员意志品质培养	0.073	−0.081	0.104	0.835	0.011	0.013	−0.033	−0.001
学校和任课教师对运动员文化学习认可度	−0.025	−0.083	0.215	−0.003	0.86	0.097	−0.038	0.122
家长对学生运动员文化学习认可度	0.314	−0.111	−0.223	−0.211	0.665	0.107	0.431	−0.059
校内足球比赛次数	−0.13	0.303	0.141	0.176	0.653	0.096	−0.016	−0.124
所在地区校园足球比赛裁判水平	0.18	0.086	0.034	0.135	0.282	0.731	−0.277	−0.079
所在地区校园足球比赛赛风赛纪	−0.037	−0.016	−0.053	−0.197	0.03	0.826	0.149	0.013
教师训练、比赛工作量计算	0.19	0.148	−0.014	0.16	0.121	−0.163	0.679	0.205
运动员家长对校园足球开展支持力度	0.024	0.209	−0.168	0.104	−0.06	0.045	−0.074	−0.801
学生运动员的生源	0.228	−0.212	0.394	0.291	0.044	0.465	0.002	−0.28
学生运动员训练比赛的积极性	0.013	0.16	−0.085	0.431	0.364	−0.265	−0.547	0.086
学校年度足球比赛次数	0.199	0.288	−0.084	0.131	0.446	0.416	0.071	0.371

提取方法：主体元件分析。
旋转方法：具有 Kaiser 正规化的最大变异法。

如表 5-26 所示的旋转成分矩阵,结果显示同样 27 个相关问题在结构上分成 8 类,但与大学教练员调查结果不同的是,较为集中的仅为 2 大类。第 1 类比较明显为校园足球开展的经费不足和教师、裁判、管理人员的专业水平不够高,这两大问题归成一类,成为同等影响校园足球发展的主要问题。第 2 类为学生运动员学习和训练的时间保障以及校园足球领导重视程度。其他问题也或多或少存在,但与大学教练调查结果明显不同的是中小学校园足球的开展,跟家长的支持、学生运动员的生源、学生运动员的参与积极性关系不大,这可以理解为中、小学生,特别是小学生由于学习压力及升学压力不大,而男孩生性好玩,自然喜欢足球,所以客观上有时间去"玩"足球,因此无须通过外部的附加干预,而迫使他们去踢足球,那才是真正意义上自然的人性足球。

三、供给侧的中国足球运动员培养

"供给侧结构性改革"是习近平总书记在 2015 年 11 月中央财政领导小组第 11 次会议上提出的,旨在适度扩大社会总需求的同时,着力加强供给侧结构性改革,着力提高供给侧体系质量和效率,增强经济持续增长的动力,推动我国社会生产力的水平实现整体性跃升[1]。供给学派是 20 世纪 70 年代由美国兴起的一个经济学流派,强调经济发展供给方面的作用,认为生产的增长取决于劳动力和资本等生产要素供给和有效利用,我们所熟悉的拉动经济的三驾马车是投资、出口、消费,这是从需求侧角度而提出的。但从供给侧角度来推动经济,就是通过供给侧各要素的有效供给以及相互间结构的合理改革,其实质就是通过以问题作为导向,从生产供给入手,创造新供给,满足新需求,打造经济发展的新动力。供给侧结构性改革有其发展逻辑和理论内涵,跟需求侧管理共同构成经济发展的"一体两面",实现经济发展中由注重强调市场需求的"有没有",向注重供给的"好不好"方面转化,以推进供给侧结构性改革引领经济发展的"新常态"[2]。

在世界范围内,足球后备人才培养的基本模式有四种典型的模式,即职业足球俱乐部里青少年训练营训练、专门足球学校训练、青少年业余运动训练性质的足球运动训练、广大普通学校校园足球的青少年足球运动训练。世界级职业足

---

[1] 新华网.习近平提"供给侧结构性改革",深意何在[EB/OL].(2015-11-19). http://New.xinahuanet.com/politics/2015-11-191.
[2] 冯志峰.供给侧结构性改革的理论逻辑与实践路径[J].经济问题,2016(2):12-17.

球俱乐部里,都有自己的专门青少年训练营,为所在俱乐部的一线队源源不断地输送"新鲜血液"。世界上著名的青少年训练营有英国曼城青训营、德国拜仁和多特蒙德青训营、荷兰阿贾克斯青训营、南美阿根廷的河床青训营[①],这类性质的青训营不但为所在职业俱乐部的长盛不衰铸造了辉煌,而且这些俱乐部的本土队员为所在国家队输送了主要的精英,如阿贾克斯(荷兰)、拜仁(德国)、里斯本竞技(葡萄牙)等职业足球俱乐部。中国曾经也尝试过这类精英式培养模式,以希望在短时间内通过吸收国外先进的足球技、战术训练理念和方法,快速使中国国字号的球队至少能迅速成为亚洲强队。1992年由中国健力宝集团出资,并由中国足球协会组织赴巴西圣保罗(同时还出访了阿根廷、乌拉圭、智利等足球强国)进行学习和训练的中国青少年足球队,就是一个尝试。当时该队队员由1977年1月后出生的球员组成,为2000年奥运会和2002、2006年世界杯做准备,先后五年三次出行巴西留学。就是这批队员作为主力,代表中国参加了2002年世界杯,虽然后来中国这类以各种官方和民间出资的,国际性短期和长期的,以青少年足球运动训练为主要内容的交流络绎不绝,但效果不佳。第2类为专门的足球学校,这类学校起源于特定的职业足球俱乐部,不过又脱胎于职业足球俱乐部,所培养的青少年足球运动员不局限于特定的职业足球俱乐部,可以前往世界各地的职业足球俱乐部。这类足球学校有其独特的办学风格,并有自我良性发展的运营机制,如著名的拉玛西亚足球学校(西班牙),原来完全依附巴塞罗那职业足球俱乐部,目前已成为世界输送球星的足球"西点学校"[②]。中国的恒大足球学校(广州)和鲁能足球学校(山东)近几年异军突起,他们都属于这类的足球学校,但又觉得这类学校在中国犹如昙花一现,发展后劲明显乏力。第3类属于青少年业余足球训练学校,就是在青少年体育运动学校里进行青少年足球运动员的培养模式,这是包括中国在内的俄罗斯式足球运动训练模式(基本沿用苏联时期)。虽然中国于1992年提出足球运动职业化,并为了当时的全国奥运争光战略把青少年业余足球运动员培养规模大幅萎缩,但目前在我国经济欠发达地区还有存在的意义,需通过国家重点拨款,来支持包括体育在内的文化、教育等事业的发展。第4类就是最为广泛的校园足球,特指积极开展足球运动的普通学校。校园足球在世界包括足球发达国家都最为普遍地存在着,只不过在中国近几年的特殊历史条件下对足球运动在学校进行先导性的推广。第

---

① 恒大足球学校.魅力无穷的足球[M].广州:广东人民出版社,2016.
② 恒大足球学校.魅力无穷的足球[M].广州:广东人民出版社,2016.

4类培养模式从宏观上来看最能解决足球运动员培养的基础问题,即全民的普及化问题。校园足球的开展,是供给侧的中国足球运动员培养模式的改革和优化,重点在校园足球的持续推广和足球运动员培养模式的多样性上。由于我国社会经济、教育文化发展的不平衡,以及我国地域广阔所形成的种族多样和地理环境及相应民俗的丰富多彩,使得足球提高和普及的问题尤为重要。而目前我国存在的问题就是足球运动员培养的普及供给不足,继而提高也发生供给短缺,当前国家队的梯队也存在着断层的局面,而把梯队建设捆绑到各职业俱乐部的梯队建设当中,也明显存在着供给不足。我国曾尝试过职业足球俱乐部与足球特色学校合作,但效果很不理想,之所以如此是由目标与理念不一致、学习与训练冲突、俱乐部企业社会责任意识缺失[①]等问题所造成。解决这一问题的供给,就是在校园足球的竞赛体系中建立夏令营,旨在建立一个具有中国特色的足球后备人才精英培养模式,就是以坚实的校园足球普及基础,去支撑我国足球竞技运动的高水平发展。

第三节　人性化的校园足球开展机制确立

一、动力性机制确定的依据

如果说校园足球是青少年足球运动员培养的一种模式,那么这个模式就是培养的外因,而校园足球青少年运动员参与足球运动的动机就是运动员成长的内因,内因必须通过外因而起变化,而且内因还是校园足球青少年运动员培养的主要因素。为此就校园足球青少年踢球的动机问题,课题组向相关中小学生的家长进行了专题问卷调查,发放问卷共70份,回收45份,回收率为64.29%。

先对专题问卷进行信度检验,建立数据库。根据问卷的14道问题,测试45名校园足球青少年的家长,文本格式仍然为SAV。然后打开数据库,按照分析→标度(度量)→可靠性分析,得出可靠性统计表5-27,得到Alpha(克隆巴赫系数)"α"=0.707,由于α>0.7,可认为题目设置较好,一致性较高,即信度较高。

---

① 喻和文,刘东锋.职业足球俱乐部与足球特色学校合作长效机制探索——基于社会交易理论视角[J].沈阳体育学院学报,2019,38(01):7-15.

表 5-27　可靠性统计（中小学学生足球运动训练动机调查）

克隆巴赫系数	项　数
0.707	14

然后对动机专题问卷进行结构效度分析。打开数据库，分析→降准→因子分析，KMO 和巴特利特检验见表 5-28。由于 KMO=0.596＞0.5 表明样本量足够，又因为 P=0.000＜0.05，所以认为符合球形度检验，因此可以把此数据库做下一步的因子分析。

表 5-28　KMO 和巴特利特检验（中小学学生足球运动训练动机调查）

	KMO 取样适切性量数	0.596
Bartlett 的球形度检验	上次读取卡方	192.677
	自由度	91
	显著性	0.000

运用主成分分析法，将面向参加中小学校园足球校代表队运动员的学生家长进行的专题问卷调查结果建立相应的数据库，并建立模型，数据格式为 SAV。为消除变量的量纲分析结果影响，先对数据进行必要的标准化处理，基于 SPSS 分析中的主成分分析方法与因子分析类同，因此本成分分析参照因子分析进行数理分析。在数据视力窗口下，按照"分析→降准→因子分析"相应操作步骤，得出 SPSS 分析的输出结果如下。

1. 相关性矩阵

采用 SPSS 对参与校园足球运动训练学生运动员的动机问卷调查原始数据先建模，再标准化处理，然后计算出各指标间的相关系数矩阵，具体如表 5-29 所示。

2. 公因子方差

变量的共同度用公因子方差来表示，用来显示各变量所包含的信息能被提取出来的公因子表示程度。如表 5-30 所示，本案的公因子方差大都在 70% 以上的有 5 项，60% 以上的竟然达到了 13 项（共 14 项），表明变量中大部分的信息均能被因子所提取，认为如此提取这些公因子对变量的解释能力较强。

表 5-29 相关性矩阵(中小学生足球运动训练动机调查)

	问题名称	让身体得到锻炼	让身心得到娱乐	丰富课余生活	陶冶情操塑造优良品质	能与人积极交往	能有一技之长	能显示自身的价值	能为集体争荣誉	将来能为国争光	能成为职业足球运动员挣较多钱	有优惠条件进高一级学校	响应政府号召参加	被老师或学校要求参加	随大流无明确动机
相关	让身体得到锻炼	1.000	0.482	0.357	0.252	0.059	-0.166	0.057	0.092	-0.034	-0.062	0.102	0.171	0.268	0.128
	让身心得到娱乐	0.482	1.000	0.416	0.144	0.483	0.065	0.244	0.103	0.105	0.185	-0.039	0.122	0.179	0.122
	丰富课余生活	0.357	0.416	1.000	0.260	0.352	0.160	0.339	0.327	0.108	0.203	-0.241	0.148	0.031	0.145
	陶冶情操,塑造优良品质	0.252	0.144	0.260	1.000	0.517	0.055	0.196	0.472	0.190	0.089	-0.075	0.370	-0.080	0.228
	能与人积极交往	0.059	0.483	0.352	0.517	1.000	0.230	0.336	0.375	0.371	0.250	-0.014	0.168	-0.080	0.131
	能有一技之长	-0.166	0.065	0.160	0.055	0.230	1.000	0.215	0.322	0.532	0.500	-0.161	0.271	-0.067	0.143
	能显示自身的价值	0.057	0.244	0.339	0.196	0.336	0.215	1.000	0.405	0.181	0.069	-0.214	0.552	0.139	-0.007
	能为集体争荣誉	0.092	0.103	0.327	0.472	0.375	0.322	0.405	1.000	0.436	0.473	-0.291	0.272	-0.082	-0.041
	将来能为国争光	-0.034	0.105	0.108	0.190	0.371	0.532	0.181	0.436	1.000	0.546	0.031	0.254	-0.076	0.053
	能成为职业足球运动员挣较多钱	-0.062	0.185	0.203	0.089	0.250	0.500	0.069	0.473	0.546	1.000	-0.198	0.202	-0.160	-0.037
	有优惠条件进高一级学校	0.102	-0.039	-0.241	-0.075	-0.014	-0.161	-0.214	-0.291	0.031	-0.198	1.000	-0.108	0.351	0.095
	响应政府号召参加	0.171	0.122	0.148	0.370	0.168	0.271	0.552	0.272	0.254	0.202	-0.108	1.000	0.155	0.236
	被老师或学校要求参加	0.268	0.179	0.031	-0.080	-0.080	-0.067	0.139	-0.082	-0.076	-0.160	0.351	0.155	1.000	0.159
	随大流无明确动机	0.128	0.122	0.145	0.228	0.131	0.143	-0.007	-0.041	0.053	-0.037	0.095	0.236	0.159	1.000

续 表

问题名称	让身体得到锻炼	让身心得到娱乐	丰富课余生活	陶冶情操塑造优良品质	能与人积极交往	能有一技之长	能显示自身的价值	能为集体争荣誉	将来能为国争光	能成为职业足球运动员挣较多钱	有优惠条件进高一级学校	响应政府号召参加	被老师或学校要求参加	随大流无明确动机
让身体得到锻炼		0.000	0.008	0.047	0.351	0.138	0.355	0.274	0.414	0.344	0.252	0.131	0.038	0.201
让身心得到娱乐	0.000		0.002	0.173	0.000	0.336	0.053	0.250	0.247	0.112	0.400	0.213	0.119	0.212
丰富课余生活	0.008	0.002		0.042	0.009	0.148	0.011	0.014	0.241	0.090	0.055	0.166	0.421	0.171
陶冶情操塑造优良品质	0.047	0.173	0.042		0.000	0.361	0.099	0.001	0.106	0.281	0.313	0.006	0.301	0.066
能与人积极交往	0.351	0.000	0.009	0.000		0.064	0.012	0.006	0.006	0.049	0.464	0.136	0.300	0.195
能有一技之长	0.138	0.336	0.148	0.361	0.064		0.078	0.016	0.000	0.000	0.145	0.036	0.331	0.174
能显示自身的价值	0.355	0.053	0.011	0.099	0.012	0.078		0.003	0.118	0.325	0.079	0.000	0.181	0.482
能为集体争荣誉	0.274	0.250	0.014	0.001	0.006	0.016	0.003		0.001	0.001	0.026	0.035	0.296	0.396
将来能为国争光	0.411	0.247	0.241	0.106	0.006	0.000	0.118	0.001		0.000	0.420	0.046	0.309	0.364
能成为职业足球运动员挣较多钱	0.341	0.112	0.090	0.281	0.049	0.000	0.325	0.001	0.000		0.097	0.092	0.148	0.405
有优惠条件进高一级学校	0.252	0.400	0.055	0.313	0.464	0.145	0.079	0.026	0.420	0.097		0.241	0.009	0.267
响应政府号召参加	0.131	0.213	0.166	0.006	0.136	0.036	0.000	0.035	0.046	0.092	0.241		0.155	0.059
被老师或学校要求参加	0.038	0.119	0.421	0.301	0.300	0.331	0.181	0.296	0.309	0.148	0.009	0.155		0.149
随大流无明确动机	0.201	0.212	0.171	0.066	0.195	0.174	0.482	0.396	0.364	0.405	0.267	0.059	0.149	

显著性（单尾）

表 5-30 公因子方差(中小学学生足球运动训练动机调查)

问 题 名 称	初始值	提 取
让身体得到锻炼	1.000	0.623
让身心得到娱乐	1.000	0.752
丰富课余生活	1.000	0.603
陶冶情操、塑造优良品质	1.000	0.836
能与人积极交往	1.000	0.647
能有一技之长	1.000	0.668
能显示自身的价值	1.000	0.749
能为集体争荣誉	1.000	0.607
将来能为国争光	1.000	0.735
能成为职业足球运动员挣较多钱	1.000	0.717
有优惠条件进高一级学校	1.000	0.692
响应政府号召参加	1.000	0.760
被老师或学校要求参加	1.000	0.715
随大流无明确动机	1.000	0.454

提取方法:主成分分析。

3. 总方差解释

表 5-31"初始特征值"一栏显示,只有前面 5 个特征值大于 1,所以 SPSS 只选择前面 5 个主成分。在"提取载荷平方和"一栏中,前面 5 个主成分的方差占所有主成分差的 68.27%,因此前 5 个主成分已经较为充分地替代原来变量,也就是几乎涵盖了原来变量的全部信息。

4. 旋转成分矩阵

如表 5-32 所示的旋转成分矩阵,从结果中发现了 14 个涉及学生足球运动训练的动机,在结构上可分成 5 类,用灰色阴影显示,分别为人生理想选择、生活质量提高、自我价值实现、内在品质充实、外在条件影响。

表 5-31 总方差解释(中小学学生足球运动训练动机调查)

组件	初始特征值			提取载荷平方和			旋转载荷平方和		
	总计	方差%	累积%	总计	方差%	累积%	总计	方差%	累积%
1	3.708	26.484	26.484	3.708	26.484	26.484	2.429	17.347	17.347
2	2.086	14.899	41.383	2.086	14.899	41.383	2.043	14.590	31.937
3	1.400	9.997	51.380	1.400	9.997	51.380	1.764	12.600	44.537
4	1.240	8.860	60.240	1.240	8.860	60.240	1.695	12.109	56.646
5	1.125	8.034	68.274	1.125	8.034	68.274	1.628	11.628	68.274
6	0.958	6.843	75.117						
7	0.839	5.996	81.113						
8	0.633	4.522	85.635						
9	0.510	3.640	89.275						
10	0.424	3.025	92.300						
11	0.397	2.833	95.133						
12	0.328	2.346	97.479						
13	0.187	1.335	98.814						
14	0.166	1.186	100.000						

提取方法：主成分分析。

表 5-32 旋转成分矩阵(中小学学生足球运动训练动机调查)

问题名称	元件				
	1	2	3	4	5
能有一技之长	0.781	−0.076	0.230	−0.005	−0.002
将来能为国争光	0.828	0.005	0.063	0.191	0.094
能成为职业足球运动员挣较多钱	0.815	0.129	−0.007	−0.003	−0.191

续 表

问题名称	元件				
	1	2	3	4	5
能为集体争荣誉	0.459	0.162	0.329	0.365	−0.358
让身体得到锻炼	−0.202	0.717	0.083	0.118	0.220
让身心得到娱乐	0.144	0.850	0.011	0.060	0.074
丰富课余生活	0.116	0.676	0.208	0.166	−0.249
能显示自身的价值	0.120	0.220	0.808	0.054	−0.173
响应政府号召参加	0.173	0.000	0.806	0.251	0.135
陶冶情操、塑造优良品质	0.018	0.141	0.195	0.879	−0.065
能与人积极交往	0.358	0.397	0.006	0.598	−0.064
有优惠条件进高一级学校	−0.032	−0.040	−0.262	0.016	0.788
被老师或学校要求参加	−0.106	0.273	0.347	−0.273	0.659
随大流无明确动机	0.007	0.010	0.138	0.457	0.476

提取方法：主体元件分析。
旋转方法：具有 Kaiser 正规化的最大变异法。

第1类人生理想选择类。这个属于人生规划，学生家长为孩子未来前途着想，为国争光的情怀则最重，而为集体争荣誉可理解是为国家这个大集体争荣誉，那么这个动机可以理解为成为国家队队员。如果把踢球作为一个谋生的技能，或者讲为挣钱而踢球，那么学生的动机就是成为职业足球运动员。无论是作为国家队队员还是职业足球运动员都是凤毛麟角，所以也应验了那些优秀选手只能是足球人口中的0.2%。当然足球人口基数越大，那么优秀选手的可选余地就越大，同时相对优秀选手的水平就更高，避免当前中国国家队本土球员难选，且国家队各个梯队人员青黄不接，不得不花大力气去物色球员的窘境。

第2类为生活质量提高类。这是最基本的，也是最原始的校园足球开展需要，特别是身心得到娱乐与当前追求美好生活的需求相一致。这个需要是刚需，是当前国家提倡体育惠民的落脚点，是建设全面小康社会的重要指标。作为学校体育来说，要使未来的国民有健身的习惯和健身技能，必须从当下的学校体育改革做起，提供给学生优质的健身资源，尤其是以足球运动为代表的现代体育运动。

第3类为自我价值实现类。人的自我实现需要是高级需要，是人类特有的需要。作为社会的人，要想有价值，就要被人承认，或者讲是人类特有的"好面子"，但人的这种需要是确确实实存在着的，通过踢足球能够在足球赛场上表现出与众不同特殊价值，使足球场外的观众有羡慕之情，比赛场面越大，竞技越激烈，则影响也越大，当然羡慕程度也越高，足球运动就是凭借着这个特点而成为世界第一运动。

第4类为内在品质充实类。内在品质对当事人——学生来说，在校期间可能并不在意，但作为过来人的家长和教育者（广义）越来越觉得在人才培养中是越来越重要的内在素质，所以现在学校普遍提倡的思政课程就是这个作用，通过踢足球同样可以培养学生立德树人的品质。目前，校园足球四级联赛中，为抓赛风专门设置了比赛仪式环节，这些都是对学生进行的道德修养培养。这些修养包括遵守规则、尊重对手、团结协作、不怕困难、勇于拼搏等，这些内在品质只有通过类似足球运动的人生体验，才会最后融入学生的内心。

第5类为外在条件影响类。这类属于趋利型和规避行为。参加校园足球有实实在在的实惠，这些实惠可能决定不了学生参与足球运动大的方面，但能对学生参与的积极性大小有不可低估的作用。小学生或者初中生很听老师话，甚至把教师作为偶像。所以，老师的启蒙教育，特别是正面指导，对校园足球的推动作用是很大的。当然，对讲究升学率的各类中、小学生及学生家长，把足球特长作为升入高一级优质学校的条件是他们求之不得的。最后值得指出的是，这5类动机有单独起作用的，也有一个以上共同起作用的。当然作用的动机越多，则越能激发学生积极地去踢足球。

二、（动力）机制形成及效应

校园足球良性发展运营机制的系统化、精准化，须在正视当下中国国情和先期校园足球开展工作中摸索、改进、提高的经验和教训基础上，同时参照国际上学校教育、现代体育运动（特别是现代足球运动）发达国家的成功做法，进一步优化和完善。从我国校园足球发展的历史来看，真正有意识地推行校园足球则是在2009年，而对校园足球进行成体系化地运行机制推出更是在《中国足球改革发展总体方案》颁布的2015年2月之后。运行机制实质上是在先期已有经验总结基础上，所制定制度的实施办法，是工作推进的方法、方式。所谓运行机制的系统化、精准化，就是做到大战略系统化，小计划精准化。要做到运行机制的系统化，必须要有很明确的战略目标，并为实现这个目标而制定配套的实施计划，因此若干个小计划围绕战略目标而系统化。小计划当然要围绕战略目标，否则就失去存在意义，但要使小计划对战略目标实现价值的最大化，则要越精准化，要以供给侧结构性改革的思维制定小计划并能解决实际问题。2015年2月以来由教育部牵头所推行一系列校园足球开展的工作文件，包含了校园足球组织的运行机制、优化校园足球投入的机制、政策倾斜力度的机制、师资引入和培训的机制、有效的激励机制、校园足球开展的评价机制、校园足球教学管理机制、校园足球夏令营和青训营的运行机制、校园足球"精英培养"机制、校园足球教体结合的协调机制、校园足球信息反馈机制、校园足球开展监督与整改机制等，这些运行机制的推行，是建立在举国体制下，通过政府机构对民情、国情了解，本着实事求是的原则，以摸着石头过河的作风，制定调动举国财政、科技、人事、教育、国土等资源的政策。目前举国体制的校园足球运行机制的优势，在于集中力量能办大事，这对于实现国家战略的改革发展有较高的执行力。但如果国家战略的顶层设计不到位就会出现决策错误，导致资源调动的方向性浪费，这种浪费往往是推倒重来的浪费，所以浪费必然是巨大的，同时这种浪费还要搭上改革发展时机和时间的浪费。所以，对于机制形成的科学性判断，很大程度上还在于其运行的效应。因此，在校园足球推行的国家战略正确前提下，应有相应的激励和动力机制、监督机制来保证一系列校园足球开展工作的落实、推动、评价、纠错、修正，逐步建立完善的机制体系，才能使我国校园足球适应学校体育改革和国家体育强国建设稳步发展，保持长久的活力。为此，机制一定是经过实践检验后有效的方式和方法，使之系统化和理论化，这样才能有效地指导实践。在"深化学校体育改革、培养全面发展人才，把校园足球作为扩大足球人口规模、夯实足球人才根基，提高学生综合素质、促进青少年健康成长的基础性工程"[①]的校园足球战略发展目标大前提下，借鉴足球发达国家经验，通过细致地调查研究，以激励从事校园足球主体的动力机制为核心内容，以相应的培养与培训、管理与调控、质量监控等运行机制为主要内容，最后以政策支持、优化多元化投入等保障机制为托底内容，系列化地确定我国校园足球持续良性发展的机制。

---

① 国务院.中国足球改革发展总体方案[Z].2015-3-8.

第六章 体育强国目标下校园足球发展机制的创新及实施

第一节 校园足球发展机制是其战略目标实现的保证

一、体育强国目标下校园足球的国家战略

2014年10月,国务院发布了《国务院关于加快发展体育产业促进体育消费的若干意见》(国发〔2014〕46号),其实质就是把建设体育强国落实在惠民基础上,指出发展体育产业(事业)是提高中华民族身体素质和健康水平的必然要求。发展体育产业的主要内容包括:一是满足人民群众的基本需求,二是在加快我国经济发展方式转变中担任重要角色,三是为实现中国梦而担当起国家软实力建设的重要任务。提出以足球、篮球、排球三大球为切入点,加快发展普及性广、关注度高、市场空间大的集体项目,推动产业向纵深发展。对发展相对滞后的足球项目制定中长期发展规划和场地建设规划,大力推广校园足球和社会足球①,这就明确将我国足球运动发展上升到了"国家战略",而且是与社会、经济、政治、文化等结合在一起的综合发展之一。之后于2015年2月出台的《中国足球改革发展总体方案》,就是这一国家战略所实施中长期发展规范的方案。经国务院同意,由国家发展改革委员会牵头颁布了《关于印发中国足球中长期发展规划(2016—2050年)的通知》,并印发了《中国足球中长期发展规范(2016—2050)》,清晰地明确了振兴中国足球的四个战略定位,即全民健身的重要事业、国民经济的重要产业、体育强国的重要基石、民族精神的重要载体。战略定位就是从国家发展角色来考量中国足球的发展,这既是国家战略目标制定的背景,更是强国梦目标实现的制订依据,同时也框定了中国足球振兴的使命和任务,只有

---

① 国务院.关于加快发展体育产业促进体育消费的若干意见[Z].2014-10-2.

第六章 体育强国目标下校园足球发展机制的创新及实施

中国能从国家角度来分析国家足球发展的规划,这就是顶层设计。顶层设计能把众多无序的零散资源整合,集中并优化去实现战略目标,国家战略目标的实现就能对其他行业、事业的战略目标起到支撑的作用。新时代振兴中国足球对于全民健身和提升民族精神有了新的高度,并超越振兴足球运动项目的范畴,对国家国民经济形成新增长点和引领体育强国建设,同时提出了新的任务,拓宽了振兴中国足球的历史使命。没有顶层设计的思维就不可能形成这一国家战略的考量,所以振兴中国足球无论从广度和高度都已印证了国家战略所在。《中国足球改革发展总体方案》的前言部分指出,国家最高领导人对足球事业和产业搞上去所下的决心和重视,直奔振兴中国足球的主题,"从20世纪90年代初期开始探索发展职业足球,改革一度带来活力,但由于对足球价值和规律认识不足,急功近利思想行为严重,组织管理体制落后,人才匮乏,监管缺失……""2009年以来,通过以打击假赌黑为重点的治理整顿、发展校园足球等举措,足球事业趋势向好……""坚定不移地推进改革、振兴足球,并以此为突破口深化体育管理体制改革……"①。这几段话表明体育部门客观上对中国足球发展的规律认识不足,从20世纪90年代以来产生了一些问题,全国人民是不满意的,但点出了发展校园足球是亮点,接下去推进改革、振兴足球重在制度建设、体制改革、机制运行。从体育部门急功近利搞足球的工作实践看,只注重足球竞技的提高,却忽视了足球竞技人才的培养是以全面教育为前提的专门足球技能训练。同时,片面专注于职业足球运动员的商业效应,缺乏对足球产业链的培育和市场管理,导致足球行业发展每况愈下,代表中国足球水平的国家足球队运动成绩也江河日下。为此,2015年1月对全国校园足球领导小组进行调整,把振兴中国足球的国家战略性使命历史地落到了校园足球上。不能说校园足球代表着整个中国足球,但至少使我国体育强国目标的实现与校园足球发展目标的实现达成了统一。回到中国足球发展的4个战略定位来看,至少是其战略发展的基石,而战略基石的奠定必须要以有威有效的管理制度和运行机制②来确定实施路径,以机制来指引实施路线,以机制来实现始终向着战略目标发展,并达到实现战略目标方案的最优化。因此,校园足球国家战略的实现,科学的校园足球发展运行机制是根本。

---

① 国务院.中国足球改革发展总体方案[Z].2015-3-8.
② 席连正,毛振明,吴晓曦.论"新校园足球"的顶层设计(7)——论校园足球十大成功标志和实现关键[J].武汉体育学院学报,2019,53(03):76-80.

二、国家战略是校园足球发展机制的源动力

要深刻领会国家战略是校园足球发展机制的源动力,必须深刻理解校园足球是振兴中华足球这一国家战略的基石。校园足球体现在振兴中国足球的国家战略上表现在以下几个方面。

第一,振兴中国足球作为全民健身重要事业,增强全体国民体质健康,是衔接全面促成体育强国重要的指标。从人的生命规律和发展周期看,终身健康水平发展的途径和关键在于青少年时期,即发展的敏感期和高峰期在青少年时期。为此,通过校园足球促进青少年身心健康,也就是全体公民促进健康和终身健康。校园足球可以强身健体,这是提高青少年身体素质的有效方法,也是校园足球推广的真谛所在。足球运动的特点是有氧运动、集体项目强对抗、吸引人,这样更有利于机体新陈代谢,有利于人与人之间的相互协调配合,有利人在公平规则下勇于竞争,有利于振奋团队士气和必胜信念。

第二,足球产业发展代表着体育产业的发展,在体育产业日益成为我国国民经济重要产业的今天,发展足球产业刻不容缓。足球产业发展的基础产品就是职业足球运动员,其市场价格取决于足球运动员的竞技水平。而中国足球竞技水平的现状,已否定了体育部门对足球后备力量培养的支配作用,教育部门则理所当然以校园足球作为平台,历史性地挑起了足球后备力量培养的重任,同时也作为社会足球的推广基础,解决我国足球运动的普及化问题。

第三,在建设体育强国的征途中,中国已从规模型的体育大国运动项目发展壮大思路,转为以国际共识的体育强国标志强的运动项目发展理念,来彰显硬实力的运动项目以托起中国体育强国之梦,也就是从自己"玩"的项目向全球"玩"的项目转变,这是一种自信的华丽转身,也是自省的体育强国认识。所以今天,我们不但要有全民普及的"国球"——乒乓球,而且还要有与世界接轨的足球运动普及。新时期的运动项目普及,以校园足球形式更是有过之而无不及,同样将以此为样板,深化我国学校体育的改革,其原则就是学校体育要使学生参加的体育活动一要有技能,二要有足够的运动负荷。

第四,文化是民族精神的载体,在党的十九大报告中也强调"文化是一个国家、一个民族的灵魂。文化兴国运兴,文化强民族强"。体育文化是体育的灵魂,足球文化是足球的灵魂,所以要界定足球强国,从某种意义上讲,足球文化强国就是足球强国,首屈一指的就数巴西、阿根廷、英国、德国、意大利、西班牙、法国,还有亚洲的日本。因此,提升足球文化的软实力,是中国足球发展和振兴的根

本,只有建立在文化基础上的足球,才是真正的绿色,永葆青春。就像中国乒乓文化所建立起来的乒乓王国,举世公认,那么中国足球文化建设的基本途径就是发展校园足球和社会足球,而社会足球必然以校园足球为基础。因此,校园足球历史性地成了中国足球文化建设的主战场,这样校园足球的发展也成为中国足球发展与振兴的必由之路,更是加快我国体育强国建设的必然要求,是大国崛起的国人梦想。在学校教育最重要的育人环节中,足球运动具有重要的功能。代表着英国早期足球发展的英国公学足球,通过足球,使学生崇尚勇敢、公正、忠诚等人文精神。同时,公学学生以足球作为手段履行社会责任,帮助底层人民提高身体和生活水平[1]。"足球运动具有重要的育人功能,有利于弘扬社会主义核心价值观"[2]。在校园足球开展中,足球文化建设是一项建设内容,也是足球人文精神的沉淀和足球价值观普及。足球价值观对现代学生灌输的思想,就是勇往直前、敢于拼搏、团结协作、集体主义、遵守规则的奋发进取精神,是对懒散、颓废、落后精神的摒弃。校园足球文化建设也是校园文化建设的一部分,校园文化决定着我国社会文化的命脉,因此本着文化自信代表着一个国家、一个民族、一个政党对自身文化价值的充分肯定,对自身文化生命力的坚定信念,校园足球文化建设担当着我国大国文化自信的重任,对于中国足球一次次地失败不断挫伤中华民族感情和自信心的现象,校园足球责无旁贷。

三、校园足球持续动力保持又以机制为保证

校园足球发展动力与校园足球发展的预期目标必须以机制作为耦合,使校园足球发展不但持续而且高效。校园足球发展跟以往好多其他事业发展一样,不免有雷声大雨点小、虎头蛇尾的现象,其原因在于发展的动力与方向不耦合,或者一加速干脆动力方向与目标方向分道扬镳而脱节。2009年4月,校园足球开展的初衷是增强学生体质、立德树人、培养足球后备人才,但以体育部门牵头的校园足球开展,都围绕出运动苗子而发力,所以本身很有价值的校园足球发展明显后劲不足。2015年1月后的校园足球发展,其发展动力机制旨在与发展目标相一致,是由于重新把发展动力与发展方向进行了调整,即重新进行了耦合,而这个耦合的标志就是教育部门牵头组织下的校园足球开展。这个组织机制保证了校园足球开展的职责是以全面人才培养为宗旨的人才培养过程,而体育部

---

[1] 梁辉.19世纪英国校园足球兴衰与启示[J].体育文化导刊,2018,(05):109-114.
[2] 国家发展改革委.中国足球中长期发展规划[Z].2016-4-6.

门视竞技运动成绩为最重要职责,所以一开始的校园足球发展虽有科学的决策,而没相应的机制作为保证,那么校园足球发展就没有持续动力,甚至路线还会跑偏。"校园足球的机制创新和体制改革是其健康持续发展的源动力和根本保障"[1],校园足球发展面临的最大问题是动力机制,"体质健康、人格健全"才是校园足球发展真正的动力所在[2]。这里首先需要厘清的问题是,什么是校园足球发展的动力?这里有两种代表性的观点,一种是认为校园足球发展机制的创新和改革,另一种认为是校园足球发展对于参与主体的利益足够,而两者合在一起认为就是用机制的形式确定校园足球参与主体的各项利益,并不断调整确保这些利益与校园足球发展的方向一致。因此,只要有利于校园足球发展的,凡能对参与者能产生激励作用的因素,都以机制形式确立下来并不断修正,这就是校园足球发展的动力,也可称为动力机制。科学的动力机制一旦形成就必然会产生可预见的持续健康发展,那么产生动力的因素肯定有很多。从宏观来讲这些动力机制就是规定各方在利益博弈中的行为规范,是以竞争为特征的促进和发展机制。从微观来讲就是规定校园足球开展中所需各种资源的供求分配,有中央、地方、学校、学生、教师等。但无论是什么动力机制,整体校园足球发展机制的内容必须遵循以尊重人才培养规律为核心,这样的机制才能既有人性,又能最大限度地降低人才培养的成本。当然所指人才培养成本,特别包括我国足球后备人才培养的成本。从总体校园足球发展运行机制的分类来看,大致分为以俄罗斯为代表的中央集中管理机制和美国为代表的标准化法制管理机制,不过当今世界这两种典型的机制已逐渐走向融合,因为通过实践各有所长,因此创新出不少新的混合机制,对国际青少年体育乃至足球运动发展赋予新的活力。当今足球发达国家在发展过程中,其学校足球(校园足球)和青少年足球后备力量培养模式也在不断优化中,更何况我国足球运动发展水平还全面处于低水平上,学校体育包括校园足球的发展也正处于爬坡的阶段。所以,在保证校园足球向正确方向发展下的机制建设外,还要本着学习的精神和摸着石头过河的惧怕态度,不断地创新出新的校园足球运行机制。校园足球和以发展足球运动竞技水平为目的我国青少年足球运动的发展曲折和艰难,注定了对原有青少年足球运动发展的机制不得不进行大的改革。《中国足球改革发展总体方案》的标题就开宗明义点出了"改革发展",发展是改革性的发展,甚至可以说是颠覆性的推倒重来的发

---

① 王长权,毛振明,席连正."新校园足球"的顶层设计(6)[J].武汉体育学院学报,2018,52(11):77-81.
② 赵明楠,史友宽.论校园足球动力机制:以利益为中心的多重博弈[J].南京体育学院学报,2018,10:46-50.

展。但这样大的改革发展必须通过机制来运营,机制的形成也就决定了有发展的成形实施方案,至少是经过调查研究后觉得有可行办法后才付诸实施,这就是机制制定的稳定发展作用。另一方面机制本身为改革发展需要也肩负着改革发展的使命,当然肯定不是为机制本身而改革,而是为校园足球的改革发展进行创新型改革。未来我国"校园足球健康、可持续发展必然依赖于新的发展机制建立,是对旧的不合理体制和制度的彻底改革"[①]。

第二节 供给侧结构性改革为主导的校园足球运行机制及实施

一、校园足球的国家战略决定其机制的顶层设计

校园足球是当代我国顶层设计足球改革发展的有力抓手,在中国足球总体改革方案中,已经明确达成了足球事业与足球产业协调发展的共识,体现在足球后备人才培养的体系上,目前已形成职业俱乐部梯队、足球学校、青少年业余足球俱乐部(由社会力量办学)、省市自治区业余体校足球队、足球传统项目学校(现为校园足球特色学校)的大致格局。在目前我国足球市场化程度不高的情况下,依靠政府力量来培养足球运动后备人才,所提供的人力、财力、物力等资源,大多集中在政府治理下的教育系统内,因此"校园"理所当然属于教育系统的范畴[②],从本质含义和功能划分上来看也确实如此。我国教育系统(学校)目前基本上都属于事业单位,就是占少数的民办学校也受教育行政部门的严格规范管理,为青少年足球后备力量培养的政府干预提供了管理机制上的保证,当然现今是以校园足球为平台的政府干预。与以往的"三级运动训练体系"下足球后备人才培养不同,特别是以发展体育运动、建设体育强国来进行考量、规划和具体实施校园足球的改革与发展,这充分体现了中国政府已下决心,花大力气振兴中国足球,并以此作为最有力的抓手。基础阶段的足球运动员培养,具有很强的公益性,尤其对足球市场化程度低,并且在市场化的进程中其环境还不尽如人意的情况下更是如此,即使在足球运动发达的国家里,政府也要对足球运动后备人才培养进行必要的干预。因为首先处于基础教育阶段的青少年,无论其今后是什么

---

① 王长权,毛振明,席连正."新校园足球"的顶层设计(6)[J].武汉体育学院学报,2018,52(11):77-81.
② 张辉.我国布局城市校园足球人才培养体系的研究[D].北京:北京体育大学,2011.

职业,文化学习必须作为第一任务,所以强制对青少年儿童足球运动员的学业作出明确的要求,已成为世界各足球强国的通行做法。如果纯粹从投入与产出角度来看的话,青少年儿童足球运动员培养是一个长线的商业行为,因为足球球星培养的高淘汰率,前期投入不菲的人才培养资本,存在着很大的风险。为了规避这个风险,往往职业足球俱乐部宁愿把巨额资金砸在购买现成的优秀球员身上,而不愿花钱在青少年儿童足球后备人才的培养上[①]。如果认为球员的买卖是商业行为的话,那么球员的培养应该就是对应的实业行为,没有商业(贸易)的实业当然是低效,但如果没有以实业为基础的商业则是十足的投机行为。因此,政府在指导足球市场繁荣的同时,也应该对青少年儿童阶段的足球运动员培养给予政策的倾斜。假如在青少年儿童足球运动员培养问题上政府不参与,完全市场化,由市场来配置足球后备人才培养的资源,那就陷入了像当今中国注册运动员数量越来越少的窘境。还有中国青少年儿童足球运动员培养,由于受退役后运动员再就业的影响很大,因此需要通过校园足球的强政府行为,来夯实中国足球后备人才培养的基础。转型时期校园足球发展也十分有必要通过强政府行为来进行过渡。1994年提出的,之后大张旗鼓实施的中国足球职业化,没有使中国足球走向新的辉煌,反而江河日下,一年不如一年。通过调查之后一致认为,最大的误区就是单纯以为足球市场化就是政府干预越少越好,最好不干预,而恰恰忽视了在从事业发展到产业发展的转型过程中,政府宏观的指导性保护和细化的严格市场监管是必需的,况且在此的一些领域还属于公益事业,如推动全民健身活动的青少年儿童的足球运动开展,还有推动"希望工程""精准扶贫"等活动的少年儿童的足球运动,这些系列的足球活动也是青少年儿童足球开展的重要阵地,也会培养出优秀的足球运动员,这些完全不能沾上一点商业的气息。中国足球之前大张旗鼓的职业化改革,其发展环境不但没有因为市场化而带来优化,反而出现了严重的恶化,尤其在足球后备人才培养上,青黄不接,我国校园足球之所以有没过几年的一次大力助推,就是为了在这个问题上亡羊补牢。当前我国足球后备人才培养模式还需一段时间完全从单一的"三级训练体系"向多元化的培养模式转变,市场化下高额的青少年足球运动员的培养费用、青少年足球运动员的隶属、青少年儿童足球运动员所配备教练员的水平良莠不齐[②③],都还待

---

① 石磊.中国足球经济启示录[N].中国经营报,2015-3-30(C①).
② 梁栋.可持续发展理论原理与转型期我国足球后备人才培养的研究[D].北京:北京体育大学,2002.
③ 孙科,易剑东.中国"草根足球"面面观[J].体育学刊,2016,23(02):75-80.

政府的行政和立法,来制定制度及运行机制,以规范和优化市场化的足球后备人才培养体系,而不能只是简单的回归到原先计划经济下的单一运动员培养模式老路上去。那是一种把运动员训练成比赛机器理念下的人才培养模式,显然与目前社会经济发展的大环境格格不入。这就迫切需要建立健全资源合理配置的青少年儿童足球运动员培养机制,同时出台符合人才培养本身规律的国家性制度。顶层设计的校园足球不但在财力和运动设施保障上,夯实了我国足球后备人才培养基础,更重要的是保证人才培养的科学性,这也是最重要的资源优化所进行的人才培养。

二、校园足球顶层设计进入供给侧结构性改革的精准化

从2009年4月国家体育总局、教育部联合下发的《关于开展全国青少年校园足球活动通知》,到2015年1月校园足球组织机构易帜,由教育部牵头进行的校园足球开展,至今已初具规模,但要可持续健康发展。在我国社会经济"供给侧"的深化改革背景之下,须认真梳理一下校园足球发展的需求侧和供给侧,通过明晰校园足球供给侧结构性改革,使顶层设计精准化,以获得改革实施的清晰路径。首先从需求侧的角度分析,因有了我国学生体质健康促进的迫切需要,对学生有集体荣誉感和爱国主义教育加强的需要,以及中国足球后备人才基础夯实的需要等,使中国顶层设计的校园足球迅速发展。不过随着时间的推移,国家的巨大投入所带来的绩效问题也日益凸显,迫使我们深刻认识到应从校园足球发展的供给侧结构性改革进行探索其良性的发展,这涉及到足球场地的大幅度供应,经费的有效使用,师资及相关专业人员队伍有比例的同步建设,青少年学生学业和学籍的配套管理,全社会的大力支持和校园足球文化的深入融合,以及配套制度和机制的建立健全。通过这些构成校园足球供给侧的诸多方面得到有效发展,同时进行合理的结构性配置,才会使校园足球得到健康发展。校园足球是根据其特殊的需要通过国家顶层设计而发动的,并逐渐根据新的需要再促进其发展,使已发展成规模的校园足球再往前继续健康发展,并带来卓有成效的规模效应。但要希望校园足球本身的良性发展,能提供什么样的具体条件,并通过这些条件所构建的有效组合,才是足球供给侧结构性改革的内涵。从所能供给的发展具体条件来深入,不外乎现有运动场地再增加和经费问题的扩大投入,师资及相关专业人员队伍建设,学生家长和教师对学生参与足球运动的引导和支持。足球场地不足,设施落后,运转经费缺乏,这些是校园足球开展的刚性不足

条件,是最初阶段首先面临的问题①②。据2013年底中国足协的数据统计,我国中小学中70%没有标准足球场地(至少没有像样的5人制足球场),60%以上的城市(地市级)标准足球场对外开放不足5个。巧妇难为无米之炊,这是校园足球供给侧结构性改革中最突出的问题。在《中国足球中长期发展规划(2016—2050年)》(以下简称《中长期规划》)中,明确要在"十三五"期间全国修缮、改造和新建6万块足球场地,其中含校园足球的场地4万块,达到每万人有0.5~0.7块足球场地。反观现代足球运动鼻祖英国,每万人中就有足球场地4块,而足球运动发达国家每万人的足球场地也有2块③。《中长期规划》是由国家发展改革委员会牵头的,是国家层面的顶层设计。为确保"十三五"期间场馆建设计划的落实,精准地针对全国场馆建设,于2016年5月专门印发了《全国足球场地设施规划(2016—2020)》(发改社会〔2016〕987号),这是国家对校园足球供给侧结构性改革最为广而深的精准设计之一,一改以往一哄而上、不计成本和效果的改革。2019年7月,国家发改委官网发布了《全国社会足球场地设施建设专项行动实施方案(试行)》,这是在全国足球场地设施规划基础上,根据三年的实践,在调研的基础上结合《全国社会足球场地设施建设专项行动项目和资金管理办法》对在足球场地设施建设当中的资金筹措、建设方式、使用管理进行了规定,更为精确地设计解决了这一基础工程的实施路径。在实施方案中,规定了足球场地建设的重点,即11、7(8)、5人制,同时破天荒地要求把足球场地建造跟城市居住人口布局特点结合在一起,直指足球场地的供给侧结构性改革发展。针对从规模上的总体资金不足,以及防止资金使用中的浪费,吸收全社会力量参与,降低企业建设运营成本,并采取了"一补两包一融"的资金筹措办法:"一补"指中央预算内投资补助,对新建11人制的场地补助200万元,5、7(8)人制的场地补助100万元。"两包"指政府的政策包和企业服务包,政策包又分必选项和自选项政策,必选项就是从本地、规划、价格等方面上明确了支持的政策,自选项就是从金融、人才等方面为地方提供备选政策工具,服务包就是指企业在受到支持后,要保质保量完成场地建设任务,培育、推广足球文化,分时段免费或低收费向社会开放,并承担社会公益责任等。通过多方力量形成合力,在实现足球产业化过程中培育市场,切实降低企业的运营成本,使企业轻松上阵,在足球场地设施供

---

① 张辉.我国校园足球未来发展的注意问题[J].北京体育大学学报,2016,39(5):24-30.
② 王格.我国校园足球活动开展的现状问题及对策研究[J].沈阳体育学院学报,2011,30(2):99-102.
③ 规划编制小组.中国足球中长期发展规划(2016—2050年)100问[M].北京:北京体育大学出版社,2016.

给侧上有更多更好的服务。

师资及相关专业人才是推动校园足球的主导,是校园足球供给侧中需要改革的非常重要一侧。就目前校园足球师资队伍而言,其规模还需要大幅度扩大,而且在专业化水平上有待于持续提高。从首批布局城市的校园足球来看,学校体育师资总体已不缺,但相对于中、小学体育课程中有关足球教学内容和课时数的大幅度提高,足球专项体育教师则显得十分缺乏。以小学足球专项教师为例,相对足球教学课时数占体育课总教学课时数的20%(最低标准)来说,目前对应的小学足球专项教师的比例仅为6.4%,因此缺口很大。初中和高中的足球专项教师比例有所升高,大学足球专项教师的问题也并不突出[1]。然而对于小学而言,是足球启蒙训练阶段,有专项技能见长的足球教师指导尤为关键,所以足球专项师资在数量上的补充也是校园足球供给侧结构性改革中的重点。根据小学生逻辑思维能力差但动作模仿能力强的特点,可让有足球运动员生涯(二级足球运动员以上水平)的年轻人,特别是退役的专业足球运动员,经过各种培训,然后进入到小学、中学进行足球教学的辅助工作,让体育院校的足球专项学生直接进入中、小学进行一些足球教学和课外活动的辅导。2017年11月,教育部推出并施行的《学校体育美育兼职教师管理办法》,就是在运营机制上完善了足球优秀教练员、足球退役运动员、社会体育指导员、有足球特长的社会人员兼职校园足球师资的制度。从《中长期规划》中看到,依托体育院、系是进行规模性、高品质的全日制足球运动员专项师资培养的主渠道,同时结合足球教练员职业资格证书的获得,鼓励校园足球的学校教师积极参与,这也为校园足球的夏令营、青训营做好教练人员上的储备。因为专项运动技能的学习和掌握,需要教练给予辅助性的示范动作来形象表现,因此必须以专项运动教练指导为前提。虽然目前大部分教练拿的是D级教练员证书,C级证书拿的也不多,A、B级几乎没有,但这个埋念下师资队伍建设就是供给侧结构性改革的足球专项师资队伍建设。为根本上吸收世界足球发达国家先进足球技战术训练方法、手段,在目前国家资金允许的情况下,教育部所属的学生体育协会,已邀请大批出自欧洲足球发达国家的足球高级讲师,巡回到各省市自治区进行以传授足球教学、训练方法、手段为主的讲学,与此同时教育部还把足球师资培训列入国家培训计划,从2015年起每年选送校园足球教练员出国进行为期3个月的培训,主要前往法国和英国。截至2019年1月已有840名教练员取得英格兰足总颁发的足球教练员一级证

---

[1] 张辉.我国校园足球未来发展的注意问题[J].北京体育大学学报,2016,39(5):24-30.

书和亚足联所颁发的D级以上足球教练员证书,形成了校园足球师资培训从专业化扩展到国际化的运行机制。

　　足球裁判员也是专业化程度很高的足球专业人员,是校园足球供给侧结构性改革中的重要一侧。在进行影响校园足球发展的专项调查中,对于比赛裁判的水平有很高的期待,特别是校园足球四级联赛中,要求足球裁判员有过硬的专业水平和执法经验。相对于校园足球教练员的培训机制,校园足球裁判员的培训还没有走上以成熟机制来运营的地步。目前校园足球一级以上等级裁判员的存量几乎都来自体育部门,因为国家一级以上等级足球裁判员的审批权都在体育部门,因此校园足球内部的足球裁判员培训则始终处于一种低水平的建设当中,一般都局限于二、三级足球裁判员的培训和资格审批,但校园足球四级联赛中,地、市级以上的比赛都需要一级足球裁判员来担当司职。还有就是校园足球的赛事规模在数量上目前也没有达到匹配的程度,要打破以往以体育系统为主的足球裁判员培养藩篱,既然校园足球开展已经由教育部门牵头,那么相关供给侧结构性改革的顶层设计应该精确涉及这一重要领域。教育部门来牵头运营裁判员的培养,有其独特的优势,在选材上可打破从踢球的人群当中去选拔的惯例,足球裁判也应从小培养。按通常从二十来岁起做裁判,到四十五岁能达到炉火纯青执法足球比赛,然后就要因年龄限制和体能下降而不得不遭遇到下课的境地,这不得不说是种遗憾。校园足球相对于教练员的队伍建设而言,目前足球裁判员的建设则更为迫切,须加强这一供给侧结构性改革。

三、校园足球顶层设计须由运营机制来落实

　　机制与制度一起组成体制。校园足球要保持健康的发展方向,需要制定科学的制度来保证,校园足球开展的有效性,则需要运营机制的推陈出新,这是校园足球供给侧结构性改革中两大类侧。校园足球供给侧各个要素对于校园足球的开展缺一不可,但各单位因素的作用毕竟是有限的,通过制度和机制,把各个要素有机地结合起来,形成合理的供给侧结构,才能产生强劲的校园足球发展效应。中国校园足球的最大特点就是顶层设计,而要使顶层设计得以切实落地,就需要层层落实,配套出台一系列运营机制,从而推动宏观制度一步步实施。对目前影响较大的主要制度,按时间顺序分别为2014年12月颁布的《全国校园足球特色学校基本标准(试行)》(教体艺厅函〔2014〕46号),2015年1月颁布的《全国青少年校园足球工作领导小组工作职责及议事规则》(教体艺函〔2015〕1号),2015年3月颁布的《中国足球改革发展总体方案》(国办发〔2015〕11号),2015

第六章 体育强国目标下校园足球发展机制的创新及实施

年7月颁布的《教育部等6部门关于加快发展青少年校园足球的实施意见》(教体艺〔2015〕6号),2016年4月颁布的《关于印发中国足球中长期发展规划(2015—2050年)的通知》(发改社会〔2016〕780号)。这五个文件是顶层设计的中国校园足球的体制,在微观和宏观上规定了校园足球的基本性质,分别从校园足球的标准、组织机构、规划、目标和任务诸方面来具体化校园足球的体制,为进一步配套的运营机制制定奠定了法规政策依据,首先确定的校园足球发展方向和任务,然后确定组织机构。组织机构的建立非常重要,美好的远景需要有人去做,校园足球发展目标实现和任务落实要有坚强的领导集体,在领导集体中以教育部牵头抓校园足球,在组织上保证了校园足球是以全面培养人的理念为核心,以国家发改委等多部委的协作配合,通过硬件保障机制精准化地保证了场地、经费等落实,通过培训机制精准化地保证了足球运动专业化人才培养和竞赛、训练的专业化。校园足球作为国家战略改革还建立了规范的督察机制,督察工作既是一项殿后的抓落实工作,也是一项进一步改进和完善工作的开始,而以中央改革办牵头的对校园足球的督察,更像是对校园足球发展加大了前进的马力,这在制度上保障了久久为功的运营发展机制。值得指出的是,这些机制"最后一公里"的落实,需要校园足球最基本的功能运行单位——特色校园足球学校发挥应有的作用[①]。2014年底至今所颁布的系列法规政策文件中,包含了校园足球发展运营机制的各个方面,涉及的内容不但广,而且细,这充分说明了校园足球改革既是全面改革又是深化改革,其中如校园足球特色学校遴选、师资和骨干培训属于持久性运营机制,开展"准足球"青少年校园足球竞赛活动属于尝试性运营机制,开展足球特色幼儿园工作属于校园足球查漏补缺性运营机制,开展"满天星"训练营的工作是在人才全面培养的基础上,加强足球运动专项能力提高的完善性运营机制,支持校园足球外籍教师工作和加强校园足球开展高科技含量工作属于创新型运营机制。这些运营机制的相继出台,在保证了校园足球发展的同时,更是保证了其发展的速度和发展的效益,而速度和效益的有机结合往往是机制改革的难点。对于所有校园足球相关运营机制的制定和实施,是一个专题或者是一个项目的供给侧结构性改革。制度确定后必然有个稳定的执行期,而运营机制体现在校园足球改革上是随时的和不断修正的。作为顶层设计的国家行为,要做到这点是很不容易的,因为中国式的校园足球虽然是以前的学校足球,但基础和底子还是很薄的。学习国外先进经验也不能生搬硬套,要在具体的

---

① 毛振明,刘天彪,臧留红.论"新校园足球"的顶层设计[J].武汉体育学院学报,2015,49(03):58-62.

改革中随时以问题发现为契机,并以问题为导向,进行解决问题的运营机制制定,达到有的放矢的供给侧结构性改革的目的。

第三节 校园足球运行机制应以动力机制为核心

一、内在激励因素是校园足球发展动力机制的核心

中国人是否适合踢足球?这是个热门话题,特别是近几年屡屡被作为专题讨论。随着我国社会经济从飞速发展到稳定的高质量发展,人民生活水平不断提高,已把追求美好生活作为一种时尚,生活品质的价值观也正在兴起,从事体育运动和把健身运动作为生活习惯的人也越来越多。从中国人适合参与的人数多的现代运动项目以小球居多,大球却不多。从运动竞技角度来审视,只有中国女排还可被认为是傲视世界排坛,其他的大球项目,特别是男子项目则一筹莫展。从新中国开始学习匈牙利,到改革开放后学习巴西、意大利,发现中国足球不适合与世界足球强国相抗衡。随着我国邻国韩国、日本在世界足坛上的不俗表现,让我们又深刻认识到与邻国的足球水平相当的中国足球,是应该可以与世界足球强国相抗衡的。中国足协主席陈戌源表示要向日本人学习,他们证明了黄种人能踢球,日本有很多可以借鉴的经验。那么,剩下的问题无须再从人种这个角度进行分析,而是从内在的精神层面,或者讲从文化方面来探讨中国足球运动水平的落后。那么是什么促使中国的小孩子去踢球?在回答这个问题之前,得先回答孩子喜欢玩吗?喜欢踢球吗?结果是孩子喜欢玩,但踢球有明确的分界:一个是学生年级的分界,小学6年级前孩子在学校踢足球,还有很多在课外上培训班踢足球;而小学6年级开始,一下子没几个人踢球了,只有准备以后有成为足球运动员打算的,或者有希望升学加分、优惠进重点优质初中,然后进入初中后准备中考的学生,能通过参加足球运动加分的学生,则继续踢足球,而此时踢球成了任务,至少不是乐趣。目前初中、高中阶段的校园足球,从踢球的学生基数来看,并不能算足球人口,因为除了在升学有帮助的学生认真踢球外(也兴趣不高),其他的应该都是"被动"踢足球。为此,课题组专门就学生踢球的动机问题进行了专项调查,大致分成人生理想选择、生活质量提高、自我价值实现、内在品质充实、外在条件影响五类,再整合一下可以分成三种踢球的动机。当然少年儿童时期的动机,多半受家长引导,并且家长作为成人对孩子踢球动机有理

性的界定。这三种动机就是谋生、兴趣、追求,目前这三种动机都共同或者单独影响着青少年足球运动员踢足球,而要对学生有所激励,形成动力机制,需要进行具体化地分析,这涉及到制定运营机制的可操作性,操作性往往相对于针对性而言。先从谋生来讲,学生希望能有一技之长,成为职业运动员以及进高一级有优质资源的学校,以便日后有个好职业,那么就要接受投资,从小进行专业足球训练将来成为明星。目前大多数职业运动员和国家队队员走的就是这一路子。中国足球水平近二十年,特别是近十年,这条道可谓是走到了头,优秀运动员越来越少,关键在于缺少足球运动员的灵魂。同时,为了要上好学校的想法也只是一时的强心剂,不可能持久有动力去踢足球,但校园足球目前的重要激励机制就是如此。兴趣是最好的老师,特别是作为小学生和初中生来说,原本对踢足球是可以用兴趣来牵动他们,而且这个牵动是出自人性本能的自然,对于人体正常的新陈代谢也是一种需要。在踢球过程中自然地使身心得到健康成长和发展,这方面在专题问卷调查中已被相当多家长所认同,因此这与校园足球推动的初衷相符合,校园足球也以此作为样板平台来促使青少年不但在足球天赋上能有所开发,更是在人的全面发展上起到积极作用,这也从功能上要求校园足球的青少年运动员,在激励因素中还要有一种追求的因素。心理学家马斯洛的金字塔式需要的教育培养,就是自我实现的需要,达到这个激励境界,那么人的主动性就会表现得淋漓尽致,如果能通过追求的趋利性来调动人的积极性,那也是最显动力性的机制。当然这里所指的追求,是为了达到高尚目标的追求,而不是追求名利,是追求众多人的理想,大家的利益,而以此得到的自我满足感。在这儿界定为集体主义、爱国主义,以及更高、更快、更强人类社会的人性完善追求,中国国足队员甚至足球从业人员正是缺乏这种境界,导致长期萎靡不振,连输球也输得窝囊,毫无斗志,不但不能担当中华民族进取向上的光荣符号,甚至也糟蹋了这项男子汉运动。但反过来,又何尝不反思我们每个人自己,孩子喜欢踢球,但家长在面对升学、考大学时的选择是什么?足球业内投资人面对挣钱和为事业的选择是什么?而这些恰恰需要通过足球文化建设的铺垫,才能作为一种被认知的激励,否则被认为是做公益,甚至是一种无聊,这就解释了为什么中国足球业内人士不愿意做最基层、最基本,而且是最难做的青训。与其说是赔钱的买卖没人愿做,还不如说是没有这种文化。所以,当前校园足球动力运营机制的制定,就是对校园足球开展的主体,以其现有的价值认知作为激励驱动和依据,并以自我实现追求的文化建设,层层制定相应的动力运营机制,把动力运营机制作为核心运营机制来建设。

二、动力机制是整体运营机制中的核心

动力机制的核心地位,就是强调人的积极性调动是第一位。校园足球动力机制的制定,就是围绕校园足球主体的诉求而展开,根据学生为主体的诉求分析,升学通道打通是最直接的诉求。通过制度及运转机制能协调各群体利益需求,从而提升政策执行力度。须加强意识与政策的统一,注重校园足球正式教育制度的完善与创新,如推动考试制度改革、推行激励机制等[①]。目前,高校足球高水平运动员招生学校的数量以及中小学校园足球特色学校的数量不断扩大,中学生校园足球系列足球二级、一级运动员审批制度的建立,为校园足球青少年学生的升学诉求提供了支持。值得指出的是,长期以来通过行政干预以大幅度降低学生文化成绩来达到高水平运动员升大学的要求,特别是能进入我国的顶尖大学,已显示出明显的弊端。因为中国的高等教育已进入大众化,大学生就业明显供大于求,在这个形势下,要求货真价实的大学生势在必行,特别是对文化基础连初中、高中毕业都有困难的学生,还要让其上重点高中和大学,这完全是违背人才培养的教育规律,已变得越来越不可持续。2018年前后,我国邻国日本已基本取消类似中国优惠降分升学的政策。从人才培养的角度考虑,不能让不想读书的学生靠踢球来升学,踢球和升学毕竟对于个体来讲同样是重要的,但又是体力和脑力不同性质发展的事。从足球发达国家的经验来看,要求青少年儿童足球运动员(15岁前,初中)文化学习过关是踢足球的前提,是门槛。像英国学生18岁前(高中)不能脱离教育,这样的通行做法当然要求优秀运动员更要有智慧的头脑,而不能光靠体能和技能来踢球,但更多地从现实来考虑。由于成为职业运动员的淘汰率较高,所以为了二次择业,必须有所准备。日本由于大学教育的普及率极高,所以要求学生首先是一名高素质的现代人,然后才是一名足球运动员。目前,足球发达国家在加强青少年足球运动员学习方面通行的做法是,给这些参与青训、校园足球学校代表队的孩子配备专门的文化老师,使这些孩子的文化水平保持在同龄人中的同一水平上,对这些文化老师配备的成本一并算在其培养成本当中。在职业俱乐部的青训、专门足球学校中,当然比校园足球特色学校、高校高水平足球运动队更能出优秀运动员、职业运动员,但同是青少年足球运动员的培养,必须要有国家的资金支持,这完全符合国家义务教育的特性。而且足球运动已承载着国家复兴的重要使命,更应突出优秀运动员的培

---

① 张渊,张廷安.我国校园足球政策执行推进策略研究[J].体育文化导刊,2018(05):108-112.

养,这也是国家的需要,所以国家设立专项青少年运动员培养基金已迫在眉睫。韩国人口5 000万,每年国家拿出体育彩票收益金约400亿韩元(相当于2.32亿人民币),各分50%用于职业俱乐部的青训和大、中、小学的校级代表队,而中国在这个方面应迎头赶上,不能把大把的资金重点花在国家队建设上,特别是把重金花在国家队教练聘请上。2009年5月国家体育总局每年设立的4 000万元全国校园足球专项基金,还不够请国家队教练,这种急功近利的操作,丝毫没有得到一点理想的效果。同时,用于青少年足球运动员培养上的专项资金,应是广义的培养费,包括教练员、裁判员、管理人员的培训,也可以用于对运动员培养的保障性支出,如营养、保健等方面的开支。2016年5月国家发改委出台了《全国足球场地设施建设规划(2016—2020年)》,经过实践,于2019年7月国家发改委又出台了《全国社会足球场地设施建设专项行动实施方案(试行)》。这两个文件的用意直指足球场地缺乏的软肋,但想要激励人们特别是青少年学生去踢足球,得还有相应的动力机制,即从全民健身的角度考虑,把体育运动发展落实在惠民基础上。体育场所的建设与足球场地合在一起,列入城市规划的社区建设当中。从惠民的健身考虑,把运动场所作为居住小区的配套设施,无论是从居民身体锻炼的角度来讲,还是从青少年的足球运动开展来讲都更为科学。借鉴英国、德国、意大利等欧洲发达国家的经验,居民区的运动场地设施可以作为业余足球俱乐部的基本运动设施,建立青少年儿童启蒙足球训练的基地,这个基地至少有三个作用。首先是全民健身,通过足球运动来健身;二是青少年儿童期间,特别是小学阶段一定要突出业余性与专业性,业余性指培养踢足球的兴趣,而不是以出成绩为目的大运动量训练。同时尽可能地不妨碍小学阶段甚至初中阶段的学习,专业性指训练的专门化,从小进行基本技术的专业化足球训练,对未来的职业足球运动生涯是不可缺,特别是球感、球性。科学研究表明,早期化(12岁前)的足球运动技术训练,最能开发出足球运动员的天赋,特别是球星,是需要有天赋的;三是在全民踢球当中造就的足球文化,这点跟对接校园足球有着深远的意义。如果说校园足球的教学、训练、课外活动是被动式的足球运动练习,那么社区的青少年足球运动则是一种快乐的生活方式,而这正是校园足球里很难达到的培养境界。所以,建立与社区互动的青少年足球是校园足球的必要补充,特别是可以把居住区内配套的中、小学场地作为校园足球的社区足球场地,为青少年足球运动技术发展敏感期内开发其潜能,并最低程度地影响文化学习,不失为一项明智举措。针对家长、老师由于怕影响学业而不支持学生踢足球,如果居住区有方便踢足球的地方,反过来不但不影响学习,而且又能在踢足球的过程中强身健体,促使孩子有健康的心理素质,使生活质量提高,这也是激发包括青少年在内的全社会积极开展足球活动。要改变以往以人的最现实需要出发,作为动力机制来激发青少年学生踢球,而是要以人的广义高尚需要出发,也就是当人的基本需要能满足时,必须以人的品质需要作为主要依据来制定相关的动力机制,来激发最广大青少年学生来积极参与到足球运动当中,可以建立奖学金制度、与明星互动制度、职业足球俱乐部联合培养制度等,最大限度地形成系列的动力机制,来运营包括校园足球在内的我国青少年足球。

三、校园足球动力机制的制定和运营也是足球文化建设

足球文化分为物质文化、精神文化、制度文化,校园足球动力机制制定和运营主要在于制度文化建设,但又涵盖了物质文化、精神文化的建设,因为动力机制是激励人的机制,所以从人的内在需要出发制定机制并运营,是动力机制本质所在。涉及到物质文化建设中动力机制,就是要突出服务于人,特别是青少年足球运动参与者。场地建设不仅仅解决一个数量问题,而是能促成小伙伴们方便在一起踢球,同时不能仅仅把足球场地看成一块孤立的地点,可以看作是足球的训练、培训、教学基地,以此来积累人气,并通过足球运动而带来快乐。推广足球运动和开展校园足球,除了发展足球运动本身外,更重要的就是把开展体育运动建立在惠民的基础上,而这个惠民基础首当其冲的就是全民健身。体质增强是实实在在的国民素质增强,而且青少年的身体健康关乎一生的健康,因此开展以青少年足球运动为平台的青少年阳光体育活动,是青少年足球文化中物质层面的建设,所推行的机制应是重要的动力机制。这个动力机制从物质层面看,有愉悦的足球运动基地建设,有促进身体健康的平台建设。足球物质文化建设体现在动力机制上,就是通过参与足球运动的人群进行信息的互传交流,以各种媒介(视频、广播、图片、报刊、报纸等)对校园足球开展进行报道,使校园足球在深入人心的同时使其精神文化建设得到落实,在认知层面宣传校园足球的指导思想和开展校园足球理念等,使参与校园足球的人和集体有种荣誉感和使命感,显示其存在的价值和意义。校园足球动力机制是以人为出发点的制度,这也属于足球制度文化建设。中国的经济发展所带来的物质文化已相当雄厚,除了进一步的供给侧结构性改革外,最主要的是在制度文化建设上加把劲,或者讲这是校园足球进一步改革发展的主战场,一方面需向国外足球发达国家学习,另一方面绝大多数制度是从无到有的,从校园足球开展到目前也不过十年左右,还要进行摸索。更何况我国的国情使校园足球也必然走中国特色的创新型制度建设,而当

第六章 体育强国目标下校园足球发展机制的创新及实施

前以人为主体的校园足球制度建设,最主要涉及的内容有三个方面,即以"体教结合"为标志的人才培养制度,以"夏令营""训练营""满天星"为标志的人才选拔制度,以校园足球"四级联赛"为标志的赛会制度。这三个系列制度是一个系统的动力机制群,对我国整个校园足球发展的走向至关重要。目前的校园足球人才培养制度,首先要解决的是家长最为关心的升学问题,这点从2015年起校园足球特色学校和高校高水平足球运动队高校建设就已建立了一个庞大的规模,基本解决了踢球的孩子有书读,但同时也出现了两个问题:一是不能因为追求足球技能而无门槛地进入高一级学校,这样会给青少年有种"只要踢球好,可以不好好学习"的错觉,形成了逆激励机制;另一个问题就是怎么与职业俱乐部进行有机地结合并搞好青训,因为青训工作是出顶尖足球运动员的基础工作,而且顶尖足球运动员的专项技术训练又是有较高含金量的专业运动训练,所以校园足球目前还无法替代职业俱乐部。校园足球解决普及,职业俱乐部解决提高,两者的耦合至关重要。足球运动员的选拔制度旨在挑选出优秀的运动员,这是校园足球对中国足球振兴的基础性作用,同时应该以职业俱乐部为主导来做这件事,从足球水平提高的角度看是职业足球运动员的培养,所以除了遵守足球运动员培养的规律外,还要尊重市场的价值规律,因为职业足球运动员的培养,实际是一种特殊商品的生产。把足球运动员作为一种职业,而且在所有职业运动员当中,足球运动员的收入是最高的(至少在欧洲和东北亚),当红国脚的职业足球运动员年薪可达千万,一般职业足球运动员年薪达百万也是家常便饭,目前连欧洲、南美球星都来到了中国足球市场淘金。如果能成为职业足球运动员,其实也是收入不菲的职业,可以以此作为激励因素,吸引更多的人踢球,吸引更多踢球的人成为职业足球运动员。校园足球的"四级联赛"赛会制度及运营机制,涉及运动员资格、比赛规模及影响,相应的竞赛规则和裁判,都能对运动员及其他校园足球联赛的人员有激励作用,体现在主、客场赛制上更有所属学校校园文化的建设,特别是所属学校的归属感,相应的教练员、裁判员、技术官员、赛事运营人员等进行交流,在交流中体现价值、存在感。最近几年在校园足球四级联赛当中,为突出立德树人的育人理念,每场比赛前都要求举行较为庄重的仪式,包括升国旗、奏国歌,还有双方运动员相互赠送学校礼品,相互问候;要求赛后无论胜负都要向双方教练、当值裁判、现场观众答谢示意,虽然目前大都还限于形式,但经过一段时间后,必然会超越形式,而成为有丰富内涵的行为文化,这种行为文化对运动员自我价值实现也是一种重要的需求,更能体现存在感、使命感、荣誉感,这也是特有的校园足球参与的动力机制。通过具体的行为文化建设并形成机制来达到精神文化建设的目的,这是现阶段校园足球精神文化建设的特征。形成丰富的校园足球精神文化不可能一蹴而就,必须通过潜移默化的具体行为来影响其形成,当达到一定量的行为后,就会形成风格,即精神文化的体现。精神文化建设到风格出现时,就必定会产生新的激励,促使其产生的机制就是动力机制。任何机制如果从强制性规定出发,必定是不成熟的,而比较完善的动力性机制,必然是上升到精神文化层面上的风格体现,这是最高境界的动力机制。巴西、阿根廷的艺术足球,无不迸发出人性的璀璨光芒,吸引着所在国的青少年神往般地热爱足球,并在踢球中享受着人性的快乐,从而达到精神的升华。我国校园足球动力机制建设理应着眼于眼前的当务之急,但更要着眼于未来我国校园足球持续发展的动力机制建设。

第四节　因地制宜的机制使顶层设计完善

一、全国校园足球发展的不平衡与多样性

2015年3月由国务院办公厅签发的《足球改革发展总体方案》,体现的是我国最高行政级别的国家行为。2015年7月由教育部办公厅签发的《青少年校园足球实施意见》,体现的是省部行政级别的国家行为,但发文单位是6部委,包括国家发展改革委、财政部、广电总局、体育总局、共青团中央,说明行政级别不同于一般的省、部级,其中文件提到"充分发挥全国青少年校园足球工作领导小组作用",这是对2009年4月由国家体育总局和教育部联合下发的《关于开展全国青少年校园足球活动的通知》的补充,主要突出两点:一是由体育总局改为教育部牵头,二是多部门共同努力,以点带面协作领导。校园足球从2015年1月起在组织构架上由教育部门为主导,其背后无疑说明了全面培养足球后备力量的教育理念,取代了以注重提高足球运动技能为主的培养理念,但在全面教育理念下努力提高青少年足球运动水平的重要任务依然存在,而且紧迫感丝毫没有降低。因此,在青少年足球人才培养中,为获得必要的培养资源,必须整合发展中所有应该必备的人力、财力、物力。教育部门解决了青少年足球运动员全面发展的问题,但教练员、裁判员的专门培训及业务提高须由体育部门配合。所谓普及上的提高,应理解为更专业化、专门化,学有所长,术有专攻,比起教育部门轰轰烈烈的校园足球特色学校、高校高水平足球运动队规模,目前应该借助于体育部门或者足球俱乐部在提高上有所发展。同时,在校园足球发展体系下的足球课

程建设,在已具规模的形势下,应突出学校代表队或者班级队的校园足球校内比赛。根据调查,校园足球的四级联赛有效地带动了学校足球代表队的发展规模,但校内的比赛是个短板,既不利于真正意义上的青少年足球水平的普及,也不利于真正意义上的校园足球文化建设,因为校园足球文化最基本的单位是每个学校的足球文化,而每个学校足球文化建设的最基本平台就是校内的班级间及院系间的比赛。只有在这个平台基础上才能建立起扎实的足球文化,然而专项经费的缺乏成了这项工作难以深入的关键。根据足球人才培养规律和世界足球强国经验,从3岁儿童起就进行足球启蒙教育,对挖掘足球天才的潜力具有重要的作用,而学龄前的儿童足球启蒙教育目前是校园足球的处女地,这要把学前教育刚性纳入国民义务教育系统才更具可操作性。基于目前状况,更多依靠社会、民间力量来办幼儿足球教育更具现实。从全国的校园足球发展来看,存在着地区发展和城乡发展的不平衡,中国幅员辽阔人口众多,各省市地区的社会经济发展不平衡,伴随着教育、体育总体发展水平也不平衡,所以对于校园足球发展的瓶颈问题各有千秋。经济条件差些地区主要表现在硬件不足、经费缺乏、足球师资跟不上上,经济较为发达地区则主要表现在参与足球运动的积极性上,而积极性又分影响学业及升学。人们对足球运动对青少年学生成长所带来了积极深远影响的认识不足,即足球文化还未深入人心,这个问题是最终的问题,也是需要用时间来克服的问题。作为顶层设计,在各部门的协调施政上需进一步优化,教育部门在全面人才培养上是职能部门,但在足球运动专门人才培养上体育部门是传统的职能部门,而在足球运动社会化、市场化的推动下,体育部门及所属的足协也是足球运动业务推广指导单位。同时,随着校园足球兴起、发展到目前进入攻坚克难改革发展的深入区,作为牵头的教育部门不但需要有校园足球顶层设计权,更要有校园足球顶层设计的实施权,也就是资源的调配权,包括主要由新闻出版广电总局、共青团中央所掌握足球文化建设的软资源。作为国家顶层设计的牵头单位教育部,以及目前现有牵头的集体单位,还远远无法带动校园足球的深入改革发展,还需要有更有力的顶层实施之力来弥补校园足球发展的短板。

二、校园足球的运营机制创新及实施

中国校园足球发展到今天,实际上已经在发展的规模性和全面性上形成了自己特色,这是举国体制下按国家战略通过顶层设计在短短的几年内搭建的巨大的校园足球框架体系。按目前近3万所校园足球特色学校计算,保守估计我国应有近3 000万中小学生参加足球运动,由此青少年"足球人口"出现了跳跃式的飞速发展,并以"八大体系"建设行动计划出台为标志,校园足球进入了2.0时代。所形成的八大体系,蕴含着中国校园足球大而全的规模特色,同时也是校园足球运营机制创新及实施的基础。

第一,普及与推广体系。这是校园足球最基本的体系,这个体系确定了校园足球的发展规模,并在几年数量上的发展后,逐步向讲究质量方面发展,现已构建了"特色幼儿园+特色中小学+高校高水平运动队+试点县(区)+改革试验区+满天星训练营"六位一体的立体式足球后备人才培养的格局。将校园足球向下延伸到幼儿园,旨在抓住开发3～6岁幼儿足球运动天赋的敏感期,这是指导思想,而绝不是足球运动技能掌握的提前。禁止采用拔苗助长式的培养方式,幼儿足球的开展必然以完善和发达的学前教育地区为主要开展地。同时相对于经济落后贫困地区而言,应与中、小学特色学校的脱贫攻坚相结合,保证最基本的足球运动开展条件,防止遗漏潜在的足球运动天才少年,通过"满天星"训练营,打造类似于巴西圣保罗青训营、法国克莱方丹国家足球系以德国式的国家青训制度[①],使更多以高中生为主的青少年成为一级足球运动员。而进入"满天星"训练营的队员则大多来自足球运动文化较为发达的地区,所以有区别地在这六位一体体系中发掘和培养优秀青少年足球运动员,是这项普及和推广工作的关键,因此有必要通过资源分配和人才选拔机制来使这一工作目标达成。

第二,教学训练体系。这个体系是规模化场地建设和经费投入的依据,要有严格的《全国青少年校园足球教学指南》的督察制度,通过查漏补缺,撑起整个校园足球的基本面,而不仅仅针对规模较小的校代表队训练,不断完善校园足球多层次、立体式的课余训练体系,为校园足球文化建设打下坚实的群众基础。

第三,竞赛体系。"校内竞赛——校际联赛——选择性竞赛——出国交流比赛"的竞赛体系,以赛促训,以赛提质,把匹配的组织竞赛体系以及多元的经费来源渠道作为供给则,丰富组织形式和完善竞赛体系[②],在提高足球竞技水平的同时,也进行足球文化交流,并创造机会让优秀青少年足球运动员脱颖而出。要防止低龄学生的(12岁前)比赛成人化,造成对足球运动的兴趣减弱,并以比赛为平台进行懂规矩、尊重人、敢拼搏的立德树人教育,通过具体的比赛仪式等规定机制,营造风清气正的比赛环境。

---

① 毛振明,刘天彪.再论"新校园足球"的顶层设计——从德国青少年足球运动员培养看中国校园足球[J].武汉体育学院学报,2015,45(06):5-11.
② 李志荣,杨世东.英、德、法、日四国校园足球后备人才培养特点分析[J].体育文化导刊,2018,(01):116-121.

第四,样板体系。这是以校园足球首席专家设立为标志,旨在以提高校园足球运动水平为导向的专家指导样板体系。

第五,荣誉体系。这个体系主要以政策为基本内容,对参与基层校园足球的青少年足球运动员、教练员、业务骨干、管理骨干,在专业技术职务上的评定和认定上给予政策倾斜,这是一个符合足球运动规律发展的激励运营机制,这块要做大做强,在对校园足球经费投入不断加大的情况下精确用好专项经费。

第六,一体化推进体系。这个一体化主要指体育和教育部门的一体化,在青少年足球运动员培养上的工作对接、资源共享,发挥各自优势和特长,加速推进校园足球与青训体系合作的格局,在这个理念下发展校园足球。日本的足球运动发展模式值得我们借鉴,其足球运动员的培养,必须建立在良好的基础教育和高等教育基础之上。日本的国家队以及职业足球俱乐部队员,就是从大学生或者高中生中直接产生,所以足球运动员的文化素养的高素质,也就完全有资本解决了自身的出路问题,这是校园足球发展的最大动力机制。

第七,科研体系。足球运动本身发展和校园足球发展的科学性,必须以科学研究和调查为前提,即校园足球发展的运营机制也必然要通过实践、调查、总结研究过程得以产生,科技的发展也为科研的发展提供了广阔的前景。

第八,舆论宣传引导体系。这是校园足球文化建设的主阵地,也是不断提升校园足球价值的有效途径。总之,随着校园足球的规模发展,对于校园足球运营机制发展也要查漏补缺趋于完善,在校园足球克服瓶颈或优化发展上,要创新和重点制定监督机制、整改机制、项目申报机制等机制。监督机制在于发现问题并及时调整顶层设计,做出供给侧结构性改革。整改机制在于及时修正顶层设计,因为我国校园足球发展既要学习足球运动发达国家的经验,也有一些因为国情不同和发展基础不同,需要我们自己找出合适的办法来发展我国特色校园足球。项目申报机制在于个别对待我国校园足球发展不平衡的问题,以精确化问题解决为导向,提出并申报各地区、学校、单位实际问题的解决项目,可以是针对场地、经营、政策等,以弥补顶层设计全国一刀切的资源供给过多或不足,同时通过项目申报机制,使校园足球供给侧结构性改革制度化和科学化,最终达到提高校园足球治理能力和水平的目的。

三、特色机制造就了中国特色校园足球

从 2009 年提出中国的校园足球,到 2015 年进入实质性的发展,在短短的几年里发展到如此规模,在世界上绝无仅有。一方面,中国以普通学校为依托开展

体育强国目标下我国校园足球的发展机制与实施路径研究

足球运动作为足球改革发展的突破口,在拥有巨大青少年学生的基数中去寻找和培养足球后备力量,这无可厚非,但在本质上不能忽视校园足球的育人本源,与培养学生体魄强健、心理健康、人格完美的现代公民目标相比,提高足球技术水平、振兴中国足球则显得更短期也更功利,容易将校园足球引向偏离教育的轨道,又沦为职业足球的附庸。所以,作为国家主导下的校园足球,须坚持在不扭曲孩子天性上发展足球运动,坚持在良好运动习惯下再进行足球运动发展。从专题调查结果看,缺乏踢球激情的青少年,本身就不爱运动,或者是家长不让踢球、不让运动。另一方面,作为校园足球大国向校园足球强国迈进过程中,要从高速增长发展转向高质量的增长发展,有必要时要进行调整。在这过程中作为顶层设计的中国校园足球一定要有灵魂,重要的标志就是发展目标不能有缺失期,一定要不忘以教育部门牵头搞校园足球的初心,从振兴中国足球角度看,在扩大青少年参与足球运动人口的同时,对足球运动员青少年时期的全面培养的理念不能丢。没有一个世界足球强国把青少年足球运动员当成比赛工具和摇钱树,而是从挖掘足球运动天赋和足球运动员培养成本来重视足球后备力量的培养。为此,在宏观顶层设计的前提下,校园足球也要采用以市场调节机制来配置资源,特别在经济、社会、文化、教育、体育较为发达地区应率先进行。校园足球体制革新应与国家治理体系的改革方向相一致,政府在推进校园足球体制革新过程中,应以新的治理范式寻求政府、市场、社会多元治理主体的协同发展[1]。"满天星"训练营是以政府为主导的足球青训营,可以结合当地所属职业足球俱乐部开展足球青训,也可以尝试日本模式,率先在几个重点高校建设以纯大学生为班底的准职业足球队。校园足球要发挥其应有的作用,要抓住时机及时地从场地、经费、师资等各要素的发展改革,向各要素整体运营机制的高效、全方位改革迈进。从否定我国足球职业化改革,到以青训营为平台的教体结合,要充分认识到社会主义的校园足球依然要尊重现代体育运动及足球运动的发展规律,特别是把足球运动放在我国体育强国建设的背景下认识,更能体现校园足球是足球运动发展的根本,因为这是建立在国民素质提升、生活质量提高基础上的发展。校园足球在深化改革发展的微观层面,应突出科技和教育的优势,使运营机制特色化,因为中国的科技和教育体制也是举国体制,经过多年来的努力,得到了举世瞩目的飞跃发展。所以,在体制上可做到无缝对接,体教结合已在进行,

---

① 邱林,王家宏.国家治理现代化进程中校园足球体制革新的价值导向与现实路径[J].上海体育学院学报,2018,42(4):19-25.

力度可继续加大,特别在高校自主办学的背景下,有高水平足球运动队建设的高校和校园足球特色学校,可以尝试直接与职业足球俱乐部联合搞青训营。目前教育行政的相关政策已基本打破了人才培养的壁垒,虽然在足球青训方面国外足球发达国家已存在多年,但根据形势的发展,他们也在不断进步完善,抓住青训就抓住了足球运动的未来,这是任何国家要发展足球运动的必经之路,而青训中所要抓住的关键点就是挖掘足球运动员天赋和为退役作准备。除此之外,国外有国外的优势,中国有中国的特色,通过这种学校与职业俱乐部的结合,促成职业俱乐部去挖掘少年儿童足球运动员的足球天赋,学校为这些足球运动员日后的大批退役做二次择业的准备,而这个机制则通过市场配置资源来运转,这样在人才培养的效率上则更略胜一筹。科技发展为科学化足球运动训练提供了日新月异的方法和手段,先进的训练手段、方法,可以提高成才率和延长运动寿命,同时减少运动急、慢性的损伤。除了传统的运动人体科学外,以此与现代信息和计算机技术发展应用结合,如互联网＋、大数据处理、人工智能等,完全可以作为当前我国在这一领域某些方面的领先优势。进行中国特色的科学化青少年足球运动的训练、教学、比赛和课外活动,用现代化的技术手段提高校园足球各项工作开展的高效率运营。校园足球的运营机制,从幼儿园3岁开始一直到大学二十几岁,各阶段的特点不同,形成有为政府和有效市场的协同作用,是中国特色足球后备人才培养的制度性保证。早中期的足球后备人才培养应属于社会公益阶段,更多地由政府通过校园足球为主要平台来实现,后期的足球后备人才培养可通过必要的市场价值规律优化配置足球运动员培养条件来实现。通过对足球后备人才培养不同阶段的有所侧重,有为政府和有效市场的共同作用,凭借目前我国已拥有雄厚的经济实力,必定会在世界最丰富的人力资源里挖掘出一批璀璨夺目的世界级足球明星。

第七章 研究结论与建议

第一节 研究结论

一、发达的足球运动是体育强国的硬核,要适当加大从国家政策层面对我国足球运动发展支持的机制

从体育大国向体育强国迈进,是中国梦的一部分。以国内外对体育强国的普遍认知,足球运动发展水平最能代表国家大众体育、竞技体育、体育产业的发展水平。发达的足球运动能完美地把我国的奥运战略、全民健身战略及其体育产业发展战略有机结合起来,最终办成人民满意的中国体育,这就是我国体育改革深化的落脚点和归宿,也就是体育惠民。振兴中国足球是中国几代党和国家领导人的共识,更是全中国人民漫长的期盼。发达的世界第一运动是体育强国的硬核,足球运动发达国家首先以深厚的足球文化沉淀为标志,而足球文化发达的国度,其体育运动带给了国民超高的幸福指数,殊途同归,中国特色体育强国下的足球振兴就是建立在惠民基础之上。

二、校园足球是中国足球运动走向辉煌的必由之路,因此完善校园足球发展机制的国家行为是重中之重

根据足球运动发达国家,包括世界和亚洲(特别是与中国有同宗人文情怀的东亚各国)百年多来的经历,以及中国几十年来特别是近二十年来的经验和教训,充分认识到通过顶层设计,以目标为导向,抓好校园足球,既是中国学校体育深化改革促进青少年学生体质健康的有力抓手,更是全面振兴中国足球的根本。自2015年以来校园足球的发展已异军突起,给中国足球带来了勃勃生机。

三、中国校园足球发展的短板与瓶颈，是制定和完善校园足球发展机制的突破口

中国校园足球发展的短板和瓶颈是客观存在的，也是动态的。校园足球从2009年起举国推进，而真正找到抓手推进的时间是在2015年。足球场地和经费的缺乏，随着校园足球的深入推进虽然依旧会长期存在，但校园足球全面人才培养的理念、各类足球行业人员队伍建设、校园足球文化建设等将会在一个时期一直成为短板和发展瓶颈，而短期内最应该重视的发展瓶颈就是怎么去积极保护孩子们爱运动的天性，并激励他们对踢足球保持持久的热忱。以短板和瓶颈作为问题导向，进行校园足球的供给侧结构性改革，方能使校园足球扎实推进。

四、抓住校园足球发展动力机制，全面优化校园足球发展机制

动力机制是目标导向恒定、问题导向持续的保障，要保持校园足球发展方向不偏离，并始终以供给侧结构性改革解决校园足球发展中的瓶颈问题，需要有一套行之有效的长效运营机制来保证，其中激发作为校园足球主体的青少年内在的参与动力，是整个校园足球运营的核心，即校园足球的动力机制建设是校园足球积极推进的核心。同时校园足球动力机制建设是动态的，又是与足球文化建设紧密相连的。

五、校园足球推进与体育强国目标达成的路径

以校园足球来推动体育强国建设战略，把校园足球开展作为以青少年为起点的全民健身和中国足球振兴，校园足球有效地促进学生体质健康的学校体育改革，继而树立全民健身的理念和运动行为习惯的养成，成为国民美好生活的有机组成部分。开展校园足球是解决中国足球顽瘴痼疾的良方，以最终达到体育惠民和足球振兴目的的校园足球积极推动，成了中国特色体育强国建设的国家战略。

第二节 研究建议

一、深刻认识体育强国建设中足球运动发展的重要程度

曾经的奥运金牌战略，使中国足球运动边缘化，其根本原因在于开展足球运

动的投入大、见效低。目前我国虽然在发展足球运动重要性的认识上，基本达成了共识，但对中国足球振兴对体育强国建设的影响深远性则认识不足，甚至把中国足球改革发展的顶层设计，错误认为是顶层认为，所以必须在这一正本清源的认识前提下，制定长期对中国足球特别是中国的校园足球进行加强投入的落地计划，这个计划应与足球运动在体育强国建设中的重要性权重相匹配。

二、校园足球的内涵式发展须走文化建设路线

我国校园足球发展初具规模，以供给侧结构性改革为标志的内涵式发展将成为校园足球发展的主流，通过动力机制为核心的运营机制体系，来保证校园足球发展的目标导向和问题导向。而动力机制影响的有效程度，又取决于校园足球文化建设的程度。文化建设需要时间，需要引导，更需要平台。校园足球文化须建立在以人为本的基础上和在人们对美好生活追求过程中逐步形成，无论是自己踢球或者是在欣赏足球比赛，还是在体验足球运动乐趣当中。摆脱功利思想是校园足球文化建设的最显著标志，因为校园足球本身就是中国足球久久为功的产物。

三、重视校园足球发展之路的中国特色

实践证明，我国校园足球十年来特别是《中国足球改革发展总体方案》发布以来的发展已取得一定的成绩，特别是中国特色的规模发展喜人。根据足球运动发达国家的经验和教训，中国式的校园足球发展正是进行了顶层设计，使其发展方向明确，又避免了走弯路，这是我国校园足球发展的宝贵财富。在此基础上，我们应本着道路自信、理论自信、制度自信、文化自信，与时俱进地发展校园足球，人家有的我们不一定做得到，而我们能做到的正是别人羡慕的，所以因地制宜、创新式地发展校园足球应成为常态。

四、有为政府和有效市场的协同机制发展校园足球

足球后备人才培养是一项投资大、见效慢、风险大的投入，起步阶段的市场化中国足球，需政府的顶层设计和财政支持，来保障我国这一浩大人才培养计划工程的有序实施。有为政府和有效市场的协同作用，是我国足球后备人才培养制度的保证。足球后备人才培养早中期的公益阶段，亟待政府通过校园足球为主要平台来主导。足球后备人才的后期培养，则应通过市场价值规律为主的资源配置来主导。通过不同培养时期培养机制的有所侧重，必定会在我国丰富人力资源里挖掘出一个又一个璀璨夺目的世界级球星。

第八章 研究创新、不足与展望

第一节 研究创新

第一,研究角度上的创新。把我国校园足球发展机制与实施路径立足于体育强国建设的视角下进行研究,即校园足球开展是建成体育强国需要的国家战略。将校园足球作为平台来促进青少年体质健康发展,并以足球运动普及于青少年体育教育中的形式,夯实中国足球后备人才培养的基础,从而把全民健身和中国足球振兴统一在体育强国建设目标的达成上。

第二,研究理论建构上的创新。推动理论发展是科学研究的主要任务。本研究重点对体育强国建设与校园足球开展间的内在关系、校园足球发展目标导向和问题导向下的运营机制及实施路径进行了分析与探究,认为校园足球开展是体育强国战略实施的逻辑起点,校园足球可持续高质量发展须遵循其固有的发展规律。在宏观上确立目标后,在微观的问题克服上,建立科学的校园足球发展运营机制体系,是校园足球开展实施明晰路径的前提,也是扎实推进校园足球和振兴中国足球久久为功的保障。校园足球开展运营机制以动力机制为核心,涉及人才培养目标及管理、专业从业人员队伍建设、保障校园足球开展资源的配置、竞赛制度及赛事运作、校园足球文化建设、督察和评估等。

第二节 不足与展望

研究视角的不同必然会产生研究结果的不同。本课题研究是从体育强国建设的视角,采用理论和实证相结合的方法,来阐明校园足球发展机制与实施路径。本研究能够为我国校园足球发展中出现的问题提供一些解决方案,特别是解决国民崇尚类似足球运动的现代体育运动的问题,以及为校园足球发展方向上的高层决策提供一些借鉴。但由于校园足球近几年发展迅速,特别是规模上的急剧扩大,以及发展中的新问题不断出现,故基于调查的资料所形成的研究成果有一定的滞后性,同时进一步指导校园足球实践的理论也存在一定的局限。

　　鉴于校园足球开展对体育强国建设深远影响的国家战略,因此在我国体育强国的进程中,此课题研究意义依然重大。在进一步的研究中,有必要在研究设计上把校园足球开展需解决的问题更指标化,使研究过程更严密,也便于后期的结构模型建立和数据分析,并建立相关理论模型。基于目前校园足球本身发展的可变性,有必要进行阶段性的动态研究。根据体育强国建设中体育惠民的最重要指导思想,有必要重点进行校园足球促进学生体质健康和校园体育文化建设的绩效研究,使这些研究成果有的放矢地为体育强国建设所采用。

附　录

附录一：专家访谈提纲

尊敬的专家：

您好！"体育强国目标下我国校园足球的发展机制与实施路径研究"的国家社科基金研究课题现已启动，鉴于您在我国校园足球发展中所具有的青少年足球运动员培养及校园足球管理的专业权威性，课题组拟对您进行一次面对面的专访。本访谈不涉及任何私密，无所谓对错，仅作为本课题的专门研究使用，望能得到您的支持和帮助！

(1) 您了解《中国足球改革发展总体方案》出台的背景吗？

(2) 能谈下新中国历代领导人对足球运动的认识吗？能否从您的角度谈一谈习近平总书记为何重视我国的足球运动发展？

(3) 请谈谈我国校园足球是如何推出的？在实践中主要能解决什么问题？

(4) 请说明一下我国体育强国建设、足球运动发展、校园足球推动的相互关系。

(5) 您认为当前我国校园足球发展的主要瓶颈是什么？

(6) 您认为今后一个时期主要影响校园足球发展的因素是什么？

(7) 从您的工作领域里谈一谈校园足球发展中的不足和值得改进的地方。

(8) 您能对"体育强国目标下我国校园足球的发展"的命题谈下看法吗？

(9) 请分析一下校园足球在学校体育改革、学校素质教育、学校立德树人等方面上的特殊作用。

(10) 请谈下发展中国优势运动项目（如乒乓球）和发展弱势运动项目（如足球运动）的社会、经济、教育、文化价值。

(11) 您认为校园足球发展到目前，对您影响最深的是什么？

(12) 请您谈一谈我国校园足球乃至整个足球运动发展的前景。

"体育强国目标下我国校园足球的发展机制与实施路径研究"课题组

2017年10月

附录二：校园足球开展相关问题教练员问卷

尊敬的专家：

您好！为了解我国校园足球开展的现状，特编制此问卷，深信您的看法与建议对本课题研究有很大的帮助和借鉴作用，所以希望您在百忙中抽出时间填写，对于您的支持表示衷心感谢！问卷涉及问题不存在对错，只需按您实际情况和理解填写即可。

"体育强国目标下我国校园足球的发展机制与实施路径研究"课题组

2018 年 4 月

您的基本情况：

年龄_____性别_____技术职称或职务_____

工作或研究领域_____

根据您的理解，请在下面每个问题后面打一个"√"。

序号	问题涉及内容	一点不保证	不保证	一般	保证	很保证
1	足球教学场地					
2	足球训练场地					
3	足球课外活动场地					
4	日常足球教学、训练器材设备					
5	足球教学师资					
6	足球训练、比赛教练					
7	校园内足球比赛裁判					
8	学校日常校园足球开展配套管理人员					
9	教师、教练外出业务进修学习					
10	教师训练、比赛工作量计算					
11	外出足球比赛经费					

续 表

序号	问题涉及内容	一点不保证	不保证	一般	保证	很保证
12	学生训练补贴					
13	学生运动员学习时间					
14	学生运动员训练时间					
15	学校对校园足球开展支持力度					
16	学生运动员家长对校园足球开展支持力度					
17	学生运动员的生源					
18	学生运动员训练比赛的积极性					
19	学校和任课教师对学生运动员文化学习认可度					
20	学生家长对学生运动员文化学习认可度					
21	学生运动员道德修养教育					
22	学生运动员意志品质培养					
23	校内足球比赛次数					
24	学校年度足球比赛次数					
25	所在地区年度校园足球比赛规模					
26	所在地区校园足球比赛裁判水平					
27	所在地区校园足球比赛赛风赛纪					

其他需要说明的问题：

再次感谢您提供宝贵的意见！

邮箱回复地址：2797044192@qq.com

附录三：校园足球开展家长专题问卷

尊敬的家长：

您好！为了解我国校园足球开展的现状，特编制此问卷，深信您的看法与建议对本课题研究有很大的帮助和借鉴作用，所以希望您在百忙中抽出时间填写，对于您的支持表示衷心感谢！问卷涉及问题不存在对错，只需按您实际情况和理解填写即可。

"体育强国目标下我国校园足球的发展机制与实施路径研究"课题组

2018 年 4 月

您的基本情况：

年龄_____性别_____技术职称或职务_____从事的职业_____

一、孩子踢足球的动机（根据您的理解，请在下面每个问题后面打一个"√"）

序号	问题涉及内容	完全不是	不是	基本是	是	完全是
1	让身体得到锻炼					
2	让身心得到娱乐					
3	丰富课余生活					
4	陶冶情操、塑造优良品质					
5	能与人积极交往					
6	能有一技之长					
7	能显示自身的价值					
8	能为集体争荣誉					
9	将来能为国争光					
10	能成为职业足球运动员挣较多钱					
11	有优惠条件进高一级学校					
12	响应政府号召参加					

续　表

序号	问题涉及内容	完全不是	不是	基本是	是	完全是
13	被老师或学校要求参加					
14	随大流无明确动机					

二、妨碍孩子踢足球的因素(根据您的理解,请在下面每个问题后面打一个"√")

序号	问题涉及内容	完全不是	不是	基本是	是	完全是
1	过度消耗体力影响身体健康					
2	消耗精力易分散注意力					
3	浪费时间影响学习					
4	孩子对足球运动项目不喜欢					
5	影响其他运动项目的学习					
6	影响其他音乐、美术特长的学习					
7	踢球有危险					
8	足球活动场地缺乏					
9	学校老师不赞成踢球					
10	踢球氛围缺乏					
11	孩子感到踢球累					
12	踢球要花钱					
13						
14						

其他需要说明的问题:
再次感谢您提供宝贵的意见!
邮箱回复地址:2797044192@qq.com

参考文献

[1] 《体育大国向体育强国迈进的理论与实践研究》课题组.体育强国战略研究[M].北京：人民体育出版社,2010.

[2] 田麦久.运动训练学[M].北京：高等教育出版社,2017.

[3] 刘广迎.足球经略[M].北京：中国工人出版社,2018.

[4] 规划编制小组.中国足球中长期发展规划（2016—2050年）100问[M].北京：北京体育大学出版社,2016.

[5] 钟秉枢,于立贤,潘迎旭.社会转型期我国竞技体育后备人才培养及其可持续发展[M].北京：北京体育大学,2003.

[6] 周雷,董海宇.足球运动[M].杭州：浙江大学出版社,2017.

[7] 王崇喜.球类运动——足球[M].北京：高等教育出版社,2005.

[8] 恒大足球学校.魅力无穷的足球[M].广州：广东人民出版社,2016.

[9] 塞门·克里夫德.巴西式足球训练法[M].马冰,刘浩,唐峰,译.北京：人民体育出版社,2001.

[10] 张慧德.意大利足球风云[M].北京：人民体育出版社,1995.

[11] 里皮.思维的竞赛：里皮自述[M].李蕊,等,译.南京：译林出版社,2014.

[12] 国家体育总局干部培训中心.高水平运动训练与管理研究[M].北京：北京体育大学出版社,2007.

[13] 匡建二.阿根廷足球风云[M].南昌：百花洲文艺出版社,2000.

[14] 多纳西门托.球王贝利自传[M].李阳,颜可维,译.北京：北京知识出版社,2006.

[15] 孙亦平.巴西足球风云[M].南昌：百花洲文艺出版社,2000.

[16] 何志林.现代足球[M].北京：人民体育出版社,2000.

[17] 比尔·莫瑞.世界足球史话[M].郑世涛,译.北京：光明日报出版社,1998.

[18] 路云亭.文明的冲突：足球在中国的传播[M].上海：上海人民出版社,2016.

[19] 王崇喜,球类运动——足球[M].北京：高等教育出版社,2001.

[20] 侯立.中国足球,请直行[M].济南：山东人民出版社,2009.

[21] 中国群众体育现状调查课题组.中国群众体育现状调查与研究[M].北京：北京体育大学出版社,1998.

[22] 洛克.教育漫话[M].北京：教育科学出版社,1999.

[23] 刘青,等.体育强国建设进程中的体育体制改革[M].北京：人民体育出版社,2015.

［24］李泽龙,王海青.足球理论探究[M].北京：中国社会科学出版社,2016.

［25］卢元镇.体育社会学[M].北京：高等教育出版社,2018.

［26］郭海芳.新时代校园足球文化建设学科学训练[M].北京：冶金工业出版社,2019.

［27］王缉思,王逸舟.中国学者看世界·国家利益卷[M].北京：新世界出版社,2007.

［28］王健,何玉秀.健康体适能[M].北京：高等教育出版社,2010.

［29］钟秉枢.中国体育可持续发展的重要举措[J].北京体育大学学报,2011,34(4)：1-4.

［30］龚波,徐一博,董众鸣,颜中杰.世界足球区域格局及其文化背景探析[J].上海体育学院学报,2011,35(2)：86-90.

［31］潘淼.基于中英比较视角的校园足球人才培养文明探析[J].沈阳体育学院学报,2016,35(5)：109-114.

［32］浦义俊,戴福祥,江长东.法国足球历史演进及其文化特质分析[J].体育文化导刊,2016(2)：106-110.

［33］李春阳.法国青少年足球训练实践与理念及其启示[J].体育学刊,2017,24(6)：127-131.

［34］邱林,王家宏,戴福祥.中法青少年足球培养体系比较研究[J].上海体育学院学报,2017,41(6)：34-41.

［35］孙克诚,何志林,董众鸣.国外足球强国后备人才培养路径与启示[J].南京体育学院学报,2011,25(5)：108-111.

［36］颜中杰,何克林,李晓旭.足球强国后备人才培养路径研究[J].体育文化导刊,2007,8：26-28.

［37］侯志涛,陈效科.中德青少年足球培养比较分析[J].体育文化导刊,2014,8：149-152.

［38］张中,颜中杰.中外职业足球俱乐部后备人才培养机制比较[J].体育学刊,2009,16(2)：97.

［39］郭振,乔风杰,李声民.日本大学足球发展历程及其启示[J].体育学刊,2017,24(1)：121-127.

［40］曹卫华.职业化改革背景下中日足球发展水平差距审视[J].西安体育学院学报,2013,31(1)：52-57.

［41］付海涛.日本校园足球竞赛体制分析其启示[J].体育文化导刊,2017,1：171-174.

［42］夏正清,周强.日本足球协会的青少年优秀人才培养计划研究[J].体育科技文献通报,2017,25(2)：16-18.

［43］丁辉.日本校园足球的发展演变及其历史路程[J].体育成人教育学刊,2017,33(2)：70-73.

［44］张振学,李鸿昕.中、日两国青少年足球运动发展状况对比研究[J].河南教育学院学报(哲学社会科学版),2011,30(5)：128-133.

［45］程隆,张忠.日本足球青训的发展及其启示[J].体育文化导刊,2007(7)：95-98.

［46］汪玮琳,王莉,康辉斌.中日青少年校园足球发展比较研究[J].西安体育学院学报,2014,31(6)：690-693.

［47］付海涛.日本校园足球竞赛体制分析其启示[J].体育文化导刊,2017,1：171-174.

［48］蒋湘青.中国近代足球运动史话(上)[J].文史精华,1998,3：54-58.

［49］李卫东,张廷安,陈九生.全国青少年校园足球活动开展情况调查与分析[J].上海体育学

院学报,2011,35(5):22-26.
[50] 熊斗寅.世界体育强国浅析[J].四川体育科学学报,1985(4):1-5.
[51] 陈齐,于涓.论金牌大国不等于体育强国[J].山西师大体育学院学报,2008,23(1):1-3.
[52] 陈玉忠.体育强国概念的缘起、演进与未来走向[J].天津体育学院学报,2010,25(2):142-146.
[53] 李芬,杨土保,贺达仁.中、日、美体质研究体系的发展与批判性思维[J].医学与哲学,2009,3(5):20-21.
[54] 于可红,母顺碧.中国、美国、日本体质研究比较[J].体育科学,2004,24(7):51-54.
[55] 曲群,张学政.增强我国青少年体质的对策研究[J].辽宁体育科技,2010,32(6):10-12.
[56] 蔡睿,王欢,李红娟,等.中、日国民体质联合调查报告[J].体育科学,2008,28(12):3-12.
[57] 吴学峰.体育强国背景下体育产业融合研究[J].广州体育学院学报,2018,38(5):30-33.
[58] 布特,花勇民."体育强国"的价值选择论[J].山东体育学院学报,2011(11):1-4.
[59] 刘青,王洪坤,孙淑慧,等.国家发展视野中的大国体育崛起[J].成都体育学院学报,2018,44(3):1-6.
[60] 李冰,房英杰,关富余.新时代中国特色社会主义体育强国内涵与健康中国建设路径研究[J].当代体育科技,2019,9(15):148-149.
[61] 高宇飞,袁建国,关定升.体育强国战略中大众体育指标体系构建研究[J].成都体育学院学报,2017,43(4):59-65.
[62] 高峰.建设体育强国背景下体育经济重要地位及其发展策略[J].广州体育学院学报,2019,39(2):13-16.
[63] 杨桦.转变体育发展方式由"赶超型"走向"可持续发展型"[J].北京体育大学学报,2013,36(1):1-9.
[64] 钟秉枢.论中国竞技体育发展战略的转型[J].体育科学,2013,33(1):10-11.
[65] 毛振明.论"国家中长期改革与发展工作方针"中的学校体育任务(下)[J].南京体育学院学报,2011,2:1-4.
[66] 季浏.我国《普通高中体育与健康课程标准(2017年版)》解读[J].体育科学,2018,38(2):1-18.
[67] 赵建英.2000年全国学生体质健康调研结果公布[J].中国学校体育,2001,6:4-6.
[68] 全国学生体质健康调研组.2005年全国学生体质与健康调研结果[J].中国学校体育,2006,6:6-8.
[69] 全国学生体质健康调研组.2010年全国学生体质与健康调研结果[J].中国学校卫生,2011,32(9):1024-1026.
[70] 国家体育总局.2014年全国学生体质健康调研结果[J].中国学校卫生,2015(12):4.
[71] 樊泽民,刘立京.全面加强儿童青少年近视防控和视力健康管理[J].中国学校卫生,2018,39(8):1121-1123.
[72] 季成叶.中国学生视力不良和疑似近视流行的动态分析[J].中国学生卫生,2008,29(8):677-680.

[73] 冯志峰.供给侧结构性改革的理论逻辑与实践路径[J].经济问题,2016(2):12-17.
[74] 梁艳锋,李强.开展校园足球对增强高州市学生体质健康的研究[J].体育师友,2018,41(2):76-78.
[75] 阿力木江·依米提.新疆校园足球特色学校7~18岁学生身体形态现状分析[J].新疆师范大学学报(自然科学版),2017,36(3):76-81.
[76] 朱增文.足球特色学校学生体质状况的研究探讨[J].当代体育科技,2019,9(20):22-23.
[77] 宋爱晶,邓京捷,吕晓红,张援.等速肌力测试膝、踝关节及腰背肌力量的评价[J].中国组织工程研究,2015,19(46):7425-7429.
[78] 彭召方,袁玲,国伟,范安辉,李佐惠.我国校园足球可持续发展的新问题解读[J].体育文化导刊,2017,7:19-23.
[79] 高民绪.校园足球可持续发展推进机制研究[J].体育科技,2017,38(5):120-122.
[80] 鲍明晓.新时代体育强国建设六大战略意义[J].体育学研究,2018,3:1-4.
[81] 杨铄,郑芳,丛湖平.欧洲国家职业足球产业政策研究——以英国、德国、西班牙、意大利为例[J].体育科学,2014,34(5):75-88.
[82] 刘兵,郑志强.足球运动对欧洲国家体育发展的影响力分析[J].武汉体育学院学报,2019,53(1):5-11.
[83] 江小娟.职业体育与经济增长:比赛、快乐与GDP[J].体育科学,2018,38(6):3-14.
[84] 张震铄.全球化推动足球产业化分析[J].体育文化导刊,2013,10:83-86.
[85] 袁守龙.从"举国体制"到政府、市场和社会协同[J].体育科学,2018,38(7):12-14.
[86] 东旭升,姜允哲.从阶段与社会控制视角解读英国足球演进历程[J].体育科学,2013,33(5):84.
[87] 赵明楠,史友宽.论校园足球动力机制:以利益为中心的多重博弈[J].南京体育学院学报,2018,10:46-50.
[88] 尹小俭.心肺耐力是儿童青少年体质健康的重要维度[J].中国学校卫生,2017,38(9):1288-1290.
[89] 马德浩,季浏.我国中小学生体质健康中存在的问题、致因及其对策[J].西安体育学院学报,2017,34(2):182-188.
[90] 刘国永.2000—2010年中日学生的体质差异与成因分析[J].北京体育大学学报,2013,36(1):79-84.
[91] 武云飞.赴英国考察体育课程后的思考[J].中国学校体育,2007,7:58-59.
[92] 乔光华,裴杰.世界主要奶业生产国与我国奶业发展对比研究[J].中国乳品工业,2019,47(3):41-46.
[93] 陈忠明,王磊.饮食营养与足球运动员体质[J].中国烹饪研究,1998(3):31-33.
[94] 韩成福.中国乳制品消费市场需求分析[J].首届中国奶业大会论文集,2010:89-94.
[95] 叶林,陈昀轩,樊玉瑶.中国体育管理体制改革的困境与出路[J].中国行政管理,2019,9:50-55.
[96] 李燕飞,夏思永.对于中国足球运动发展的几点思考[J].科学咨询(科技·管理),2016:9-11.

[97] 钟秉枢.从优秀运动员到退役重新就业:成绩资本的利用[J].中国体育教练员,2014(4):10-12.

[98] 舒盛芳,郝斌.大国竞技体育崛起过程中的国民社会心态和政治诉求[J].上海体育学院学报,2010,6:4-9.

[99] 彭国强,舒盛芳.德国体育战略演进的历程、特征与启示[J].上海体育学院学报,2017,41(5):28-35.

[100] 杨绛梅,周宇,董官清.自由教育理念与职业体育价值观的互动与融合[J].北京体育大学学报,2004,27(1):101-103.

[101] 张军琦,张兆龙.我国竞技体育人才培养现状与发展对策[J].体育研究与教育,2014,29:40-42.

[102] 孔庆波,葛玉珊.我国竞技体育人才培养模式研究[J].南京体育学院学报,2014,28(4):48-52.

[103] 彭国强,舒盛芳.中美高校三大球竞赛体系特征的对比与分析[J].沈阳体育学院学报,2016,36(3):93-100.

[104] 丛灿日,付冬梅.校园足球战略实施对我国学校体育的重塑及潜在问题分析[J].河北体育学院学报,2016,30(6):59-64.

[105] 舒川,吴燕丹.本土化视角下我国校园足球发展路径研究[J].中国体育科技,2015,51(6):38-43.

[106] 张明,李政.中日校园足球后备人才培养的分析及其启示[J].体育科学研究,2018,22(3):75-79.

[107] 任春刚.世界主要足球强国后备人才培养模式及启示录[J].沈阳体育学院学报,2011,30(6):117-120.

[108] 张辉,张廷安.我国布局城市校园足球竞赛体系研究[J].北京体育大学学报,2012,35(10):134-139.

[109] 王格.我国校园足球活动开展的现状、问题及对策研究[J].沈阳体育学院学报,2013,30(2):29-32.

[110] 李卫东,张廷安,陆煌.全国青少年校园足球活动开展情况调查与分析[J].上海体育学院学报,2011,35(5):22-26.

[111] 李诗,陈道裕.宁波市中小学校园足球现状分析及策略研究[J].浙江体育科学,2016,38(4):22-26.

[112] 张辉.我国校园足球未来发展的注意问题——以我国首批校园足球布局城市学校足球发展情况为借鉴[J].北京体育大学学报,2016,39(5):24-32.

[113] 王长权,毛振明,席连正."新校园足球"的顶层设计(6)[J].武汉体育学院学报,2018,52(11):77-81.

[114] 毛振明,刘天彪,臧留红.论"新校园足球"的顶层设计[J].武汉体育学院学报,2015,49(03):58-62.

[115] 刘海元,冯爱民.对全国青少年校园足球特色学校建设若干问题的思考[J].体育学刊,

2019,26(2):6-15.

[116] 梁辉.19世纪英国校园足球兴衰与启示[J].体育文化导刊,2018(05):109-114.

[117] 李志荣,杨世东.英、德、法、日四国校园足球后备人才培养特点分析[J].体育文化导刊,2018(01):116-121.

[118] 赵治治,高峰,孙亮,张磊,纪智慧.我国青少年校园足球特色学校的建设:概念、特征、反思[J].首都体育学院学报,2018,30(03):115-119.

[119] 邱林,王家宏.国家治理现代化进程中校园足球体制革新的价值导向与现实路径[J].上海体育学院学报,2018,42(4):19-25.

[120] 张渊,张廷安.我国校园足球政策执行推进策略研究[J].体育文化导刊,2018(05):108-112.

[121] 黄晓灵,夏慈忠,黄菁.不同行政区校园足球开展的对比研究——以川渝小学为例[J].成都体育学院学报,2018,52(10):113-119.

[122] 喻和文,刘东锋.职业足球俱乐部与足球特色学校合作长效机制探索——基于社会交易理论视角[J].沈阳体育学院学报,2019,38(01):7-15.

[123] 毛振明,刘天彪.再论"新校园足球"的顶层设计——从德国青少年足球运动员培养看中国校园足球[J].武汉体育学院学报,2015,45(06):5-11.

[124] 孙科,易剑东.中国"草根足球"面面观[J].体育学刊,2016,23(02):75-80.

[125] 谭嘉辉,陈平,郜义峰,周兴生.全面风险管理视下我国校园足球绩效评价和治理对策研究[J].北京体育学院学报,2018,41(09):96-103.

[126] 席连正,毛振明,吴晓曦.论"新校园足球"的顶层设计(7)——论校园足球十大成功标志和实现关键[J].武汉体育学院学报,2019,53(03):76-80.

[127] 张宏俊.西班牙"拉玛西牙"足球青训培养体系解析[J].浙江体育科学,2014,36(01):31-34.

[128] 戴狄夫,金育强.我国校园足球政策执行的利益辨识与制度规引[J].武汉体育学院学报,2018,52(10):38-43.

[129] 刘枝芳,陈林祥.习近平关于足球工作的重要论述及其践行路径[J].西安体育学院学报,2020,37(01):30-36.

[130] 张辉.我国布局城市校园足球人才培养体系的研究[D].北京:北京体育大学,2011.

[131] 梁栋.可持续发展理论原理与转型期我国足球后备人才培养的研究[D].北京:北京体育大学,2002.

[132] 梁伟.校园足球可持续发展的系统分析与评价研究[D].上海:上海体育学院,2015.

[133] 王智慧.体育强国的评价体系与实现路径研究[D].北京:北京体育大学,2014.

[134] 尹玉华.校园足球对小学生身心素质发展的影响研究[D].成都:成都体育学院,2016.

[135] 肖飞.校园足球特色校与非特色校高中生网络成瘾和体质现状的比较[D].大连:辽宁师范大学,2018.

[136] 马凯泉.我国竞技体育发展的均衡性与发行性研究[D].曲阜:曲阜师范大学,2018.

[137] 杨森.我国超大城市居民乳制品消费转型的研究[D].北京:中国农业科学院,2018.

[138] 陈钟山.广州市3～6岁幼儿体能现状及影响因素的结构议程模型研究[D].广州：广州体育学院,2019.

[139] 任思恩.中国汉族儿童青少年生活习惯与体能的关系研究[D].上海：华东师范大学,2019.

[140] 新华网.习近平提"供给侧结构性改革",深意何在[EB/OL].(2015-11-19).http://New.xinahuanet.com/politics/2015-11-191.

[141] 何文义.解密中国体育产业发展瓶颈[EB/OL].http://www.sohu.com/a/206899124,2017-11-27.

[142] 2016里约奥运会[EB/OL].http://2016.sina.com.cn/.

[143] 体育黑.看看姚明易建联的力量训练,再看看周琦[EB/OL].http://baijiahao.baidu.com/2019-09-24.

[144] 和讯名家."第十七大经济体"足球产业将产生哪些牛股？[EB/OL].http://news.hexun.com/2016-05-26/184080527.html.

[145] 人民网.第六次全国体育场地普查数据发布[R/OL].http://sports.people.com.cn/n/2014/1226/.2014-12-26.

[146] 联合国.2017年世界幸福指数报告[EB/OL].http://www.useit.com.cn/thread-1486.3-1-1.html.2017-03-22.

[147] 法国队哥伦比亚队遗憾出局年轻没有失败[EB/OL].http://2014.sohu.com/20140705/n401837962.shtml.

[148] 青训"长尾效应"：法国发生了什么？[EB/OL].http://business.sohu.com/20140625/n401288251.shtml.

[149] 梁维源.法国足球大本营——克莱枫丹[EB/OL].http://www.sport.sina.com.cn.1999-10-18.

[150] 韦迪.8事件10数据回顾校园足球与5大问题值得反思[EB/OL].http://www.schoclfootball.cn/.2011-2-3.

[151] 朱铁志.振兴足球要做点实事[EB/OL].http://www.qstheony.cn/wp.2015-3-27.

[152] 国务院.中国足球改革发展总体方案[Z].2015-3-8.

[153] 国务院.关于加快发展体育产业促进体育消费的若干意见[Z].2014-10-20.

[154] 石磊.中国足球经济启示录[N].中国经营报,2015-3-30(C①).

[155] 国务院.关于加快发展体育产业促进体育消费的若干意见[Z].2014-10-20.

[156] 国务院办公厅.关于强化学校体育促进学生身心健康全面发展的意见[Z].2016-4-21.

[157] 张冠楠.揭秘日本"校园足球"教育模式[N].光明日报,2016-06-12(008).

[158] 国家体委,教育部,共同团中央.关于在全国中小学生中积极开展足球活动的联合通知[Z].1980-1-17.

[159] 国家,教育部,共同团中央.关于在全国中小学生中积极开展足球活动的联合通知[Z].1980-1-17.

[160] 国家体育总局,教育部.关于开展全国青少年校园足球活动的通知[Z].2009-4-14.

[161] 全国青少年校园足球工作领导小组办公室.全国青少年校园足球工作报告(2015－2019)[R].2019－7－25.

[162] 中共中央、国务院关于加强青少年体育增强青少年体质的意见[Z](中发[2007]7号).2007－5－7.

[163] 中共中央著作编译局.马克思恩格斯全集(第23卷)[M].北京：人民出版社,1972.

[164] 袁贵仁.扎实抓好体育工作 提升学生体质健康水平[N].中国教育报,2014－7－30(001).

[165] 国家发展改革委.中国足球中长期发展规划[Z].2016－4－6.

[166] 彭训文.中国足球需要自己的"拉玛西亚"[N].人民日报海外版,2016－04－22(012).

[167] Allen Guttman. Sports, The First Five Millennia, Univ[M]. Massachsett Press, 2004：68.

[168] Downward P, Rasciute S. The Relative Demands for Sport and Leisure in England[J]. European Sport Management Quaterly, 2010, 10(2)：189.

[169] Morgan, William J. Ethic in Sport[M]. Champaign：IL：Human Kinetics, 2007：416－417.

[170] Chalip L. The Framing of Policy：Explaining the Trans formation of American Sport[D]. Chicago：University of Chicago, 1988(3).

[171] Donna E S. Heal thy People 2000 Objectives for Improving Health[R]. Washington：D. C. U. Depantment of Health and Human Seriices , 2000：16－19.

[172] Reichelt F. Das System des Leistangssport inder DDR[M]. Marbury：Tectum Verlag. 2006：56－57.

[173] Probl R. Grundnissder Sportpadagogik [M]. Wiebelsheim：Limpert Verlag, 2006：56－57.

[174] Franklin. How soccer explains the world[M]. Published by arrangement with Harper Collins Publishers, USA, 2004.

[175] Franklin Foer. How Soccer Explains the world[M]. Published by Arrangement with Harper Collins Pablishers, USA, 2006.

[176] Walvin J. The only Game：Football in our times[M]. London：Pearon, 2001.

[177] LEMOIGNE J L. Les epistemologies constructivistes[M]. Paris：PUF, 1997：23－28.

[178] DIRANI M, TONG L, GAZZARD G, et al. Outdoor activity and myopia in Sigapore teenage children[J]. Br J Ophthalmol, 2009, 93(8)：997－1000.

[179] Wu PC, TSAICL, HU CH, et al, Effects of alltdoor activities on myopia among rural school child in Taiwan[J]. Ophthalmic Epidemiol, 2010, 17(5)：338－342.

[180] ROSE KA, MORGAN IG, IP J, et al. 83 Outdoor activity reduces the prevalence of myopia in children[J]. Ophthalmology, 2008, 115(8)：1279－1285.

[181] Mark Dyreson. Marking the American Team：Sport, Culture, and the Olympic Experience[M]. Urbana and Chicago：University of Illinois Press, 1998：52－172.

[182] Xiao fen Deng, Stephen S. Determinants of teacher implementation of youth fitness tests in school-based physical education programs[J]. Physical Education and Sport, 2009, 14(2): 209-225.

[183] Cathy S. M, Loran D. E. Tracking Adiposity and Health-Related Physical Fitness Test Performances From Early Childhood Throngh Elementary School[J]. Pediatric Exercise Science, 2010, 22: 231-244.

[184] FB Ortega, EG Artero, JR Rui2, et al. Reliability of health-related physical fitness tests in Eurppean adolescents. The HELENA Study[J]. International journal of obesity, 2008: 1-9.

[185] Jean-philippe Toussaint. Football[M]. Paris: Les Editions de Minuit, 2015: 79-80.

[186] Anthony N. Turner, MSc, CSCS * D, et al. Strength and Conditioning for Soccer Players[J]. Strength and Conditioning Journal, 2014, 4(36): 1-12.

[187] Hoff J, Wisloff U, Engen L C, et al. Soccer specific aerobic endurance training[J]. Br Jsports Med, 2002, 36(3): 218-221